Comment implémenter l'IA facilement dans une entreprise

Augmenter ses profits et réduire ses coûts

Quentin Chandelon

Table des matières

1 Introduction

L'intelligence artificielle (IA) transforme profondément le paysage économique et industriel. Jadis perçue comme une technologie futuriste réservée aux géants de la Silicon Valley, elle est aujourd'hui un levier incontournable de compétitivité pour toutes les entreprises, quelle que soit leur taille ou leur secteur d'activité. Pourtant, pour de nombreux dirigeants et responsables opérationnels, l'IA reste un concept abstrait, souvent associé à des coûts élevés, à une mise en œuvre complexe et à une expertise technique difficilement accessible.

Ce livre vise à démystifier l'intelligence artificielle et à fournir un guide concret pour son intégration efficace dans votre entreprise. Contrairement à certaines idées reçues, l'IA n'est pas réservée aux entreprises disposant de départements de recherche sophistiqués ou de ressources illimitées. Aujourd'hui, grâce aux avancées technologiques et à la démocratisation des outils d'intelligence artificielle, il est possible d'implémenter des solutions performantes avec des investissements raisonnables et un retour sur investissement rapide.

L'objectif principal est clair : vous permettre d'utiliser l'IA pour augmenter vos profits et réduire vos coûts. Comment ? En automatisant des tâches répétitives, en optimisant la prise de décision, en améliorant l'expérience client, en optimisant les processus de production et en renforçant la gestion des données. De nombreux secteurs tirent déjà parti de ces possibilités : le commerce utilise l'IA pour personnaliser les recommandations clients, l'industrie l'intègre dans la maintenance prédictive des machines, la finance l'emploie pour détecter les fraudes et améliorer l'analyse des risques.

Le défi ne réside plus dans l'accès à la technologie, mais dans la manière de l'adapter concrètement aux besoins spécifiques de chaque entreprise. Ce livre vous accompagnera pas à pas, en fournissant des méthodologies claires, des exemples pratiques et des conseils stratégiques. Nous aborderons les étapes essentielles, depuis l'identification des opportunités d'IA adaptées à votre entreprise jusqu'à la mise en œuvre, en passant par le choix des outils et la gestion du changement au sein de votre organisation.

En adoptant une approche pragmatique et accessible, ce livre s'adresse aussi bien aux chefs d'entreprise qu'aux managers, aux responsables informatiques et aux décideurs stratégiques. Que vous soyez novice en intelligence artificielle ou déjà familier avec les concepts fondamentaux, vous trouverez ici des recommandations adaptées à votre niveau d'expérience et à la maturité technologique de votre entreprise.

L'intelligence artificielle n'est pas une fin en soi, mais un moyen puissant d'accroître votre efficacité et votre rentabilité. Ceux qui sauront l'exploiter intelligemment bénéficieront d'un avantage concurrentiel majeur. À travers ce guide, nous allons explorer ensemble les clés d'une implémentation réussie et durable.

Le moment est venu de dépasser les hésitations et de faire de l'IA un véritable atout stratégique pour votre entreprise.

1.1 Définition de l'intelligence artificielle (IA)

L'intelligence artificielle (IA) désigne l'ensemble des technologies, algorithmes et systèmes capables de reproduire des comportements considérés comme intelligents par l'être humain. Elle repose sur la capacité des machines à traiter des données, à apprendre de l'expérience et, dans certains cas, à prendre des décisions de manière autonome.

Contrairement aux logiciels classiques, qui exécutent des instructions préprogrammées, l'IA est conçue pour analyser des informations, en tirer des conclusions et s'améliorer au fil du temps. Cette capacité d'apprentissage, également appelée apprentissage automatique (machine learning), permet aux systèmes d'IA d'optimiser leurs performances sans intervention humaine directe.

Les fondements de l'IA

L'IA s'appuie sur plusieurs disciplines scientifiques, notamment les mathématiques, l'informatique et les neurosciences. Son fonctionnement repose sur quatre piliers principaux :

1. L'acquisition de données : Une IA nécessite de grandes quantités d'informations pour fonctionner. Ces données peuvent provenir de différentes sources : interactions humaines, capteurs, bases de données ou encore réseaux sociaux.

2. Le traitement et l'analyse : Grâce à des algorithmes avancés, l'IA est capable de détecter des schémas, de reconnaître des tendances et de générer des prédictions à partir des informations collectées. 3. L'apprentissage et l'amélioration continue : Par le biais de méthodes comme l'apprentissage supervisé, l'apprentissage non supervisé ou l'apprentissage par renforcement, un système d'IA peut perfectionner ses modèles et ses prédictions au fil du temps.

4. L'autonomie et la prise de décision : Une IA avancée est capable d'exécuter des tâches de manière autonome en fonction des objectifs définis et des données disponibles.

Les différentes catégories d'intelligence artificielle

L'intelligence artificielle peut être classée en trois grandes catégories en fonction de ses capacités et de son niveau d'autonomie :

- IA faible (ou étroite) : Il s'agit d'une IA spécialisée dans une tâche spécifique. Les assistants vocaux, les moteurs de recommandation ou les logiciels de reconnaissance faciale en sont des exemples courants. Cette IA ne possède aucune compréhension propre et agit selon des règles précises établies par ses développeurs.

- IA générale : Cette catégorie désigne une intelligence artificielle capable de raisonner et d'apprendre de la même manière qu'un être humain, en s'adaptant à divers contextes et en effectuant une grande variété de tâches sans intervention humaine directe. Bien que ce concept reste essentiellement théorique à l'heure actuelle, il constitue un objectif de long terme pour les chercheurs en IA.

- Super-intelligence artificielle : Théorique et encore hors de portée des technologies actuelles, cette IA surpasserait les capacités cognitives humaines dans tous les domaines, allant de la créativité à la résolution de problèmes complexes.

Pourquoi l'IA est-elle si précieuse en entreprise ?
L'IA est devenue un levier stratégique pour la croissance des entreprises, car elle permet d'automatiser des tâches répétitives, d'améliorer l'analyse des données et d'optimiser la prise de décision. Elle est capable d'apporter des solutions innovantes dans des secteurs aussi variés que la finance, la santé, l'industrie ou encore le marketing.

Concrètement, une entreprise utilisant efficacement l'intelligence artificielle pourra :

- Réduire ses coûts en automatisant des processus et en optimisant l'utilisation de ses ressources.

- Améliorer la satisfaction client grâce à des services personnalisés et une meilleure réactivité.

- Augmenter sa productivité en rendant les opérations plus fluides et efficaces.

- Anticiper les tendances du marché grâce à des analyses prédictives basées sur de vastes ensembles de données.

L'intelligence artificielle n'est plus un concept abstrait, réservé aux chercheurs ou aux grandes multinationales. Elle est aujourd'hui une technologie accessible, qui transforme profondément la manière dont les entreprises fonctionnent et prennent des décisions. Comprendre sa définition, son fonctionnement et ses implications est la première étape vers une adoption réussie qui permettra d'augmenter les profits et de réduire les coûts de manière significative.

1.1.1 Origine et évolution de l'IA

L'intelligence artificielle (IA) est aujourd'hui l'une des technologies les plus influentes dans le monde des affaires, transformant profondément les modèles économiques et les processus décisionnels. Avant d'examiner comment l'implémenter efficacement dans une entreprise, il est essentiel d'en comprendre l'origine et l'évolution.

Les prémices de l'intelligence artificielle

L'idée d'une machine capable de simuler l'intelligence humaine ne date pas d'hier. Dès l'Antiquité, les mythes et légendes regorgeaient de créatures artificielles dotées d'une forme d'intelligence – du golem de la tradition juive aux automates décrits par les philosophes grecs. Cependant, l'intelligence artificielle en tant que discipline scientifique a véritablement pris forme au XXᵉ siècle, lorsque les avancées en logique mathématique et en informatique ont permis d'envisager la création de machines capables de raisonner.

L'un des premiers jalons fut posé par Alan Turing dans les années 1930 et 1940. Mathématicien de génie, il développa le concept d'une « machine universelle » capable d'exécuter n'importe quel calcul algorithmique, pierre angulaire des ordinateurs modernes. En 1950, il proposa ce qui est aujourd'hui connu sous le nom de test de Turing, un protocole visant à déterminer si une machine pouvait se faire passer pour un humain à travers une conversation écrite. Cette question – "une machine peut-elle penser ?" – marqua le début des recherches en intelligence artificielle.

La naissance de l'IA en tant que discipline scientifique

C'est en 1956, lors de la conférence de Dartmouth aux États-Unis, que le terme intelligence artificielle fut officiellement introduit par John McCarthy, Marvin Minsky, Claude Shannon et d'autres pionniers. Ce moment est souvent considéré comme l'acte fondateur de l'IA. L'objectif était ambitieux : créer des machines capables d'imiter l'intelligence humaine, en leur donnant la faculté d'apprendre, de raisonner et de résoudre des problèmes complexes.

Les premiers travaux portèrent principalement sur les systèmes experts et la résolution de problèmes via des algorithmes heuristiques. Les chercheurs développèrent des programmes capables de démontrer des théorèmes mathématiques ou de jouer aux échecs à un niveau compétitif. À cette époque, les progrès étaient prometteurs, et certains scientifiques prédisaient déjà que l'IA égalerait l'intelligence humaine en quelques décennies.

Cependant, les limitations technologiques et le manque de puissance de calcul conduisirent à une première période de désillusion, connue sous le nom de l'hiver de l'IA dans les années 1970 et 1980. Les espoirs initiaux furent tempérés par des défis techniques dépassant les capacités informatiques de l'époque. Malgré cela, des progrès significatifs furent réalisés dans l'apprentissage automatique et les réseaux neuronaux, bien que ces approches ne fussent pas encore pleinement exploitables.

L'essor des technologies modernes et la renaissance de l'IA

L'IA connut un regain d'intérêt dans les années 1990 grâce aux avancées en statistiques, à la disponibilité accrue des données et à l'accroissement exponentiel de la puissance de calcul. Un événement marquant fut la victoire du superordinateur Deep Blue d'IBM contre le champion du monde d'échecs Garry Kasparov en 1997, une démonstration spectaculaire des capacités des algorithmes de calcul brut.

Toutefois, c'est véritablement au XXIᵉ siècle que l'IA s'imposa comme une révolution technologique incontournable. Avec l'essor du big data, des puces graphiques (GPU) et des algorithmes d'apprentissage profond (deep learning), des avancées spectaculaires virent le jour.

En 2012, un tournant décisif eut lieu avec la victoire du modèle AlexNet dans le concours ImageNet, démontrant la supériorité des réseaux de neurones convolutionnels pour la reconnaissance d'images. Peu après, Google, Facebook, Microsoft et d'autres acteurs majeurs de la tech investirent massivement dans ces technologies, ouvrant la voie à des applications concrètes dans des domaines aussi variés que la médecine, la finance, l'industrie et la relation client.

Des assistants virtuels intelligents comme Siri, Alexa et Google Assistant firent leur apparition, rendant l'IA accessible au grand public. En 2016, AlphaGo, un programme développé par DeepMind (filiale de Google), bouleversa le monde en battant le champion du jeu de Go, un jeu beaucoup plus complexe que les échecs en raison du nombre astronomique de combinaisons possibles. Ce succès démontra de manière indiscutable la puissance des algorithmes d'apprentissage profond.

Les tendances actuelles et les perspectives d'avenir

Aujourd'hui, l'intelligence artificielle s'impose comme un levier clé de compétitivité pour les entreprises. Grâce à l'automatisation des tâches répétitives, à l'analyse prédictive, à la vision par ordinateur et au traitement du langage naturel (NLP), l'IA permet d'améliorer l'efficacité des processus et d'optimiser la prise de décision. Les entreprises adoptent de plus en plus l'apprentissage automatique pour mieux comprendre leurs clients, personnaliser leurs offres et anticiper les tendances du marché.

Les progrès en IA générative, illustrés par GPT-4, DALL·E ou encore Midjourney, repoussent encore les limites de l'automatisation et de la créativité artificielle. Dans le domaine industriel, les robots intelligents révolutionnent la production, tandis que dans le secteur médical, l'IA assiste les professionnels de santé dans le diagnostic et la découverte de nouveaux traitements.

À l'avenir, une convergence entre l'IA, l'Internet des objets (IoT) et la blockchain pourrait engendrer des systèmes encore plus performants et autonomes. Toutefois, cette avancée pose également d'importantes questions éthiques et légales : biais algorithmiques, protection des données, impact sur l'emploi, transparence des modèles de décision... Des régulations sont en cours d'élaboration pour encadrer ces évolutions et garantir une utilisation responsable de l'IA.

L'intelligence artificielle est le fruit de décennies de recherches et de perfectionnements. D'un simple concept né des réflexions mathématiques à une technologie capable d'influer sur l'ensemble des secteurs économiques, son évolution témoigne d'un potentiel immense. Comprendre son historique et son développement permet d'en saisir les enjeux et les opportunités pour une application réussie dans un contexte entrepreneurial. Dans les chapitres suivants, nous explorerons comment les entreprises peuvent exploiter efficacement cette technologie pour accroître leur rentabilité et réduire leurs coûts.

1.1.2 Différences entre IA faible et IA forte

L'intelligence artificielle (IA) est une discipline vaste qui regroupe des approches et des applications variées. Cependant, toutes les IA ne sont pas égales en termes de capacités et d'ambitions. Dans le cadre de l'implémentation de l'IA en entreprise, il est essentiel de comprendre la distinction fondamentale entre l'IA faible et l'IA forte, car ces deux concepts reposent sur des paradigmes très différents et influencent directement les choix stratégiques et technologiques des entreprises.

L'IA faible : une intelligence spécialisée et ciblée

L'IA faible, également appelée IA étroite, désigne les systèmes capables de réaliser des tâches spécifiques avec un haut niveau de performance mais sans véritable compréhension ou conscience. Ces systèmes sont conçus pour résoudre des problèmes bien définis, en s'appuyant sur des algorithmes et des modèles d'apprentissage automatisé.

Un exemple courant d'IA faible est un assistant vocal tel que Siri ou Alexa. Ces technologies peuvent comprendre et exécuter des commandes vocales, mais elles ne possèdent pas une réelle capacité de raisonnement ni de compréhension contextuelle avancée.

D'autres exemples d'IA faible incluent :

- Les modèles de reconnaissance d'images utilisés dans la détection de fraudes ou le diagnostic médical.

- Les algorithmes de recommandation employés par Netflix ou Amazon pour proposer des contenus personnalisés.

- Les chatbots de service client automatisés, qui répondent aux questions fréquentes à l'aide de bases de données préprogrammées et de modèles de traitement du langage naturel.

Caractéristiques de l'IA faible :

- Spécialisée dans une tâche ou un ensemble limité de tâches.

- Dépendante d'un entraînement préalable et de données spécifiques.

- Incapable de généraliser ses connaissances au-delà de son domaine d'application.

- Opère sans conscience ni compréhension réelle du raisonnement humain.

En entreprise, l'IA faible est aujourd'hui la plus couramment adoptée, car elle permet d'améliorer les processus métier tout en restant contrôlable et prévisible.

L'IA forte : une intelligence comparable à l'humain

L'IA forte, parfois appelée intelligence artificielle générale (IAG), représente une vision plus avancée et encore théorique de l'IA. Contrairement à l'IA faible, l'IA forte aurait la capacité de raisonner, de comprendre le contexte global et de s'adapter comme un être humain. Elle pourrait apprendre de manière autonome à partir d'expériences variées et dépasser le cadre du simple traitement algorithmique pour prendre des décisions avec une compréhension profonde des situations.

Une véritable IA forte présenterait les caractéristiques suivantes :

- Capacité d'adaptation : elle pourrait résoudre une vaste gamme de problèmes sans nécessiter un entraînement préalable spécifique.

- Compréhension et raisonnement : elle n'interpréterait pas seulement des données, mais en comprendrait réellement la signification.

- Apprentissage autonome : elle pourrait acquérir de nouvelles connaissances sans supervision humaine.

- Conscience et intuition : en théorie, une IA forte pourrait développer une forme de réflexion comparable à celle des humains, voire une certaine forme de conscience.

Actuellement, une telle technologie n'existe pas encore. Bien que de nombreux chercheurs en intelligence artificielle travaillent sur le développement de systèmes capables de dépasser le cadre de l'IA faible, leurs travaux en sont encore au stade expérimental.

Différences fondamentales et implications pour l'entreprise

La distinction entre IA faible et IA forte est cruciale pour toute entreprise envisageant d'intégrer l'intelligence artificielle à ses processus.

Critère	IA faible	IA forte
Type d'intelligence	Spécialisée dans des tâches précises	Générale et adaptable
Compréhension	Ne comprend pas réellement les informations traitées	Possède une compréhension contextuelle et un raisonnement
Capacité d'apprentissage	Nécessite un entraînement spécifique	Apprend spontanément à partir de ses expériences
Niveau d'autonomie	Très limité, fonctionne selon des règles préétablies	Complètement autonome dans ses décisions et raisonnements
Application actuelle en entreprise	Très répandue (assistants virtuels, automatisation, analyse de données)	Encore inexistante

D'un point de vue pratique et stratégique, les entreprises doivent se concentrer sur les applications de l'IA faible, car elles offrent des résultats concrets et mesurables dès aujourd'hui. Les systèmes basés sur l'IA faible permettent d'accélérer l'analyse de données, d'optimiser les coûts et d'améliorer l'expérience client sans remettre en question la supervision humaine.

L'IA forte, en revanche, reste un sujet de recherche futuriste, avec de nombreuses implications éthiques, sociales et technologiques encore à explorer. Devenir une entreprise « pilotée par une IA forte » nécessiterait une transition radicale et une refonte complète des modèles organisationnels.

Conclusion : Quel choix pour votre entreprise ?
Comprendre la différence entre IA faible et IA forte est fondamental pour

déterminer la meilleure stratégie d'implémentation de l'IA au sein d'une entreprise.

Aujourd'hui, l'IA faible constitue l'option la plus réaliste et la plus accessible. Elle permet d'automatiser des tâches répétitives, d'améliorer l'efficacité des processus métiers et d'offrir des services personnalisés aux clients. En revanche, l'IA forte reste un concept théorique, dont l'aboutissement, même s'il devient un jour une réalité, nécessitera des décennies de progrès technologiques et des débats éthiques approfondis.

En tant que dirigeant ou acteur de la transformation digitale, l'enjeu n'est pas d'attendre une IA forte hypothétique, mais d'exploiter dès maintenant le plein potentiel de l'IA faible pour augmenter vos profits, réduire vos coûts et prendre une longueur d'avance sur la concurrence.

1.2 Pourquoi l'IA est un atout pour les entreprises

L'intelligence artificielle (IA) est bien plus qu'un simple outil technologique ; elle représente une révolution profonde qui transforme la manière dont les entreprises fonctionnent et prennent des décisions. En automatisant des tâches répétitives, en améliorant l'analyse des données et en optimisant les processus, l'IA permet aux organisations de gagner en efficacité, de réduire leurs coûts et d'accroître leur rentabilité.

Automatisation des tâches et gain de productivité

L'un des bénéfices les plus immédiats de l'IA réside dans l'automatisation des tâches. Grâce à des technologies comme le traitement automatisé du langage naturel (NLP), l'apprentissage automatique et la robotique, les entreprises peuvent déléguer à des systèmes intelligents des opérations répétitives et chronophages.

Par exemple, dans le secteur de la comptabilité, des logiciels alimentés par l'IA peuvent analyser et classifier automatiquement des factures, réduisant ainsi le besoin d'intervention humaine et minimisant le risque d'erreurs. Dans les centres de service client, les chatbots répondent aux questions courantes, libérant du temps pour les conseillers qui peuvent se concentrer sur des problématiques plus complexes. Cette automatisation permet aux employés de se consacrer à des missions à plus forte valeur ajoutée, tout en augmentant la rapidité et la précision des opérations.

Optimisation des coûts et réduction des erreurs

L'un des principaux objectifs de toute entreprise est de minimiser les coûts tout en maximisant la qualité des services ou des produits offerts. L'IA excelle dans cette optique, car elle réduit le gaspillage, évite les erreurs humaines et anticipe les problèmes avant qu'ils ne surviennent.

Dans le domaine de la production industrielle, par exemple, les systèmes d'IA analysent en temps réel les chaînes de fabrication et détectent d'éventuelles pannes avant qu'elles ne se produisent. Cette maintenance préventive diminue les temps d'arrêt imprévus et améliore l'efficacité des lignes de production. De même, dans la logistique, les algorithmes de routage optimisent les itinéraires de livraison, réduisant ainsi la consommation de carburant et les coûts d'exploitation.

Dans le secteur financier, l'IA aide aussi à prévenir la fraude en identifiant les transactions suspectes plus rapidement qu'un humain ne le pourrait. En automatisant la détection des anomalies, les institutions financières réduisent les pertes tout en améliorant la sécurité.

Prise de décision améliorée grâce à l'analyse prédictive

Les données sont l'un des actifs les plus précieux des entreprises modernes. Or, leur volume croît de manière exponentielle ; sans les bonnes technologies, elles deviennent difficilement exploitables. L'intelligence artificielle permet d'extraire des informations stratégiques des vastes quantités de données générées quotidiennement, favorisant ainsi une prise de décision plus rapide et plus pertinente.

Grâce à l'apprentissage automatique, les modèles d'IA sont capables d'identifier des tendances qui passeraient inaperçues aux yeux humains. Par exemple, dans le domaine du marketing, des algorithmes analysent le comportement des consommateurs et anticipent leurs besoins, permettant ainsi aux entreprises de proposer des offres personnalisées au bon moment. Dans le commerce de détail, cette capacité prédictive permet aussi d'optimiser la gestion des stocks en ajustant la production et l'approvisionnement en fonction des fluctuations de la demande.

Les entreprises du secteur des ressources humaines bénéficient également de l'IA pour le recrutement et la gestion des talents. En analysant les données des candidats, un algorithme peut identifier les profils les plus adaptés aux postes vacants, réduisant ainsi le temps et les coûts associés aux processus de recrutement.

Personnalisation et amélioration de l'expérience client

Dans un monde où la concurrence est de plus en plus féroce, offrir une expérience client unique et adaptée devient un facteur différenciant majeur. L'IA permet d'analyser le comportement des utilisateurs pour fournir un service ultra-personnalisé.

Les plateformes de streaming musical ou vidéo, par exemple, utilisent des algorithmes pour recommander du contenu en fonction des préférences et des habitudes de consommation des utilisateurs. Dans l'e-commerce, l'IA permet de proposer des produits pertinents à chaque visiteur, contribuant ainsi à augmenter le taux de conversion et les ventes.

Les entreprises peuvent également exploiter l'IA dans le service après-vente. Grâce aux assistants virtuels et aux chatbots, les clients obtiennent des réponses instantanées à leurs questions, à tout moment de la journée. Certaines solutions vont encore plus loin en analysant l'historique des interactions pour proposer des solutions proactives avant même que le client ne ressente le besoin de contacter le support.

Compétitivité accrue et innovation continue

Les entreprises qui intègrent l'IA dans leur stratégie gagnent un avantage concurrentiel certain. En automatisant des tâches, en anticipant les tendances et en personnalisant leurs offres, elles se positionnent comme des acteurs agiles et réactifs dans leur secteur.

L'IA joue également un rôle clé dans l'innovation des modèles économiques. Des start-ups aux multinationales, de nombreuses entreprises exploitent cette technologie pour développer de nouveaux produits et services. Dans l'industrie pharmaceutique, par exemple, l'IA accélère le développement de nouveaux traitements en analysant des millions de molécules et en prédisant leur efficacité plus rapidement qu'une recherche traditionnelle ne le permettrait.

De même, les véhicules autonomes, désormais en phase de test avancée, illustrent comment l'IA transforme radicalement des industries entières. Ces innovations ne se limitent pas aux géants technologiques ; les petites et moyennes entreprises peuvent également tirer parti de l'IA pour automatiser leurs processus, améliorer leurs produits et se différencier de la concurrence.

L'IA est bien plus qu'une tendance ; elle est devenue un levier stratégique incontournable pour les entreprises souhaitant accroître leur efficacité, réduire leurs coûts et améliorer leur offre. En automatisant les tâches, en optimisant les ressources, en améliorant la prise de décision et en personnalisant l'expérience client, cette technologie permet aux organisations de se démarquer dans un marché de plus en plus concurrentiel.

Cependant, pour exploiter pleinement son potentiel, il est crucial d'adopter une approche réfléchie et progressive. Dans les prochains chapitres, nous explorerons comment une entreprise, quelle que soit sa taille, peut implémenter l'IA de manière efficace et sans complexité.

1.2.1 Amélioration de la productivité

L'intégration de systèmes d'IA dans les entreprises de services améliore également l'efficacité opérationnelle. Par exemple, les algorithmes de reconnaissance vocale automatisent la transcription et l'analyse des réunions, permettant aux équipes de se recentrer sur la prise de décisions stratégiques.

Optimisation des processus métier

L'IA ne se contente pas d'exécuter des tâches préprogrammées, elle contribue aussi à l'amélioration globale des processus grâce à l'analyse de données en temps réel. Grâce aux avancées du machine learning, les entreprises peuvent ajuster leurs flux de travail en fonction des tendances du marché et des comportements des consommateurs.

Dans la logistique, les systèmes prédictifs analysent les historiques de commandes pour ajuster les stocks en fonction de la demande future, réduisant ainsi les coûts liés aux surplus ou aux ruptures de stock. Le routage intelligent des livraisons, basé sur des algorithmes d'optimisation, minimise les délais et maximise l'utilisation des ressources.

Dans le domaine financier, les algorithmes détectent les modèles de fraude plus efficacement que les méthodes traditionnelles, protégeant ainsi l'entreprise contre les risques financiers. Par ailleurs, l'automatisation des opérations comptables évite les erreurs humaines et garantit une conformité réglementaire accrue.

Amélioration de la collaboration et de la gestion du temps

L'IA favorise également une gestion optimisée du temps et des ressources humaines. Grâce aux outils analytiques, il est possible d'identifier les goulets d'étranglement et d'améliorer la répartition des tâches au sein des équipes.

Les systèmes de planification intelligente permettent d'attribuer automatiquement les missions aux collaborateurs en fonction de leur charge de travail et de leurs compétences, évitant ainsi les surcharges inutiles et valorisant les talents internes.

L'analyse du temps de travail à l'aide de solutions basées sur l'IA aide à identifier les périodes où la productivité est la plus élevée, permettant ainsi d'adapter les horaires et de maximiser l'efficacité des équipes. Les managers peuvent également s'appuyer sur des assistants numériques pour organiser leurs réunions, prioriser leurs tâches et optimiser leur prise de décision.

Réduction des erreurs et amélioration de la qualité

Un autre apport clé de l'IA réside dans l'amélioration de la qualité des livrables tout en réduisant le temps nécessaire à leur production. En identifiant automatiquement les incohérences et les anomalies dans les processus, elle limite les erreurs humaines et améliore la précision des résultats.

Dans l'industrie, le contrôle qualité automatisé via la vision par ordinateur évalue en temps réel la conformité des produits aux normes, réduisant les pertes et améliorant la satisfaction client. Dans le secteur du développement logiciel, les outils d'IA détectent les bugs et optimisent le code avant la mise en production, accélérant ainsi les délais de déploiement tout en garantissant une robustesse accrue.

L'augmentation des performances ne se limite pas aux machines : les solutions d'intelligence artificielle contribuent aussi à l'amélioration des compétences humaines. Grâce aux plateformes d'apprentissage adaptatif, les employés bénéficient de formations personnalisées qui renforcent leurs acquis et optimisent leur montée en compétence.

L'intégration de l'intelligence artificielle dans les processus métier constitue un accélérateur puissant de productivité. En automatisant les tâches répétitives, en optimisant les processus, en facilitant la prise de décision et en améliorant la qualité des livrables, les entreprises gagnent en efficacité et en compétitivité. Cependant, la mise en place de ces technologies nécessite une approche réfléchie, combinant stratégie, accompagnement au changement et formation des équipes.

Dans les chapitres suivants, nous aborderons la manière dont les entreprises peuvent surmonter les défis liés à l'implémentation de l'IA et maximiser son adoption au sein de leurs structures.

1.2.2 Réduction des coûts opérationnels

L'intégration de l'intelligence artificielle dans une entreprise ne se limite pas seulement à l'amélioration des performances ou à l'optimisation des processus, elle constitue également un puissant levier de réduction des coûts opérationnels. En automatisant des tâches répétitives, en améliorant la gestion des ressources et en optimisant les chaînes de production, l'IA permet non seulement d'alléger la charge de travail des équipes, mais aussi de diminuer les dépenses inutiles.

Automatisation des processus répétitifs

L'un des principaux facteurs de coûts dans une entreprise est le temps consacré aux tâches à faible valeur ajoutée. La saisie de données, la gestion des emails, la classification des documents ou encore le support client sont autant d'activités qui ne nécessitent pas nécessairement une intervention humaine continue.

L'IA, et notamment l'automatisation via le Machine Learning et les robots logiciels (RPA – Robotic Process Automation), prend en charge ces tâches avec une précision accrue et en un temps réduit. Par exemple, un chatbot intelligent peut filtrer et traiter les demandes clients avant d'escalader uniquement les cas complexes aux conseillers humains. Cette approche réduit significativement les coûts liés au personnel tout en améliorant l'expérience utilisateur.

De même, dans les services administratifs et comptables, des algorithmes d'IA peuvent automatiser le traitement des factures, la gestion des notes de frais et même la tenue comptable grâce à des logiciels spécialisés. Cela diminue le risque d'erreurs manuelles et réduit la nécessité d'allouer des ressources humaines à ces tâches.

Optimisation des ressources et réduction des pertes

Un autre domaine clé dans la réduction des coûts opérationnels grâce à l'IA est l'optimisation de la gestion des ressources. Dans le secteur industriel, par exemple, les systèmes de maintenance prédictive permettent d'éviter les pannes coûteuses en anticipant les défaillances des équipements avant qu'elles ne surviennent. Plutôt que de se reposer sur une maintenance systématique ou réactive, les entreprises peuvent ainsi optimiser leurs opérations en réparant uniquement ce qui est nécessaire, au moment opportun.

D'autre part, les algorithmes d'IA appliqués à la logistique et à la gestion des stocks permettent d'éviter le surstockage ou les ruptures de stock grâce à une meilleure prévision de la demande. Ces outils analytiques ajustent en temps réel les approvisionnements, minimisent les coûts de stockage et optimisent le transport des marchandises en fonction des flux et des tendances du marché.

Dans les environnements de production, l'IA analyse les paramètres de fabrication, identifie les variations et ajuste automatiquement les réglages des machines pour optimiser la consommation énergétique et les matières premières. Cette approche permet aux entreprises manufacturières de réduire leur empreinte carbone tout en réalisant des économies significatives sur les coûts de production.

Réduction des coûts liés aux erreurs humaines

Les erreurs humaines constituent une source importante de pertes financières, que ce soit dans la production, la gestion de la relation client ou encore la prise de décision stratégique. L'IA aide à réduire ces erreurs en automatisant l'analyse des données et en fournissant des recommandations basées sur des modèles prédictifs avancés.

Dans le secteur financier, par exemple, les algorithmes d'apprentissage automatique détectent en temps réel des anomalies dans les transactions bancaires, évitant ainsi les fraudes et les pertes financières potentielles. De même, dans la santé, l'IA assiste les médecins dans l'interprétation des images médicales, réduisant ainsi les erreurs de diagnostic et améliorant la qualité des soins tout en limitant les coûts liés à des traitements incorrects.

Par ailleurs, des outils d'IA peuvent être intégrés aux processus de recrutement afin d'identifier les profils les plus adaptés aux besoins de l'entreprise. Cela permet d'éviter les erreurs de recrutement coûteuses et d'améliorer la productivité en positionnant les bonnes personnes aux bons postes dès le départ.

Rationalisation des dépenses énergétiques

L'un des coûts opérationnels souvent sous-estimés concerne la consommation énergétique. Dans de nombreux secteurs, l'IA joue un rôle clé dans l'optimisation des dépenses énergétiques en ajustant automatiquement les besoins en fonction de la demande en temps réel.

Les bâtiments intelligents, par exemple, utilisent des systèmes basés sur l'IA pour gérer la climatisation, le chauffage et l'éclairage en fonction de l'occupation des espaces et des conditions météorologiques. De grandes entreprises tech appliquent déjà ce modèle pour réduire leur consommation d'énergie dans leurs datacenters, réalisant ainsi des économies substantielles.

Dans le secteur des transports, l'intelligence artificielle optimise les itinéraires des flottes de véhicules, réduisant ainsi les coûts de carburant et les émissions de CO_2. Les solutions basées sur l'apprentissage automatique permettent d'analyser les habitudes de déplacement, prenant en compte les conditions de circulation en temps réel pour proposer des trajets plus efficaces et moins gourmands en ressources.

La réduction des coûts opérationnels grâce à l'IA ne se limite pas à une seule approche, mais repose sur une combinaison de stratégies allant de l'automatisation des processus à l'optimisation des ressources en passant par la diminution des erreurs humaines. Pour les entreprises, l'enjeu est d'identifier les domaines dans lesquels l'IA peut générer le plus de valeur et de mettre en place des solutions adaptées à leurs besoins spécifiques. En adoptant une démarche progressive et bien structurée, les entreprises peuvent réaliser des économies significatives tout en améliorant leur efficacité et leur compétitivité sur le long terme. L'intégration réussie de l'IA ne consiste donc pas seulement à suivre une tendance technologique, mais à transformer en profondeur la manière dont les organisations fonctionnent et génèrent de la valeur.

1.2.3 Prise de décision optimisée

Dans un monde où la rapidité et la précision des décisions peuvent faire la différence entre le succès et l'échec, l'intelligence artificielle s'impose comme un atout stratégique incontournable pour les entreprises. L'IA ne se contente pas d'automatiser des processus ; elle permet également d'optimiser la prise de décision en s'appuyant sur des analyses avancées, la détection de tendances et la prédiction des résultats. Cette capacité à transformer des données brutes en recommandations actionnables a le potentiel d'améliorer la performance globale d'une organisation tout en réduisant ses coûts opérationnels.

L'IA comme levier de décision

Traditionnellement, les dirigeants s'appuient sur leur expérience, leur intuition et des rapports analytiques pour prendre des décisions. Toutefois, ces approches présentent des limites : elles sont parfois biaisées, chronophages et peu efficaces face à d'importantes quantités de données. L'IA permet d'éliminer ces freins en analysant des millions de points de données en temps réel et en fournissant des recommandations basées sur des modèles prédictifs fiables.

Les moteurs d'aide à la décision alimentés par l'IA s'appuient sur des algorithmes de machine learning et de deep learning pour identifier des corrélations invisibles à l'œil humain. L'apprentissage automatique permet aux systèmes de s'améliorer continuellement en intégrant de nouvelles données et en ajustant leurs prédictions. Autrement dit, plus un modèle est exposé à des informations, plus il devient performant dans ses recommandations.

Détection des opportunités et gestion des risques

L'un des principaux avantages de l'IA dans la prise de décision est sa capacité à détecter des opportunités insoupçonnées. Par exemple, dans la gestion des stocks, une entreprise dotée d'un système d'IA peut anticiper les fluctuations de la demande en analysant des facteurs externes comme la météo, les tendances de consommation ou les événements économiques. Plutôt que de réagir après coup, elle ajuste ses approvisionnements en amont afin de réduire les surplus et d'optimiser ses coûts d'inventaire.

De même, l'IA joue un rôle clé dans la gestion des risques. Dans la finance, elle est utilisée pour évaluer la solvabilité des clients et détecter d'éventuelles fraudes en temps réel. Dans l'industrie, elle anticipe les pannes en analysant les données issues des capteurs des machines, évitant ainsi des arrêts coûteux de production. Grâce à l'IA, les entreprises passent d'une gestion réactive à une gestion proactive, minimisant ainsi les pertes et maximisant la rentabilité.

Prise de décision en temps réel

L'adoption de l'IA permet également aux entreprises de réagir instantanément à des situations critiques. Prenons l'exemple du service client : un chatbot intelligent peut traiter des milliers de requêtes simultanément et orienter les clients vers la meilleure solution sans intervention humaine. Dans la logistique, les algorithmes d'optimisation des itinéraires ajustent les trajets des livraisons en fonction de l'évolution du trafic, réduisant ainsi les délais et les coûts de transport.

L'IA est aussi utilisée pour les décisions stratégiques de haut niveau. Des plateformes analytiques avancées permettent aux dirigeants de simuler différents scénarios avant de prendre une décision. Que se passerait-il si la société augmentait ses prix ? Quel impact aurait l'ouverture d'un nouveau marché sur les marges bénéficiaires ? Plutôt que de se fier uniquement à des suppositions, l'IA apporte des éléments tangibles pour éclairer la prise de décision et minimiser l'incertitude.

Les défis à surmonter

Malgré ses nombreux avantages, l'implémentation de l'IA pour la prise de décision n'est pas sans défis. L'un des principaux obstacles réside dans la qualité des données : un algorithme ne peut être efficace que si les données qu'il exploite sont précises, pertinentes et mises à jour en temps réel. Une mauvaise qualité des données peut conduire à des décisions biaisées et inefficaces.

Un autre enjeu concerne l'interprétabilité des décisions prises par l'IA. Certains modèles, notamment ceux basés sur le deep learning, agissent comme des "boîtes noires" où il est difficile d'expliquer pourquoi une recommandation a été formulée. Pour pallier ce problème, de nombreuses entreprises adoptent des approches dites "explicables" en intégrant des mécanismes permettant d'auditer et de comprendre les raisons derrière les décisions de l'IA.

Enfin, l'acceptation humaine est un facteur clé. Une transformation axée sur l'IA ne doit pas être perçue comme une délégation totale de la prise de décision aux machines, mais plutôt comme un partenariat entre l'humain et l'algorithme. La formation des équipes à l'utilisation des outils IA et l'instauration d'une culture orientée vers la donnée sont essentielles pour une adoption réussie.

L'IA révolutionne la prise de décision en entreprise en rendant les processus plus rapides, précis et stratégiques. Qu'il s'agisse d'identifier des opportunités de marché, d'optimiser les opérations ou de gérer les risques, les algorithmes intelligents offrent un avantage concurrentiel indéniable. Cependant, leur déploiement doit être accompagné d'une gouvernance adaptée, garantissant la qualité des données, la transparence des modèles et l'adhésion des collaborateurs. Avec une implémentation réfléchie, l'IA devient non seulement un outil puissant, mais un véritable levier de croissance et de compétitivité.

1.3 Objectifs et méthodologie du livre

L'intelligence artificielle (IA) transforme profondément le paysage des entreprises, offrant des opportunités sans précédent pour améliorer l'efficacité, réduire les coûts et accroître les profits. Cependant, sa mise en œuvre demeure un défi pour de nombreuses organisations, confrontées à un manque de compétences, de méthodologie ou de compréhension claire des bénéfices. Ce livre a pour vocation d'accompagner les dirigeants, responsables métiers et décideurs dans l'intégration pragmatique de l'IA au sein de leur entreprise, en leur fournissant une approche structurée et des solutions applicables immédiatement.

Objectifs du livre

L'ouvrage répond à trois objectifs majeurs :

1. Démystifier l'IA pour les entreprises

Loin d'être un phénomène réservé aux experts en nouvelles technologies, l'IA est aujourd'hui un outil accessible qui peut être mis en place avec des ressources modérées. Ce livre entend rendre l'IA intelligible et montrer comment elle peut être exploitée dans divers secteurs d'activité, quels que soient la taille et le degré de maturité technologique de l'entreprise.

2. Présenter une méthodologie claire et applicable

L'intégration de l'IA ne doit pas être perçue comme un projet complexe et coûteux nécessitant des années de développement. Il est essentiel d'adopter une démarche progressive et pragmatique. Ce livre expose une méthodologie éprouvée qui permet d'évaluer les opportunités, de définir une stratégie adaptée et de mettre en œuvre des solutions IA de manière efficace et mesurable.

3. Maximiser la rentabilité et l'efficience opérationnelle

L'objectif ultime de toute entreprise est d'améliorer sa performance. À travers des cas concrets et des exemples pratiques, cet ouvrage illustre comment l'IA peut être un véritable levier d'optimisation des processus, de réduction des coûts et d'augmentation des profits. Il ne s'agit pas simplement d'adopter la technologie pour suivre une tendance, mais bien d'en faire un moteur de croissance et d'innovation.

Méthodologie adoptée

L'approche développée dans ce livre repose sur une méthodologie progressive et structurée, conçue pour faciliter la mise en place d'une stratégie IA efficace et durable. Elle est construite autour de plusieurs axes fondamentaux :

1. Analyse des besoins et identification des opportunités

La première étape consiste à évaluer les processus existants et à identifier les domaines dans lesquels l'IA pourrait apporter une valeur ajoutée significative. Une analyse détaillée des cas d'usage permet d'aligner les initiatives IA avec les objectifs stratégiques de l'entreprise.

2. Définition d'une feuille de route IA

Une fois les opportunités cernées, il est indispensable d'établir un plan d'action clair pour guider l'implémentation de l'IA. Cette feuille de route définit les priorités, les ressources nécessaires et les jalons à atteindre, en veillant à assurer une intégration fluide au sein des processus existants.

3. Sélection des technologies et mise en œuvre progressive

L'adoption d'une IA ne nécessite pas toujours de développer des solutions complexes en interne. De nombreux outils et plateformes existent pour répondre aux besoins des entreprises, qu'il s'agisse d'optimisation opérationnelle, d'automatisation ou d'analyse avancée des données. Ce livre propose des recommandations pour sélectionner les solutions adaptées et déployer des projets pilotes avant de généraliser leur usage.

4. Optimisation et évaluation des performances

Une implémentation réussie repose sur une mesure rigoureuse des résultats obtenus. Il est essentiel de suivre des indicateurs clés de performance (KPI) afin d'évaluer l'impact réel de l'IA sur l'entreprise et d'ajuster les initiatives en conséquence. Cette démarche itérative garantit une amélioration continue et une adaptation aux évolutions du marché.

5. Accompagnement du changement et formation des équipes

La réussite d'un projet IA ne dépend pas uniquement de la technologie, mais aussi de l'adhésion des collaborateurs. Des stratégies de communication et des programmes de formation sont nécessaires pour favoriser l'acceptation des nouvelles solutions et assurer une montée en compétence des équipes. Ce livre propose des conseils concrets pour gérer cette transition.

En combinant une vision stratégique et une méthodologie rigoureuse, cet ouvrage offre aux entreprises les outils nécessaires pour réussir l'implémentation de l'IA de manière efficace et rentable. Loin d'être une révolution inaccessible, l'intelligence artificielle peut devenir un atout majeur pour améliorer la compétitivité et assurer une croissance durable. Chaque chapitre approfondira ces étapes clés en apportant des conseils pratiques, des études de cas et des erreurs à éviter, afin de garantir une adoption fluide et maximiser les bénéfices pour l'entreprise.

1.4 Comprendre les Fondements de l'Intelligence Artificielle et Son Impact en Entreprise

L'intelligence artificielle (IA) est un outil puissant qui, lorsqu'il est bien implémenté, permet d'optimiser les processus, d'accroître l'efficacité et de maximiser la rentabilité d'une entreprise. Avant d'intégrer une solution d'IA, il est essentiel d'en comprendre les principes fondamentaux, les applications concrètes et les étapes clés de mise en œuvre.

L'IA repose sur plusieurs technologies interconnectées : l'apprentissage automatique (machine learning), le traitement du langage naturel, la vision par ordinateur et l'automatisation des processus robotisés (RPA). Chacune de ces disciplines offre des opportunités spécifiques selon les besoins de l'entreprise.

Identifier les Cas d'Usage Pertinents

L'implémentation de l'IA doit répondre à des problématiques concrètes. Une analyse détaillée des processus internes permet de repérer les domaines où l'IA peut générer le plus de valeur, que ce soit en augmentant l'efficacité opérationnelle, en améliorant la satisfaction client ou en réduisant les coûts.

Par exemple :
- Optimisation des stocks et de la logistique grâce à des algorithmes de prévision basés sur les données historiques.
- Automatisation du service client avec des chatbots et des assistants virtuels capables de répondre aux questions fréquentes.
- Analyse des données clients pour personnaliser les offres et améliorer les stratégies marketing.
- Détection des fraudes dans les transactions financières grâce à des systèmes d'apprentissage automatique capables d'identifier des comportements suspects.

Une fois les cas d'usage identifiés, il est crucial d'évaluer leur faisabilité technique et leur impact sur les performances globales de l'entreprise.

Choisir les Solutions et Technologies Adaptées

Le marché de l'IA offre une multitude de solutions, des outils open-source aux logiciels propriétaires. Le choix d'une technologie dépend de plusieurs facteurs : le volume et la qualité des données disponibles, les compétences techniques en interne, et les objectifs stratégiques de l'entreprise.

Les entreprises peuvent opter pour trois approches :
1. Développement en interne : idéal pour les entreprises possédant une équipe technique qualifiée. Cela permet de créer des solutions sur mesure mais nécessite un investissement en recherche et développement.
2. Solutions prêtes à l'emploi : Google Cloud AI, IBM Watson ou Microsoft Azure AI offrent des services flexibles, compatibles avec de nombreux secteurs.
3. Collaboration avec des prestataires spécialisés qui développent des solutions sur mesure adaptées aux besoins spécifiques.

L'interopérabilité avec les systèmes informatiques existants est une question cruciale. Une intégration fluide avec les ERP, CRM et autres outils métiers garantit une adoption efficace des solutions d'IA.

Préparer l'Entreprise et les Employés

Une implémentation réussie ne repose pas uniquement sur la technologie. L'un des principaux défis réside dans la gestion du changement. Impliquer les collaborateurs dès le début du projet permet d'éviter les résistances et de maximiser l'adhésion.

Les étapes essentielles incluent :
- La sensibilisation et la formation pour familiariser les employés avec les bénéfices et le fonctionnement des outils d'IA.
- Une communication transparente sur les objectifs et les impacts des nouvelles technologies.
- Une approche progressive en démarrant avec des projets pilotes avant une implémentation à grande échelle.

Collecte et Valorisation des Données

L'IA repose sur la donnée. Une stratégie efficace de collecte, de stockage et d'exploitation est primordiale. Il est essentiel de garantir :

- La qualité des données : des données incomplètes ou biaisées faussent les analyses.
- La conformité avec la réglementation : le respect du RGPD et des législations locales protège l'entreprise des risques juridiques.
- L'utilisation de pipelines de données robustes pour automatiser la préparation et le traitement des informations.

Suivi, Optimisation et Évaluation des Performances

L'IA n'est pas une solution figée. Une fois déployée, elle doit être continuellement analysée et ajustée pour améliorer ses performances. Mettre en place des indicateurs clés de performance (KPI) permet de mesurer l'impact réel sur le chiffre d'affaires, les coûts et la satisfaction client.

Les métriques à suivre incluent :
- Le retour sur investissement (ROI) : comparaison entre le coût d'implémentation et les bénéfices générés.
- Le taux d'erreur des modèles d'IA, notamment pour les systèmes de prédiction.
- L'adoption des outils par les collaborateurs et la productivité accrue.

Une surveillance continue et la mise à jour des modèles garantissent que l'IA reste pertinente face aux évolutions du marché et aux nouvelles données.

L'IA représente un levier stratégique pour l'optimisation des performances d'une entreprise. Son implémentation nécessite une approche méthodique, basée sur une identification claire des cas d'usage, un choix technologique réfléchi, une gestion du changement efficace et une valorisation intelligente des données. Ce n'est qu'en intégrant progressivement l'IA dans ses processus que l'entreprise pourra maximiser ses bénéfices tout en réduisant ses coûts, assurant ainsi un avantage concurrentiel durable.

2 Comprendre les bases de l'intelligence artificielle

L'intelligence artificielle (IA) est l'une des avancées technologiques les plus révolutionnaires de notre époque, transformant en profondeur les entreprises, les industries et notre manière de travailler. Avant d'implémenter efficacement l'IA dans une organisation, il est essentiel d'en comprendre les fondamentaux : ses concepts clés, ses différentes approches et ses principales applications.

Définition et objectifs de l'intelligence artificielle

L'IA désigne un ensemble de techniques permettant à des machines d'acquérir des compétences relevant traditionnellement de l'intelligence humaine, telles que l'apprentissage, la prise de décision, la reconnaissance de formes ou encore la compréhension du langage. Son principal objectif est d'automatiser des tâches, d'améliorer la productivité et d'aider à la prise de décision en s'appuyant sur l'analyse de données.

L'IA se divise en deux grandes catégories :
- L'IA faible : Elle est conçue pour accomplir des tâches précises, comme la reconnaissance vocale ou les recommandations de produits. Ces systèmes sont limités à des fonctions spécifiques et ne possèdent pas de véritable compréhension du monde.
- L'IA forte : Théorique à ce jour, elle représenterait une intelligence comparable à celle d'un humain, capable d'apprendre, de s'adapter et de raisonner de manière autonome.

Les principales approches de l'IA

L'IA repose sur plusieurs approches et méthodologies qui lui permettent d'apprendre et de s'adapter :

1. L'apprentissage automatique (machine learning)
Le machine learning repose sur des algorithmes capables d'apprendre à partir de données. Plutôt que d'être explicitement programmés pour chaque tâche, ces algorithmes repèrent des schémas dans les données et adaptent leurs comportements. On distingue :

- L'apprentissage supervisé : L'algorithme est entraîné sur des données étiquetées. Par exemple, un modèle apprend à identifier des emails comme spam ou non en se basant sur des exemples préalablement classifiés.
- L'apprentissage non supervisé : Aucune étiquette n'est fournie ; l'algorithme détecte lui-même des structures et des regroupements dans les données, comme dans le cas du clustering utilisé pour segmenter des clients en groupes similaires.
- L'apprentissage par renforcement : Un agent apprend en interagissant avec un environnement et en recevant des récompenses ou des pénalités en fonction de ses actions. Ce type d'apprentissage est couramment utilisé pour l'optimisation de processus et les jeux vidéo.

2. Les réseaux de neurones et l'apprentissage profond (deep learning)
Le deep learning est une branche avancée du machine learning reposant sur des réseaux de neurones artificiels, inspirés du fonctionnement du cerveau humain. Ces réseaux sont composés de couches de neurones interconnectées permettant de traiter des données complexes, telles que la reconnaissance d'images ou la compréhension du langage naturel.

Grâce à l'augmentation des données disponibles et à la puissance croissante des processeurs, les réseaux de neurones profonds ont révolutionné des domaines comme la vision par ordinateur, la traduction automatique et les assistants virtuels.

3. Le traitement du langage naturel (NLP - Natural Language Processing)
Le NLP permet aux machines de comprendre, d'interpréter et de générer du langage humain. Il est utilisé dans des applications telles que les chatbots, les moteurs de recherche et l'analyse de sentiments. Son fonctionnement repose sur la combinaison du deep learning et de modèles statistiques avancés.

Applications concrètes de l'IA en entreprise

L'IA s'intègre dans de nombreux secteurs d'activité et présente des opportunités considérables pour les entreprises souhaitant améliorer leur efficacité et leur compétitivité.

- Automatisation des tâches répétitives : L'IA permet de libérer les employés des tâches chronophages comme la saisie de données, la gestion des emails ou le traitement de factures.

- Optimisation de la prise de décision : Grâce à l'analyse prédictive, les dirigeants peuvent prendre des décisions éclairées basées sur des données précises, notamment en matière de gestion des stocks, de tarification dynamique ou de prévisions de ventes.
- Expérience client personnalisée : Les algorithmes analysent le comportement des consommateurs afin d'adapter les recommandations de produits, d'optimiser les campagnes marketing et d'améliorer les interactions avec la clientèle.
- Détection de fraudes et de risques : Dans les secteurs financiers et assurantiels, l'IA est utilisée pour identifier des transactions suspectes, réduire les fraudes et améliorer la gestion des risques.
- Maintenance prédictive : Dans l'industrie, les systèmes d'IA analysent l'état des équipements et anticipent les pannes, réduisant ainsi les coûts et les interruptions.

Défis et limites actuelles de l'IA

Malgré ses avancées impressionnantes, l'IA comporte encore certaines limites et défis à surmonter :

- La qualité des données : L'IA dépend des données qu'elle exploite. Des données biaisées ou incomplètes peuvent conduire à des résultats peu fiables.
- L'explicabilité des modèles : Certains systèmes d'IA, notamment ceux basés sur le deep learning, sont souvent considérés comme des "boîtes noires", rendant difficile la compréhension et la justification de leurs décisions.
- Les enjeux éthiques : L'utilisation de l'IA soulève des questions de confidentialité, de protection des données et de biais algorithmiques, nécessitant une vigilance accrue des entreprises.
- L'intégration et l'adoption : Implémenter l'IA dans une organisation demande un changement de culture et des compétences spécifiques, ce qui peut représenter un défi pour certaines entreprises.

Avant de lancer l'implémentation d'une solution d'IA, il est essentiel de bien en comprendre les bases, les mécanismes et les applications. L'IA offre un potentiel immense pour optimiser les performances et réduire les coûts, mais son adoption doit être réfléchie et alignée avec les objectifs stratégiques de l'entreprise. Dans les prochains chapitres, nous approfondirons les étapes pratiques pour intégrer l'IA efficacement et maximiser ses bénéfices.

2.1 Principaux concepts et technologies de l'IA

L'intelligence artificielle (IA) est aujourd'hui un levier stratégique incontournable pour les entreprises cherchant à accroître leur efficacité, optimiser leurs coûts et améliorer leur compétitivité. Son implantation repose sur une compréhension claire des concepts fondamentaux et des technologies sous-jacentes. Ce chapitre explore les notions essentielles de l'IA, ses différentes approches et les outils qui permettent son déploiement dans un environnement professionnel.

1. Définition et Fondements de l'Intelligence Artificielle

L'intelligence artificielle désigne l'ensemble des méthodes et des technologies permettant aux machines d'imiter des capacités cognitives humaines, comme l'apprentissage, le raisonnement et la prise de décision. L'IA repose sur l'analyse de données et l'identification de modèles, avec pour objectif d'automatiser des tâches, d'améliorer la précision des prévisions et d'accroître la productivité humaine.

Deux approches principales structurent le développement de l'IA :

- L'IA symbolique (ou IA basée sur des règles) repose sur des systèmes d'experts qui utilisent des règles logiques pour résoudre des problèmes. Cette méthode est utilisée dans des domaines nécessitant des déductions explicites, comme les diagnostics médicaux ou la gestion de la conformité réglementaire.
- L'IA connexionniste, dominée par l'apprentissage automatique (machine learning), permet à une machine d'améliorer ses performances grâce à l'analyse de données. Cette approche est au cœur de nombreuses applications modernes, comme la reconnaissance d'image et les assistants vocaux.

2. Le Machine Learning : Apprentissage Automatique

L'apprentissage automatique constitue l'un des outils les plus puissants de l'IA moderne. Il permet aux ordinateurs d'extraire des modèles à partir de données et de prendre des décisions sans être explicitement programmés. Il comprend trois sous-catégories principales :

- L'apprentissage supervisé : La machine apprend à partir d'exemples annotés (données d'entrée associées à une réponse attendue). Ce mode est utilisé pour des tâches comme la détection de fraudes ou le classement des e-mails en spam.
- L'apprentissage non supervisé : Le modèle explore des données non étiquetées pour en extraire des structures sous-jacentes, utile notamment pour le regroupement de clients (segmentation marketing).
- L'apprentissage par renforcement : L'algorithme apprend en interagissant avec un environnement et en recevant des récompenses en fonction de ses actions. Ce modèle est largement utilisé dans l'automatisation des processus industriels et les systèmes autonomes.

3. Le Deep Learning : Réseaux de Neurones Profonds

Le deep learning, ou apprentissage profond, est une branche avancée du machine learning qui s'appuie sur des réseaux de neurones artificiels composés de plusieurs couches. Il permet l'analyse de vastes quantités de données complexes et s'est imposé comme l'une des technologies les plus performantes dans des domaines tels que :

- La reconnaissance d'image et de vidéo : utilisée notamment dans les diagnostics médicaux ou la sécurité.
- Le traitement du langage naturel (NLP) : qui permet les chatbots, les traducteurs automatiques et l'analyse des sentiments.
- Les systèmes prédictifs : optimisant la maintenance industrielle et l'analyse des marchés financiers.

4. Le Traitement du Langage Naturel (NLP)

Le NLP (Natural Language Processing) permet aux machines de comprendre, de générer et d'interagir en langage humain. Il repose sur des algorithmes capables d'analyser la syntaxe et la sémantique d'un texte, facilitant ainsi les échanges entre humains et machines.

Les cas d'usage courants incluent :

- Les chatbots et assistants virtuels : qui améliorent l'expérience client en fournissant des réponses instantanées et adaptées.
- L'analyse de sentiment : permettant d'évaluer l'opinion d'un public sur un produit ou une marque.
- La classification de documents : utilisée par exemple pour trier des e-mails ou des dossiers juridiques.

5. La Vision par Ordinateur

La vision par ordinateur permet aux machines d'interpréter et d'analyser des images et vidéos afin d'identifier des objets, des visages ou des situations spécifiques. Elle repose sur des techniques avancées comme la reconnaissance de formes et le deep learning.

Cette technologie est exploitée dans :

- La sécurité et la surveillance : détection d'intrusions, reconnaissance faciale.
- Le contrôle qualité automatisé : inspection des défauts en ligne de production.
- Les véhicules autonomes : identification des obstacles et interprétation des panneaux de signalisation.

6. L'IA Générative et Modèles de Langage Avancés

L'IA générative repose sur des modèles capables de produire du contenu original, qu'il s'agisse de textes, d'images ou de sons. Des technologies comme les modèles de langage de grande envergure (GPT) ont transformé des secteurs tels que la création de contenu, la programmation et la conception graphique.

Des applications concrètes incluent :

- La génération automatique de rapports et de résumés.
- L'assistance à la programmation grâce à des suggestions de code intelligentes.

- La création d'images et de vidéos à la demande.

7. Les Infrastructures et Outils d'IA

Pour mettre en œuvre une solution IA, les entreprises s'appuient sur des infrastructures puissantes et des outils spécialisés :

- Les plateformes cloud IA : Google Cloud AI, Microsoft Azure AI et AWS AI fournissent les capacités de calcul et les modèles pré-entraînés pour accélérer le développement de solutions d'IA.
- Les frameworks et bibliothèques : TensorFlow, PyTorch et Scikit-Learn sont parmi les outils les plus utilisés pour créer des modèles d'apprentissage automatique.
- Les bases de données et entrepôts de données : centralisent l'information nécessaire aux algorithmes, garantissant précision et évolutivité.

8. Enjeux et Limites de l'Intelligence Artificielle

Si l'IA offre des perspectives considérables, elle comporte aussi des défis qu'une entreprise doit anticiper :

- Qualité des données : Une IA performante repose sur des datasets fiables, cohérents et sans biais.
- Explicabilité et transparence : Les modèles doivent être audités pour garantir des décisions compréhensibles et conformes aux réglementations.
- Consommation énergétique : L'entrainement des modèles d'IA nécessite une puissance de calcul considérable, posant des défis environnementaux.
- Sécurité et éthique : La protection des données et la non-discrimination des algorithmes doivent être intégrées dès la conception des solutions.

L'intelligence artificielle regroupe un large éventail de concepts et de technologies en constante évolution. Sa mise en œuvre efficace dans une entreprise passe par une maîtrise des approches fondamentales, des différents types d'apprentissage et des outils existants. Comprendre ces bases est essentiel pour identifier les opportunités d'automatisation, améliorer la compétitivité et exploiter tout le potentiel de l'IA au service des objectifs stratégiques de l'entreprise.

2.1.1 Machine learning et deep learning

L'intelligence artificielle repose sur plusieurs approches, mais deux d'entre elles se démarquent particulièrement par leur efficacité et leur polyvalence : le machine learning et le deep learning. Ces technologies sont essentielles pour automatiser les processus, analyser des volumes massifs de données et améliorer la prise de décision au sein des entreprises.

Machine Learning : Apprentissage basé sur les données

Le machine learning, ou apprentissage automatique, est une branche de l'intelligence artificielle qui permet aux machines d'apprendre à partir des données sans être explicitement programmées pour chaque tâche. Contrairement aux algorithmes traditionnels, qui nécessitent des règles précises écrites par des programmeurs, le machine learning permet aux systèmes d'identifier des tendances et de faire des prédictions à partir d'exemples passés.

Les principales approches du machine learning

Le machine learning se divise en plusieurs catégories, selon la manière dont l'apprentissage est réalisé :

- L'apprentissage supervisé : Le modèle est entraîné à partir de données annotées, c'est-à-dire avec des exemples comprenant des entrées et des sorties attendues. Par exemple, un algorithme de classification des e-mails apprendra à différencier les messages légitimes des spams en s'appuyant sur des exemples existants.
- L'apprentissage non supervisé : Aucune sortie attendue n'est fournie. Le modèle explore les données et détecte lui-même des structures sous-jacentes, comme le regroupement de clients ayant des comportements similaires.
- L'apprentissage par renforcement : Un agent intelligent apprend à interagir avec un environnement en recevant des récompenses ou des pénalités. C'est cette approche qui est utilisée dans des cas comme les algorithmes de trading automatisé ou les jeux vidéo.

Dans le cadre d'une entreprise, ces techniques peuvent être utilisées pour améliorer les prévisions de ventes, optimiser la logistique, automatiser la détection de fraudes, ou encore personnaliser l'expérience client.

Deep Learning : L'apprentissage profond inspiré du cerveau humain

Le deep learning, ou apprentissage profond, est une sous-catégorie du machine learning qui utilise des réseaux de neurones artificiels à plusieurs couches, imitant le mécanisme du cerveau humain. Ce type d'algorithme est particulièrement efficace pour traiter de grandes quantités de données non structurées, comme les images, le texte ou l'audio.

Pourquoi le deep learning révolutionne l'IA

Le deep learning se distingue par sa capacité à extraire automatiquement des caractéristiques complexes à partir des données, ce qui le rend particulièrement performant dans certaines applications :

- Traitement d'images et reconnaissance faciale : Identification d'objets, détection d'anomalies dans les images médicales, reconnaissance de visages pour l'authentification des utilisateurs.
- Traitement du langage naturel (NLP) : Analyse des sentiments des clients, traduction automatique, génération de texte intelligent.
- Automatisation et robotique : Voitures autonomes, contrôle qualité dans les usines, assistants vocaux intelligents.

La puissance du deep learning est largement due aux avancées en matière de puissance de calcul et à la disponibilité croissante de données massives (big data), ce qui permet d'entraîner ces modèles de manière plus efficace.

Comparaison entre machine learning et deep learning

Bien que le machine learning et le deep learning poursuivent le même objectif – apprendre à partir des données pour automatiser des décisions, ils diffèrent par leur complexité et leurs exigences en ressources.

Critère	Machine Learning	Deep Learning
Type de données	Structurées (tableaux, chiffres)	Non structurées (images, textes, audio)
Besoin de données	Moins important	Très élevé
Exigence en calcul	Modérée	Très élevée (GPU, TPU nécessaires)
Interprétabilité	Facile à expliquer	Modèles souvent vus comme des "boîtes noires"

Pour une entreprise, le choix entre ces deux approches dépend des ressources disponibles et des objectifs fixés. Si les données sont limitées et qu'il est essentiel de comprendre les décisions de l'algorithme, le machine learning est souvent privilégié. En revanche, pour des applications exigeant un haut niveau de précision et la prise en compte de données complexes, le deep learning peut être une meilleure option, bien que plus coûteux en calcul.

Mise en application en entreprise

L'implémentation du machine learning ou du deep learning au sein d'une entreprise nécessite une certaine préparation :

1. Collecte et préparation des données : La qualité des données est déterminante pour l'efficacité des modèles. Il faut s'assurer qu'elles sont propres, bien structurées et suffisantes.
2. Choix du modèle et des algorithmes : Adapter le modèle en fonction des besoins spécifiques (régression, classification, prédiction...).
3. Phase d'entraînement et d'optimisation : Ajuster les hyperparamètres pour maximiser la précision et minimiser les erreurs.
4. Déploiement et suivi : Une fois le modèle en production, il doit être surveillé et amélioré continuellement pour s'adapter à l'évolution des données.

Le machine learning et le deep learning permettent d'exploiter au mieux l'intelligence artificielle en entreprise, en automatisant et en optimisant de nombreux processus. Tandis que le machine learning est adapté aux besoins analytiques classiques avec des données bien structurées, le deep learning excelle lorsque l'on travaille avec des données massives et non structurées. L'enjeu pour chaque entreprise réside dans la sélection de la bonne approche, en fonction des ressources, des objectifs et des compétences internes disponibles. Dans les chapitres suivants, nous verrons comment mettre en œuvre concrètement ces solutions au sein d'une organisation pour maximiser leur impact.

2.1.2 Traitement du langage naturel et reconnaissance d'images

L'intelligence artificielle (IA) s'appuie sur des disciplines fondamentales pour offrir des solutions puissantes aux entreprises. Deux des technologies les plus transformatrices sont le traitement du langage naturel (TLN) et la reconnaissance d'images. En exploitant ces outils, les organisations peuvent automatiser des processus, améliorer l'expérience client et optimiser leurs opérations.

Le traitement du langage naturel : Comprendre et générer du texte

Le TLN permet aux machines d'interpréter, de comprendre et de générer du texte en langage humain. Son champ d'application s'étend des assistants virtuels aux systèmes de traduction automatique, en passant par l'analyse de sentiments et la classification de documents.

Comment fonctionne le traitement du langage naturel ?

Le TLN repose sur plusieurs techniques issues de l'apprentissage automatique et du deep learning :

- Le prétraitement du texte : Avant d'analyser un texte, il faut nettoyer et structurer les données. Cela inclut la suppression des mots inutiles (stop words), la normalisation des termes (lemmatisation et stemming) ainsi que la tokenisation (découpage en unités sémantiques).

- L'analyse syntaxique et sémantique : Cette étape permet d'identifier les relations grammaticales entre les mots et d'en extraire le sens. Les modèles avancés utilisent des algorithmes tels que les réseaux de neurones récurrents (RNN) et les Transformers (comme BERT ou GPT) pour améliorer la compréhension contextuelle.

- La génération de texte : Des systèmes comme ChatGPT sont capables de produire des réponses pertinentes en s'appuyant sur des corpus de textes existants et en apprenant des structures linguistiques complexes.

Applications du TLN en entreprise

1. Chatbots et assistances automatisées : Les entreprises utilisent des chatbots basés sur le TLN pour répondre aux demandes des clients, réduisant ainsi la charge de travail des équipes et améliorant la satisfaction utilisateur.

2. Analyse des sentiments et de la réputation : En analysant les avis clients, les commentaires sur les réseaux sociaux et les emails, les entreprises peuvent mieux comprendre les attentes et optimiser leurs stratégies.

3. Automatisation documentaire : Les algorithmes de TLN permettent de classer, extraire et traiter des documents comme les contrats, les factures ou les rapports.

L'intégration du TLN dans une entreprise ne nécessite pas forcément de développer des modèles internes. Des solutions prêtes à l'emploi, telles qu'Amazon Comprehend, Google Natural Language ou des API OpenAI, permettent une adoption rapide et efficace.

La reconnaissance d'images : Voir et interpréter le monde visuel

L'autre pilier clé de l'IA moderne est la reconnaissance d'images, qui permet aux machines d'identifier et de comprendre des images ou des vidéos. Cette technologie repose sur l'apprentissage profond, notamment les réseaux de neurones convolutionnels (CNN).

Comment fonctionne la reconnaissance d'images ?

La reconnaissance d'images suit plusieurs étapes essentielles :

- Acquisition et prétraitement des données : Les images brutes sont améliorées par des techniques de redimensionnement, de filtrage et de normalisation afin d'optimiser les performances des modèles.
- Extraction et classification des caractéristiques : À l'aide des CNN, les systèmes détectent des motifs et des structures (formes, textures, couleurs) avant de classer les objets selon des catégories définies.
- Apprentissage et affinage des modèles : Les modèles entraînés sur de vastes ensembles de données (comme ImageNet) s'adaptent aux besoins spécifiques des entreprises grâce à des techniques de fine-tuning.

Applications de la reconnaissance d'images en entreprise

1. Contrôle qualité automatisé : Dans l'industrie, la reconnaissance d'images est employée pour identifier les anomalies et les défauts sur des chaînes de production, réduisant ainsi les erreurs humaines et augmentant l'efficacité.
2. Surveillance et sécurité : Les caméras intelligentes analysent en temps réel les flux vidéo pour détecter des comportements suspects ou identifier des individus spécifiques.
3. Automatisation du traitement documentaire : La reconnaissance d'images associée à la reconnaissance optique de caractères (OCR) facilite l'extraction automatique d'informations à partir de factures, cartes de visite ou documents manuscrits.
4. Expérience client personnalisée : Dans la vente au détail, certaines enseignes utilisent la reconnaissance faciale pour proposer des recommandations adaptées à chaque client et améliorer l'engagement.

Comment implémenter ces technologies dans son entreprise ?

L'intégration du TLN et de la reconnaissance d'images ne signifie pas forcément un investissement colossal. Plusieurs approches existent en fonction des ressources et des compétences internes :

- Utiliser des solutions prêtes à l'emploi : Les services cloud comme Azure Cognitive Services, Google Vision API ou IBM Watson permettent aux entreprises d'adopter rapidement ces outils sans expertise en IA.
- Développer des modèles internes : Pour des besoins plus spécifiques, certaines entreprises choisissent d'entraîner leurs propres modèles en utilisant des frameworks comme TensorFlow, PyTorch ou Hugging Face.

- Collaborer avec des prestataires spécialisés : Faire appel à des experts externes peut accélérer la mise en œuvre et garantir des résultats optimaux.

Le traitement du langage naturel et la reconnaissance d'images offrent des opportunités considérables pour optimiser les opérations, améliorer l'expérience client et réduire les coûts. Grâce à des avancées majeures dans l'IA, ces technologies sont désormais accessibles et faciles à intégrer, même pour des entreprises sans expertise en développement. En adoptant une approche stratégique et en exploitant les bonnes solutions, les entreprises peuvent tirer parti de ces innovations pour accroître leur compétitivité et accroître leur rentabilité.

2.1.3 Automatisation des processus avec l'IA

L'automatisation des processus repose sur l'intégration d'algorithmes intelligents capables d'exécuter des tâches répétitives, d'analyser des données en temps réel et d'optimiser les opérations sans intervention humaine. Grâce à l'intelligence artificielle, les entreprises peuvent désormais transformer leur manière de travailler, augmenter leur réactivité et réduire considérablement les coûts opérationnels. Dans cette section, nous allons détailler comment l'IA peut être utilisée pour automatiser divers processus, quels bénéfices en tirer et quelles précautions à prendre pour une mise en œuvre réussie.

1. Comprendre l'automatisation des processus avec l'IA

L'automatisation intelligente diffère des approches classiques en ce qu'elle ne se contente pas d'exécuter mécaniquement des tâches prédéfinies : elle apprend, s'adapte et s'améliore au fil du temps. Contrairement à l'automatisation traditionnelle (telle que les scripts informatiques ou les macros), les solutions basées sur l'IA exploitent l'apprentissage automatique, le traitement du langage naturel et la vision par ordinateur pour gérer des flux de travail complexes.

Les technologies les plus couramment utilisées pour automatiser les processus avec l'IA sont :

- Les robots logiciels (RPA – Robotic Process Automation), qui imitent les actions humaines sur un ordinateur, permettant d'automatiser des tâches administratives comme la saisie de données ou la gestion des emails.
- Les algorithmes de machine learning, qui permettent d'améliorer les prises de décision en analysant des volumes importants de données et en identifiant des tendances.
- Le traitement du langage naturel (NLP – Natural Language Processing), qui facilite l'interaction entre humains et machines, notamment dans les chatbots et les assistants virtuels.
- La vision par ordinateur, qui permet d'automatiser des tâches nécessitant l'analyse d'images ou de vidéos, comme le contrôle qualité en industrie.

En combinant ces technologies, les entreprises peuvent automatiser un large éventail de processus, allant des opérations administratives aux tâches plus complexes comme la détection de fraudes ou la personnalisation des services.

2. Les avantages de l'automatisation des processus avec l'IA

La mise en place d'une automatisation basée sur l'IA présente plusieurs avantages stratégiques pour l'entreprise :

- Gain de temps et augmentation de la productivité : les processus automatisés sont exécutés plus rapidement et sans erreurs humaines, permettant aux employés de se concentrer sur des tâches à plus forte valeur ajoutée.
- Réduction des coûts : en supprimant les tâches répétitives et en diminuant le besoin en ressources humaines pour certaines activités, l'entreprise réalise des économies significatives.
- Amélioration de la précision et réduction des erreurs : l'IA fonctionne selon des règles strictes et apprend à éviter les erreurs qui peuvent survenir dans des traitements manuels. Dans des secteurs comme la finance ou la santé, cela se traduit par une réduction des risques d'erreurs critiques.
- Flexibilité et scalabilité : les systèmes d'IA peuvent s'adapter aux variations de la demande et aux besoins changeants de l'entreprise, facilitant l'expansion et l'amélioration continue des processus automatisés.
- Expérience client améliorée : grâce à l'analyse prédictive et aux chatbots

intelligents, les clients bénéficient d'un service plus rapide et personnalisé, augmentant ainsi leur satisfaction et leur fidélité.

3. Domaines d'application de l'automatisation avec l'IA

Les possibilités offertes par l'IA sont vastes et s'appliquent à une multitude de secteurs :

- Finance & Comptabilité : automatisation de la gestion des factures, détection de fraudes, analyse financière prédictive.
- Service client : chatbots et assistants virtuels capables de traiter les demandes courantes sans intervention humaine.
- Marketing & Vente : personnalisation des recommandations produits, segmentation des clients, automatisation des campagnes publicitaires.
- Supply Chain & Logistique : optimisation des stocks, prévision de la demande, automatisation des processus d'approvisionnement.
- Industrie & Production : maintenance prédictive des machines, contrôle qualité automatisé via la vision par ordinateur.
- Ressources humaines : tri et analyse des CV, onboarding automatisé, suivi des performances des employés.

4. Les défis et précautions liés à l'automatisation avec l'IA

Malgré ses nombreux avantages, l'automatisation avec l'IA présente aussi certains défis techniques et organisationnels :

- Qualité des données : une IA efficace repose sur des données de haute qualité. Des informations erronées ou incomplètes peuvent conduire à des décisions biaisées ou inefficaces.
- Sécurité et conformité : les entreprises doivent veiller à la protection des données sensibles et au respect des règlementations en vigueur, telles que le RGPD en Europe.
- Résistance au changement : l'automatisation peut susciter des craintes chez les employés, qui perçoivent ces technologies comme une menace pour leur emploi. Il est essentiel d'accompagner la transition en formant et en sensibilisant le personnel aux bénéfices de l'IA.
- Coût initial et complexité d'implémentation : bien que l'IA promette des économies à long terme, son adoption nécessite un investissement initial important, notamment en infrastructures et en formation.

5. Comment réussir l'implémentation d'une stratégie d'automatisation avec l'IA

Pour maximiser les résultats et éviter les écueils, voici quelques bonnes pratiques pour intégrer intelligemment l'automatisation par l'IA dans votre entreprise :

1. Évaluer les processus à automatiser : identifiez les tâches répétitives et chronophages qui bénéficieraient le plus de l'IA.
2. Définir des objectifs clairs : établissez des indicateurs de performance (KPIs) précis afin de mesurer l'impact de l'automatisation.
3. Choisir les bonnes technologies : selon vos besoins, privilégiez des solutions adaptées aux spécificités de votre entreprise.
4. Impliquer les parties prenantes : assurez-vous que toutes les équipes concernées comprennent l'importance de l'automatisation et soient formées aux nouveaux outils.
5. Commencer par des projets pilotes : avant une implémentation à grande échelle, testez vos solutions sur des cas concrets afin d'ajuster votre stratégie si nécessaire.
6. Surveiller et améliorer en continu : l'automatisation avec l'IA doit être évolutive. Analysez régulièrement les performances et adaptez vos modèles pour optimiser les résultats.

L'IA ouvre de nouvelles perspectives pour automatiser les processus et transformer les modèles d'affaires. En adoptant une approche stratégique et en surmontant les défis associés, les entreprises peuvent tirer pleinement parti de cette révolution technologique pour augmenter leur compétitivité tout en réduisant leurs coûts.

2.2 Outils et plateformes d'IA accessibles aux entreprises

L'intelligence artificielle s'est largement démocratisée au cours des dernières années, offrant aux entreprises de toutes tailles des solutions puissantes pour optimiser leurs opérations, améliorer la satisfaction client et automatiser des tâches répétitives. Autrefois réservées aux grandes multinationales disposant de ressources conséquentes, les technologies d'IA sont désormais accessibles grâce à des plateformes flexibles, souvent basées sur le cloud.

Dans ce chapitre, nous explorerons les principaux outils et plateformes d'IA que les entreprises peuvent intégrer facilement, en fonction de leurs besoins spécifiques. Nous examinerons également leurs fonctionnalités, leurs avantages et les critères de sélection pour un choix éclairé.

1. Les solutions d'IA prêtes à l'emploi

Certaines entreprises n'ont ni les ressources ni l'expertise pour développer leurs propres modèles d'IA. Heureusement, plusieurs plateformes proposent des solutions prêtes à l'emploi, ne nécessitant que peu ou pas de programmation.

- Google Cloud AI : Cette suite d'outils développée par Google propose des solutions telles que la vision par ordinateur, le traitement du langage naturel et l'apprentissage automatique. Des API comme Google Vision AI et Google Natural Language permettent d'intégrer l'intelligence artificielle à des systèmes existants sans compétences avancées en data science.

- IBM Watson : Reconnue pour ses capacités avancées en analyse des données et en intelligence conversationnelle, IBM Watson facilite la mise en œuvre de chatbots intelligents, l'analyse de textes et la prise de décision basée sur les données. Son interface no-code permet même aux entreprises non techniques de tirer parti de l'IA.

- Microsoft Azure AI : Une autre alternative puissante, proposant des services de reconnaissance visuelle, de compréhension du langage naturel et des solutions personnalisables d'apprentissage automatique. L'intégration avec d'autres outils Microsoft (Excel, Power BI) simplifie l'adoption de l'IA dans les processus courants.

- AWS AI Services : Amazon propose également un large éventail d'outils IA, notamment Amazon Rekognition (reconnaissance faciale et d'objets), Amazon Polly (synthèse vocale) et Amazon Lex (chatbots). Ces services sont modulables et accessibles aux petites entreprises grâce à un modèle de facturation à l'usage.

2. Les plateformes d'apprentissage automatique AutoML

Pour les entreprises souhaitant développer leurs propres modèles de manière simplifiée, les solutions AutoML (Automated Machine Learning) permettent de créer et d'entraîner des modèles de machine learning sans expertise approfondie en data science.

- Google AutoML : Cet outil de Google Cloud permet aux entreprises de concevoir des modèles personnalisés de reconnaissance d'images, d'analyse de texte et de prédiction, sans coder. Son approche automatisée identifie les meilleures stratégies d'entraînement pour optimiser les performances du modèle.

- H2O.ai : Populaire pour ses services de machine learning automatisé, H2O.ai propose une interface intuitive et simplifie certaines étapes d'optimisation. Son moteur fonctionne aussi bien en cloud qu'en local, offrant une flexibilité précieuse pour les entreprises soucieuses de la confidentialité de leurs données.

- DataRobot : Cette plateforme intègre tout le processus de machine learning, de la préparation des données à la mise en production des modèles. Son approche permet aux professionnels métiers (finance, marketing, supply chain) de construire des modèles prédictifs sans connaissances techniques approfondies.

3. Outils de traitement du langage naturel (NLP)

Le traitement automatique du langage naturel (NLP) est une composante clé des applications d'IA modernes : chatbots, traduction automatique, résumé de documents, sentiment analysis, etc.

- OpenAI GPT (ChatGPT) : Une référence incontournable en NLP, permettant aux entreprises de générer du texte automatisé, d'assister le service client et d'améliorer l'interaction avec leurs clients. Des intégrations sont possibles via API pour adapter le modèle à des besoins spécifiques.

- SpaCy et NLTK : Pour les entreprises souhaitant travailler sur des données textuelles en interne, ces bibliothèques open-source facilitent l'analyse de documents, la reconnaissance d'entités nommées et la compréhension du langage naturel.

- Amazon Comprehend : Un service de NLP qui analyse des documents et identifie des mots-clés, entités et sentiments. Son intégration avec d'autres solutions AWS permet une utilisation rapide dans des flux de travail évolutifs.

4. Les outils d'automatisation et d'optimisation des processus

L'IA ne se limite pas à l'analyse de données et au NLP. Elle permet également d'optimiser et d'automatiser divers processus métier via l'automatisation robotisée des processus (RPA) et l'IA conversationnelle.

- UiPath et Automation Anywhere : Ces plateformes spécialisées en RPA intègrent l'IA pour automatiser des tâches répétitives telles que le traitement des factures, la saisie de données et la gestion des emails. Elles permettent d'augmenter l'efficacité des équipes tout en réduisant le taux d'erreur.

- Zapier avec IA : Bien que Zapier soit principalement un outil d'automatisation des tâches entre différentes applications, il propose maintenant des fonctionnalités d'IA, comme la classification automatique des emails ou la génération de réponses automatisées.

- Salesforce Einstein : Un moteur d'intelligence artificielle conçu pour les entreprises utilisant Salesforce, permettant des prévisions commerciales avancées, des recommandations clients et des analyses prédictives basées sur les données CRM.

5. Critères de choix d'une plateforme d'IA

Le choix d'une plateforme d'IA dépend des besoins spécifiques de l'entreprise, de la complexité des tâches à automatiser et du budget disponible. Voici les principaux critères à prendre en compte :

- Facilité d'intégration : Certains outils s'intègrent naturellement avec les systèmes et logiciels existants, tandis que d'autres nécessitent des développements plus avancés.

- Coût et modèle économique : Les solutions cloud offrent généralement un modèle de paiement à l'usage, tandis que d'autres nécessitent des licences mensuelles ou annuelles.
- Accessibilité pour les non-techniciens : Les plateformes no-code et AutoML permettent aux équipes métiers de bénéficier des avantages de l'IA sans nécessiter de compétences en programmation.
- Sécurité et conformité : Pour les entreprises manipulant des données sensibles, il est essentiel de choisir des plateformes garantissant la protection des informations et le respect des réglementations en vigueur (RGPD, HIPAA, etc.).
- Scalabilité : Une bonne plateforme doit être en mesure d'évoluer avec la croissance de l'entreprise et de s'adapter à l'augmentation des volumes de données et d'utilisateurs.

Les outils et plateformes d'IA permettent aux entreprises de tirer parti des avancées technologiques sans avoir à développer elles-mêmes leurs propres modèles. Qu'il s'agisse d'automatiser des processus, d'améliorer l'expérience client ou d'analyser de grandes quantités de données, les solutions accessibles aujourd'hui offrent un retour sur investissement rapide et une adoption simplifiée. L'important est de choisir une plateforme adaptée aux besoins spécifiques de l'entreprise, en évitant les implémentations inutiles ou trop complexes qui pourraient freiner leur adoption.

2.2.1 Solutions open source et commerciales

Lorsqu'il s'agit d'implémenter l'intelligence artificielle (IA) dans une entreprise, le choix des solutions logicielles est une étape cruciale. Il existe deux grandes catégories de solutions : celles qui sont open source, accessibles librement, et celles qui sont commerciales, proposées par des éditeurs spécialisés sous licence payante.

Chaque approche présente des avantages et des inconvénients qu'il est essentiel d'évaluer en fonction des besoins spécifiques de l'entreprise, de ses ressources technologiques et humaines, ainsi que de ses objectifs stratégiques.

Les solutions open source

Les logiciels open source en intelligence artificielle sont développés et maintenus par des communautés d'experts, des chercheurs et des entreprises technologiques. Ils offrent un accès libre au code source, permettant ainsi une personnalisation poussée et une adaptation aux besoins spécifiques de l'entreprise. Parmi les solutions les plus populaires, on retrouve :

- TensorFlow : Développé par Google, ce framework est l'un des plus puissants pour le machine learning et le deep learning. Il est utilisé dans des applications allant de la reconnaissance d'image à l'analyse de données en temps réel.
- PyTorch : Créé par Facebook, PyTorch est apprécié pour sa flexibilité et sa facilité d'utilisation, en particulier dans le domaine de la recherche et du prototypage rapide.
- Scikit-learn : Solution incontournable pour l'apprentissage automatique (machine learning), elle permet d'implémenter des algorithmes classiques avec une grande simplicité.
- Keras : Interface haut niveau pour TensorFlow, elle facilite le développement de modèles de deep learning sans nécessiter une compréhension approfondie des couches sous-jacentes.
- Apache Spark MLlib : Une bibliothèque de machine learning intégrée à Apache Spark, idéale pour le traitement de données volumineuses et l'analyse distribuée.

Avantages des solutions open source

1. Coût réduit : L'absence de frais de licence constitue un avantage financier majeur, notamment pour les PME qui souhaitent expérimenter l'IA sans engager de coûts initiaux élevés.
2. Flexibilité et transparence : Le code source étant accessible, il est possible de modifier et d'optimiser les algorithmes selon des besoins spécifiques. Cela permet d'adapter les outils aux exigences des processus métier.
3. Communauté et innovation : L'innovation est rapide grâce aux contributions de milliers de développeurs à travers le monde. Les forums et la documentation permettent une prise en main progressive et facilitée.
4. Interopérabilité : Les solutions open source sont souvent compatibles

avec d'autres technologies open source, simplifiant leur intégration dans des infrastructures existantes.

Inconvénients des solutions open source

1. Complexité d'implémentation : Déployer des solutions open source demande des compétences techniques avancées en développement et en administration système.
2. Manque de support officiel : Contrairement aux solutions commerciales, il n'existe pas toujours de support client dédié. L'assistance repose principalement sur la communauté et la documentation existante.
3. Risques liés à la maintenance : L'adoption d'une solution open source nécessite une veille technologique constante, car certaines bibliothèques peuvent être abandonnées ou évoluer rapidement, nécessitant des mises à jour fréquentes.

Les solutions commerciales

Les logiciels propriétaires en intelligence artificielle sont développés par des entreprises spécialisées, qui proposent des solutions clés en main avec un support technique, des garanties de service et une interface conviviale. Parmi les solutions les plus populaires, on peut citer :

- Microsoft Azure AI : Plateforme cloud incluant des outils de machine learning, d'analyse prédictive et de traitement du langage naturel.
- Google Cloud AI : Offre des services IA avancés, notamment AutoML et Vision AI, permettant de concevoir des modèles personnalisés sans expertise approfondie.
- IBM Watson : Une suite de services IA adaptée aux entreprises, notamment pour l'analyse des données et l'automatisation des processus.
- Salesforce Einstein : Intégré à la suite CRM de Salesforce, cet outil d'IA aide à automatiser les actions marketing et commerciales.
- H2O.ai : Solution commerciale combinant intelligence artificielle et apprentissage automatique, souvent utilisée dans les secteurs financiers et médicaux.

Avantages des solutions commerciales

1. Facilité de mise en œuvre : Ces solutions sont conçues pour être utilisées

rapidement, avec des interfaces conviviales, même pour des utilisateurs non techniques.

2. Support et maintenance : Contrairement aux solutions open source, elles bénéficient d'un support professionnel, garantissant le bon fonctionnement et l'assistance en cas de problème.

3. Sécurité renforcée : Les éditeurs des solutions commerciales investissent massivement dans la cybersécurité, réduisant les risques liés aux failles et aux cyberattaques.

4. Optimisation des performances : Les plateformes propriétaires sont souvent optimisées pour des performances maximales, exploitant au mieux les infrastructures cloud et les capacités de calcul.

Inconvénients des solutions commerciales

1. Coût élevé : Les licences peuvent rapidement représenter un poste de dépense conséquent, en particulier pour les entreprises à budget limité.

2. Moins de flexibilité : L'accès au code étant restreint, la personnalisation est limitée. Les utilisateurs doivent s'adapter aux fonctionnalités proposées.

3. Dépendance à un fournisseur : Une entreprise utilisant une solution commerciale devient tributaire des évolutions et de la politique tarifaire de l'éditeur, ce qui peut poser des problèmes à long terme.

Comment choisir entre une solution open source et commerciale ?

Le choix entre ces deux types de solutions dépend de plusieurs critères :

- Taille et expertise de l'équipe : Une entreprise disposant de développeurs et de data scientists expérimentés pourra plus facilement exploiter les solutions open source. À l'inverse, une équipe sans expertise technique préférera une solution clé en main.

- Budget disponible : Une startup avec des ressources limitées pourra commencer avec des outils open source, quitte à adopter progressivement une solution commerciale si nécessaire.

- Besoins spécifiques : Si l'entreprise a besoin de modèles sur mesure, les outils open source permettent une personnalisation poussée. Pour un déploiement rapide et standardisé, une solution propriétaire sera plus adaptée.

- Niveau de sécurité requis : Dans les secteurs sensibles comme la finance ou la santé, les solutions commerciales garantissent une meilleure conformité aux régulations et aux normes de sécurité.

Il n'existe pas de réponse universelle quant au choix entre une solution open source et une solution commerciale. Chaque entreprise doit évaluer ses priorités en matière de coût, de flexibilité et de sécurité. Dans de nombreux cas, une approche hybride peut s'avérer pertinente, combinant la puissance et la flexibilité des outils open source avec la fiabilité et le support des solutions commerciales.

L'essentiel est de définir une stratégie alignée avec les objectifs de l'entreprise, en veillant à l'évolutivité des solutions choisies pour accompagner la croissance et l'innovation à long terme.

2.2.2 Logiciels de data science et frameworks IA

L'intelligence artificielle repose sur l'analyse et l'exploitation de données à grande échelle. Pour tirer parti de ces technologies, les entreprises doivent s'appuyer sur des outils performants, conçus pour faciliter la manipulation des données, la création de modèles d'apprentissage automatique et l'industrialisation des solutions IA. Ce chapitre explore les principaux logiciels de data science et frameworks d'intelligence artificielle essentiels à une adoption efficace de l'IA en entreprise.

1. Les logiciels de data science : la pierre angulaire de l'IA

Les logiciels de data science permettent aux entreprises d'analyser de grands volumes de données et d'en extraire des informations précieuses. Ces outils offrent des fonctionnalités avancées, notamment en matière de préparation des données, de visualisation et de modélisation prédictive. Parmi les solutions les plus répandues, plusieurs se distinguent par leur ergonomie et leur puissance :

- Tableau & Power BI : Ces outils de visualisation de données aident les entreprises à transformer des données brutes en informations exploitables à travers des tableaux de bord interactifs. Leur simplicité d'utilisation et leurs capacités analytiques avancées en font des solutions incontournables.

- Alteryx : Permettant de manipuler, nettoyer et préparer rapidement des données issues de différentes sources, Alteryx est particulièrement adapté aux professionnels non spécialistes de la programmation souhaitant automatiser des analyses complexes.
- KNIME : Cet outil open source facilite le traitement et l'analyse des données grâce à une interface glisser-déposer, favorisant la création de workflows analytiques sans nécessiter une expertise en codage.
- RapidMiner : Conçu pour l'analyse prédictive et l'apprentissage automatique, RapidMiner propose une plateforme intuitive qui simplifie l'expérimentation avec différents algorithmes d'IA sans développement complexe.

L'adoption de ces logiciels permet d'accélérer la mise en place de projets IA en offrant un accès simplifié aux données et en réduisant le temps nécessaire à leur traitement.

2. Les frameworks d'intelligence artificielle : le socle technique des modèles IA

Une fois les données préparées, leur exploitation passe par des algorithmes d'apprentissage automatique et d'intelligence artificielle. Pour développer et entraîner ces modèles, les entreprises utilisent des frameworks dédiés, optimisés pour des tâches spécifiques :

- TensorFlow : Développé par Google, TensorFlow est l'un des frameworks les plus populaires pour la création de modèles de deep learning et de machine learning. Il offre une grande flexibilité et intègre des fonctionnalités avancées de calcul distribué, ce qui le rend adapté aussi bien aux projets de recherche qu'aux applications industrielles.
- PyTorch : Soutenu par Meta (Facebook), PyTorch est devenu un incontournable du développement IA grâce à sa facilité d'utilisation et ses capacités de calcul dynamique. Il est apprécié pour sa flexibilité et son adoption croissante dans le milieu académique ainsi que dans l'industrie.
- Scikit-learn : Cet outil basé sur Python est l'un des plus utilisés pour l'apprentissage automatique supervisé et non supervisé. Il se distingue par sa simplicité d'utilisation et son intégration fluide avec d'autres bibliothèques de l'écosystème data science, comme Pandas et NumPy.
- Keras : Conçu pour simplifier la création de réseaux de neurones, Keras est une surcouche de TensorFlow qui permet de développer rapidement

des modèles complexes avec un code concis et lisible.
- H2O.ai : Axé sur l'industrialisation du machine learning, H2O.ai propose une plateforme optimisée pour l'analyse prédictive et l'apprentissage automatique en environnement d'entreprise. Il est particulièrement utilisé pour des applications nécessitant une mise en production rapide.

Ces frameworks jouent un rôle central dans le développement des solutions IA en entreprise. Ils offrent des bibliothèques et des modules optimisés pour répondre aux besoins spécifiques des organisations, qu'il s'agisse d'analyse prédictive, de reconnaissance d'images ou de traitement du langage naturel.

3. Choisir le bon outil en fonction de ses besoins

La sélection d'un logiciel de data science ou d'un framework IA dépend de plusieurs facteurs :

- L'expertise des équipes : Certaines solutions comme Alteryx et KNIME sont adaptées aux utilisateurs non techniques, tandis que TensorFlow et PyTorch nécessitent des compétences avancées en programmation et en mathématiques.
- Le volume et la complexité des données : Des plateformes comme H2O.ai sont optimisées pour le traitement de grandes quantités de données en entreprise.
- Les objectifs du projet : Pour des besoins analytiques et de visualisation, Power BI et Tableau sont des choix appropriés. Pour du deep learning et des prédictions avancées, TensorFlow et PyTorch s'imposent.
- L'intégration avec l'environnement technologique existant : Certaines entreprises privilégieront des solutions compatibles avec leurs infrastructures cloud (AWS SageMaker, Azure ML) afin d'assurer une implémentation fluide.

4. Vers une implémentation efficace de l'IA en entreprise

Une stratégie réussie d'adoption de l'IA repose sur une combinaison judicieuse d'outils, adaptés aux besoins spécifiques de l'organisation. L'accompagnement par des experts en data science et en IA est souvent nécessaire pour assurer une montée en compétence des équipes internes et optimiser les gains opérationnels. Enfin, l'industrialisation des modèles IA à l'aide de plateformes comme Docker et Kubernetes permet de garantir la scalabilité et la fiabilité des solutions déployées.

En s'équipant des bons logiciels et frameworks, les entreprises peuvent accélérer l'implémentation de l'IA et en tirer des bénéfices tangibles, en augmentant leur efficacité tout en réduisant leurs coûts.

2.2.3 Services cloud et API d'IA

L'essor du cloud computing et des API d'intelligence artificielle a profondément transformé la manière dont les entreprises accèdent et exploitent les technologies d'IA. Autrefois réservées aux grandes organisations disposant de ressources techniques et financières considérables, les solutions d'IA sont désormais accessibles via des services cloud, permettant aux entreprises de toute taille d'intégrer facilement ces technologies dans leurs opérations.

 Le rôle des services cloud dans l'implémentation de l'IA

Les services cloud apportent une flexibilité et une évolutivité essentielles pour le déploiement des solutions d'IA. Plutôt que d'investir dans une infrastructure coûteuse et complexe, les entreprises peuvent utiliser des plateformes cloud qui offrent des capacités de calcul et de stockage adaptées aux besoins spécifiques de leurs projets. Ces services permettent un accès à distance aux ressources et garantissent une mise à jour continue des algorithmes et des modèles d'IA sans nécessiter d'intervention technique lourde.

Parmi les avantages majeurs des services cloud pour l'IA, on retrouve :

- Une réduction des coûts : L'absence de dépenses liées aux équipements physiques et à la maintenance permet aux entreprises d'optimiser leurs budgets tout en bénéficiant d'une infrastructure performante sur demande.
- Une évolutivité instantanée : Les services cloud s'adaptent dynamiquement aux fluctuations de la demande, permettant aux entreprises d'augmenter ou de réduire leurs capacités en fonction de leurs besoins.

- Un accès simplifié aux dernières avancées en IA : Les fournisseurs cloud intègrent en permanence les dernières innovations en machine learning, deep learning et traitement du langage naturel, permettant aux entreprises de tirer parti des progrès technologiques sans effort supplémentaire.

L'apport des API d'IA pour les entreprises

Les API (Application Programming Interfaces) dédiées à l'IA jouent un rôle clé dans la simplification de l'intégration de l'intelligence artificielle au sein des systèmes existants. Plutôt que de devoir développer des solutions d'IA de A à Z, les entreprises peuvent exploiter des API préconçues, fournies par des acteurs majeurs tels que Google Cloud, Amazon Web Services (AWS), Microsoft Azure ou encore IBM Watson.

Ces API couvrent un large panel de fonctionnalités essentielles à l'automatisation et à l'optimisation des processus métiers :

- Reconnaissance d'images et de vidéos : Permet la classification, la détection d'objets et l'analyse du contenu visuel en temps réel.
- Traitement du langage naturel (NLP) : Facilite la compréhension et la génération de texte, la traduction automatique, et l'analyse des sentiments des clients.
- Systèmes de recommandation : Exploitent les données des utilisateurs pour proposer du contenu ou des produits pertinents afin d'optimiser l'expérience client.
- Analyse prédictive : Aide à anticiper les tendances, à détecter les anomalies et à prendre des décisions éclairées en se basant sur de vastes ensembles de données.

L'utilisation de ces API permet aux entreprises de déployer rapidement des fonctionnalités d'IA sans nécessiter une expertise approfondie en machine learning.

Choisir le bon fournisseur de services cloud et API d'IA

Le choix du fournisseur de services cloud dépend de plusieurs critères qu'il convient d'évaluer avec soin :

- Compatibilité avec l'environnement IT existant : La solution doit

s'intégrer sans heurts aux infrastructures et aux logiciels déjà en place.
- Coût et modèle de tarification : Une comparaison des coûts en fonction de l'usage réel est essentielle afin d'optimiser l'investissement.
- Sécurité et conformité : Les fournisseurs doivent garantir une protection avancée des données et respecter les réglementations en vigueur (RGPD, normes ISO, etc.).
- Qualité et performance des algorithmes : Il est important d'évaluer la fiabilité et l'efficacité des modèles d'IA proposés, notamment en effectuant des tests pilotes.

Mise en œuvre et bonnes pratiques

L'adoption des services cloud et des API d'IA doit s'accompagner d'une approche méthodique pour maximiser les bénéfices et éviter les écueils. Voici quelques recommandations pour une mise en œuvre réussie :

- Définir clairement les besoins et les objectifs : Identifier les cas d'usage concrets où l'IA apportera une véritable valeur ajoutée.
- Tester avant de déployer à grande échelle : Commencer par des projets pilotes afin d'évaluer l'efficacité du système et ajuster les paramètres si nécessaire.
- Former les équipes internes : Assurer une appropriation efficace des nouveaux outils en proposant des formations sur leur utilisation et leur potentiel.
- Surveiller les performances et ajuster en continu : Mettre en place des indicateurs de suivi pour mesurer l'efficacité, identifier les axes d'amélioration et ajuster les modèles en fonction des résultats obtenus.

En exploitant efficacement les services cloud et les API d'IA, les entreprises peuvent considérablement améliorer leur compétitivité, optimiser leurs processus et offrir une expérience client enrichie. Cette approche permet non seulement de tirer parti des technologies de pointe à moindre coût, mais aussi d'accélérer l'innovation dans un environnement commercial de plus en plus tourné vers la transformation numérique.

2.3 Exemples concrets d'application dans les entreprises

L'intelligence artificielle est aujourd'hui un levier puissant pour optimiser les opérations, améliorer l'expérience client et renforcer la prise de décision au sein des entreprises. Dans ce chapitre, nous allons explorer plusieurs cas concrets où l'IA a été efficacement mise en œuvre pour augmenter les profits et réduire les coûts.

Optimisation de la gestion des stocks dans la grande distribution

Une chaîne de supermarchés européenne faisait face à des ruptures de stock fréquentes et à un surstockage coûteux sur certaines références. La solution traditionnelle reposait sur des commandes basées sur l'intuition des responsables de rayons, une approche souvent inefficace.

L'entreprise a décidé d'implémenter une intelligence artificielle capable d'analyser les données de vente historiques, les tendances saisonnières, ainsi que des facteurs externes tels que la météo et les événements locaux. Grâce à un algorithme de machine learning, le système pouvait prévoir avec précision les quantités de stock nécessaires pour chaque produit et ajuster automatiquement les commandes auprès des fournisseurs.

Les résultats ont été significatifs : une réduction de 30 % du surstock, une diminution des ruptures de stock de 25 % et une augmentation des ventes de 12 % grâce à une meilleure disponibilité des produits. En parallèle, les coûts d'entreposage ont baissé de manière considérable, ce qui a directement amélioré la rentabilité de l'entreprise.

Automatisation du service client dans une entreprise de télécommunications

Une grande entreprise de téléphonie mobile recevait plus de 500 000 appels mensuels auprès de son service client. Une grande partie de ces interactions portait sur des demandes répétitives : solde de forfaits, activation de services, ou problème de facturation. Ces requêtes simples mobilisaient des milliers d'agents et entraînaient des délais d'attente frustrants pour les clients.

L'entreprise a intégré un assistant virtuel basé sur le traitement du langage naturel (NLP) et l'apprentissage automatique. Ce chatbot pouvait répondre instantanément aux questions courantes et résoudre plus de 70 % des demandes sans intervention humaine. Pour les cas plus complexes, il transmettait la conversation à un conseiller humain équipé d'un tableau de bord optimisé par IA, lui proposant automatiquement des actions et des conseils en fonction du contexte du client.

Après six mois d'exploitation, l'entreprise a constaté une réduction de 40 % du volume d'appels nécessitant un agent humain, une baisse de 20 % des coûts liés au service client et une amélioration notable de la satisfaction client, passant de 78 % à 91 %.

Prédiction des pannes dans une usine de production

Une usine de fabrication de pièces automobiles souffrait de pannes fréquentes sur ses machines, engendrant des coûts élevés en maintenance corrective et en arrêt de production. Jusqu'alors, l'entretien était réalisé selon un calendrier fixe, sans prise en compte de l'état réel des équipements.

En intégrant l'IA dans son système industriel, l'entreprise a déployé une solution de maintenance prédictive. Des capteurs connectés ont été installés sur les machines afin de surveiller en temps réel la température, les vibrations, et d'autres paramètres critiques. Un modèle d'apprentissage automatique analysait ces données et détectait les anomalies susceptibles d'annoncer une panne imminente.

Grâce à cette approche, l'usine a pu anticiper et résoudre 85 % des pannes avant qu'elles ne surviennent, réduisant ainsi les coûts de maintenance de 30 %. De plus, l'arrêt des lignes de production a été divisé par deux, améliorant considérablement la productivité et la fiabilité des livraisons.

Optimisation du ciblage marketing dans une entreprise de e-commerce

Un site de vente en ligne souhaitait améliorer la personnalisation des recommandations produits afin d'augmenter son taux de conversion et de maximiser la fidélisation client. Jusqu'alors, les recommandations étaient basées sur des règles simples, comme les articles les plus vendus ou des suggestions basées sur les achats récents.

L'entreprise a adopté une plateforme d'intelligence artificielle basée sur du deep learning, analysant le comportement des utilisateurs en temps réel. Cette IA intégrait des données issues de l'historique d'achats, des pages visitées, du temps passé sur certaines catégories et même des interactions avec les campagnes email.

En quelques mois, les résultats étaient parlants : une augmentation de 23 % du taux de conversion, une hausse de 18 % des paniers moyens et une fidélisation renforcée grâce à des recommandations plus pertinentes. L'automatisation du ciblage a également permis de réduire de 40 % le coût des campagnes publicitaires en évitant les recommandations non pertinentes.

Automatisation du traitement des documents financiers

Une banque internationale était confrontée à un défi de taille : le traitement manuel de milliers de documents financiers chaque jour, impliquant une main-d'œuvre importante et un risque élevé d'erreurs humaines. Cette tâche chronophage ralentissait les prises de décision et exposait la banque à des risques de non-conformité réglementaire.

Pour remédier à cette problématique, l'institution a déployé une IA utilisant la reconnaissance optique de caractères (OCR) et le traitement du langage naturel pour lire, analyser et classer automatiquement les documents entrants. Ce système était capable d'extraire les informations essentielles et de les intégrer directement dans les bases de données de la banque.

Le gain de productivité a été spectaculaire : une accélération de 60 % du traitement des dossiers, une réduction de 80 % des erreurs et une économie de plusieurs millions d'euros en coûts de main-d'œuvre. De plus, la conformité réglementaire a été améliorée grâce à une meilleure traçabilité et un contrôle accru des documents.

Ces exemples concrets illustrent la puissance de l'IA lorsqu'elle est bien intégrée dans les opérations d'une entreprise. Que ce soit pour optimiser les stocks, automatiser le service client, prévenir les pannes industrielles, personnaliser le marketing ou rationaliser le traitement des documents, les bénéfices sont significatifs et mesurables.

Toutefois, la clé du succès réside dans la mise en œuvre d'une stratégie adaptée, intégrant à la fois des outils performants et une conduite du changement efficace au sein des équipes. Dans les chapitres suivants, nous explorerons comment structurer une démarche d'implémentation réussie et éviter les écueils les plus fréquents.

2.3.1 IA dans les ressources humaines

L'intelligence artificielle transforme profondément la gestion des ressources humaines, offrant des solutions innovantes pour optimiser les recrutements, améliorer l'expérience des employés et automatiser les tâches administratives. En intégrant l'IA dans ce domaine stratégique, une entreprise peut considérablement accroître son efficacité tout en réduisant ses coûts opérationnels.

Automatisation du recrutement et sélection des talents

Le recrutement est l'un des processus les plus chronophages et coûteux pour une entreprise. L'intelligence artificielle permet d'automatiser une grande partie de cette tâche en analysant rapidement des milliers de candidatures et en identifiant les profils les plus pertinents en fonction des critères établis.

Grâce aux algorithmes de machine learning, les systèmes d'IA peuvent lire les CV, extraire les informations clés et évaluer les compétences et l'expérience des candidats en un temps record. Ces outils permettent de réduire le biais humain dans le recrutement en se basant uniquement sur des données objectives. Certains logiciels avancés analysent également les profils des candidats sur les réseaux professionnels, identifiant des talents qui n'auraient peut-être pas postulé directement.

Les chatbots alimentés par l'IA facilitent également les premières étapes du recrutement. Ils peuvent répondre en temps réel aux questions des candidats, planifier des entretiens et même effectuer des préqualifications via des entretiens automatisés. Cette approche optimise le processus de recrutement, accélérant la prise de décision et permettant aux équipes RH de se concentrer sur les interactions à forte valeur ajoutée.

Amélioration de l'expérience employé et engagement

L'intelligence artificielle ne se limite pas à l'embauche ; elle joue également un rôle clé dans l'accompagnement des employés tout au long de leur parcours professionnel. Les entreprises utilisent de plus en plus des assistants virtuels capables de répondre aux questions des collaborateurs sur des sujets administratifs (congés, paie, procédures internes) ou de les aider à accéder rapidement aux informations dont ils ont besoin.

En matière de formation, l'IA permet de proposer des parcours d'apprentissage adaptés à chaque employé. En analysant les performances et les préférences d'apprentissage, ces systèmes recommandent des modules ciblés pour renforcer les compétences et combler les lacunes. Cette personnalisation favorise un développement professionnel optimal et améliore la satisfaction des équipes.

L'IA joue aussi un rôle crucial dans la mesure du bien-être des employés. Grâce aux analyses des feedbacks anonymes, des enquêtes d'engagement et des interactions internes, elle identifie les signaux faibles pouvant indiquer une baisse de motivation ou un risque de départ. Certaines solutions permettent même de recommander des actions correctives pour prévenir le turnover et améliorer le climat de travail.

Optimisation de la gestion administrative

La gestion des ressources humaines implique une multitude de tâches administratives, souvent répétitives et chronophages. L'intelligence artificielle permet d'automatiser ces opérations, réduisant ainsi la charge de travail des équipes RH et limitant les erreurs humaines.

Les outils d'IA facilitent par exemple la gestion des feuilles de temps, le traitement des notes de frais ou encore l'élaboration des fiches de paie. En automatisant ces démarches, les entreprises diminuent leurs coûts tout en garantissant une plus grande précision dans le traitement des données.

De plus, les systèmes RH intégrant l'intelligence artificielle peuvent analyser les tendances en matière d'absentéisme et de performance, fournissant des recommandations pour optimiser les politiques internes. Cette capacité d'analyse prédictive permet aux dirigeants d'anticiper les besoins en effectifs et d'adapter leurs stratégies en conséquence.

Défis et bonnes pratiques d'implémentation

Bien que l'IA offre des avantages considérables dans la gestion des ressources humaines, son déploiement doit être effectué avec rigueur. Il est essentiel de garantir la transparence des algorithmes pour éviter toute discrimination involontaire lors du recrutement ou de l'évaluation des employés. L'éthique et la protection des données doivent être au cœur des préoccupations, d'autant plus que les informations traitées par ces systèmes sont souvent sensibles.

Il est également crucial d'adopter une approche progressive en impliquant les équipes RH dans le processus d'implémentation. La formation des collaborateurs à l'usage de ces nouvelles technologies est un facteur clé de succès. Une adoption bien encadrée permet d'éviter la résistance au changement et d'exploiter pleinement le potentiel de l'IA.

Enfin, l'IA ne doit pas être perçue comme un remplacement des professionnels RH mais comme un outil complémentaire. Elle libère du temps pour se concentrer sur des tâches stratégiques, comme le développement des talents ou l'amélioration du climat de travail.

L'intégration de l'intelligence artificielle dans les ressources humaines constitue un levier puissant pour optimiser le recrutement, améliorer l'expérience employé et automatiser les processus administratifs. En adoptant ces technologies de manière réfléchie et éthique, les entreprises peuvent réduire leurs coûts, tout en créant un environnement de travail plus efficace et engageant.

2.3.2 IA pour l'optimisation des ventes et du marketing

L'intelligence artificielle transforme en profondeur les stratégies de vente et de marketing, permettant aux entreprises d'affiner leur connaissance client, d'optimiser leurs campagnes publicitaires et d'augmenter leurs revenus tout en réduisant les coûts. Grâce aux capacités analytiques avancées et aux algorithmes d'apprentissage automatique, elle offre des solutions puissantes pour maximiser l'efficacité des processus commerciaux.

Analyse prédictive et segmentation client

L'un des apports les plus significatifs de l'IA en marketing est sa capacité à analyser des volumes massifs de données pour identifier des tendances et des comportements consommateurs. L'analyse prédictive permet de prévoir les préférences des clients, d'anticiper leurs besoins et de proposer des offres personnalisées au bon moment.

La segmentation client, autrefois réalisée manuellement sur la base de données démographiques ou transactionnelles, devient plus fine et pertinente grâce aux algorithmes d'IA. En analysant les historiques d'achats, les interactions en ligne et les centres d'intérêt, les entreprises peuvent créer des segments dynamiques qui évoluent en fonction des comportements réels des consommateurs. Cette personnalisation améliore le taux de conversion et renforce la fidélisation.

Personnalisation des campagnes marketing

L'IA permet une personnalisation avancée des campagnes marketing, bien au-delà des simples recommandations basées sur l'historique d'achat. Grâce aux technologies de traitement du langage naturel et à l'analyse des sentiments, elle est capable d'adapter le contenu publicitaire aux attentes spécifiques de chaque client.

Les moteurs de recommandation, largement utilisés par les géants de l'e-commerce et du streaming, analysent les comportements des utilisateurs en temps réel pour proposer des produits ou services susceptibles de les intéresser. Cette approche accroît considérablement l'engagement et le chiffre d'affaires, en affichant à chaque client les offres les plus adaptées.

De plus, l'IA optimise la gestion des campagnes publicitaires en ajustant automatiquement les enchères et les budgets sur les plateformes publicitaires telles que Google Ads ou Facebook Ads. En identifiant les segments les plus rentables et en allouant les ressources de manière intelligente, elle maximise le retour sur investissement des actions marketing.

Automatisation et optimisation des interactions clients

Les chatbots et assistants virtuels, dopés aux technologies d'intelligence artificielle, révolutionnent la gestion de la relation client. Disponibles 24/7, ils répondent instantanément aux demandes des utilisateurs, améliorant ainsi l'expérience client tout en réduisant la charge de travail des équipes commerciales.

Ces systèmes ne se contentent plus de répondre à des questions basiques : grâce au machine learning et au traitement du langage naturel, ils s'adaptent aux requêtes complexes, mémorisent le contexte des interactions précédentes et offrent des recommandations pertinentes.

Par ailleurs, l'IA automatise la gestion des leads en attribuant une note aux prospects en fonction de leur potentiel de conversion (lead scoring). Ce processus permet aux équipes commerciales de concentrer leurs efforts sur les clients les plus prometteurs, réduisant ainsi le coût d'acquisition et augmentant le taux de transformation.

Amélioration continue grâce à l'apprentissage automatique

L'un des atouts majeurs de l'IA est sa capacité d'amélioration continue. Les modèles d'apprentissage automatique analysent en permanence les performances des campagnes et ajustent les stratégies en fonction des résultats obtenus.

Par exemple, une marque de e-commerce peut utiliser des algorithmes d'IA pour tester plusieurs versions d'une même campagne publicitaire et identifier celle qui génère le meilleur engagement. De même, l'analyse automatique des retours clients permet d'identifier rapidement les axes d'amélioration et d'adapter les offres ou services en conséquence.

 Cas pratiques : comment implémenter l'IA dans son processus de vente et marketing

L'adoption de l'IA ne se fait pas en un jour, mais il est possible de l'intégrer progressivement dans les stratégies existantes. Voici quelques étapes clés pour réussir cette transition :

1. Collecte et structuration des données : Une IA efficace repose sur des données de qualité. Il est essentiel de centraliser et nettoyer les informations clients afin d'exploiter pleinement l'analyse prédictive et la personnalisation.
2. Choix des bonnes solutions d'IA : Plusieurs outils SAAS et plateformes d'analytique utilisent l'IA pour optimiser les ventes (HubSpot, Salesforce Einstein, Google AI). L'important est de sélectionner une solution adaptée aux besoins spécifiques de l'entreprise.
3. Déploiement progressif : Commencer par des projets pilotes, comme l'implémentation d'un chatbot ou l'optimisation des publicités, permet d'observer les bénéfices à court terme avant d'élargir l'usage de l'IA.
4. Formation des équipes : L'intelligence artificielle ne remplace pas l'humain, elle l'aide à prendre de meilleures décisions. Il est essentiel de former les équipes marketing et commerciales pour exploiter pleinement ces nouvelles technologies.

L'IA révolutionne la vente et le marketing en apportant plus de précision, d'efficacité et de personnalisation. En l'intégrant de manière stratégique, les entreprises peuvent non seulement augmenter leurs profits, mais aussi renforcer la satisfaction et la fidélité de leurs clients.

2.3.3 IA et automatisation dans la production

L'intégration de l'intelligence artificielle dans les processus de production transforme en profondeur les modèles industriels traditionnels. Dès lors qu'elle est correctement implémentée, l'IA permet d'optimiser chaque étape de la chaîne de production, d'augmenter la productivité et de réduire significativement les coûts opérationnels.

Optimisation des processus de production

L'IA améliore la production en rationalisant les tâches répétitives et en identifiant en temps réel les inefficacités au sein de la chaîne de fabrication. Les algorithmes de machine learning analysent les données issues des machines et détectent les anomalies avant qu'elles ne provoquent des dysfonctionnements. Cela permet d'optimiser l'utilisation des ressources, de réduire les pertes et d'assurer une production continue sans interruption coûteuse.

Par exemple, les usines équipées de capteurs connectés et d'outils d'intelligence artificielle peuvent ajuster automatiquement les paramètres de production en fonction des conditions en temps réel. Si une variation anormale de température est détectée dans une machine, l'IA peut immédiatement proposer un ajustement ou alerter un opérateur avant qu'un incident ne survienne.

Maintenance prédictive et réduction des temps d'arrêt

La maintenance prédictive est l'un des apports les plus stratégiques de l'IA dans le secteur de la production. Plutôt que d'effectuer des maintenances planifiées à intervalles réguliers – ce qui peut être coûteux et parfois inutile –, les entreprises utilisent des modèles d'intelligence artificielle capables d'anticiper les pannes avant qu'elles ne se produisent.

Ces systèmes analysent en continu les données issues des machines (température, vibrations, niveaux de consommation énergétique) pour identifier les premiers signes de défaillance. Lorsqu'un écart anormal est détecté, l'IA envoie une alerte et suggère une intervention ciblée, réduisant ainsi le coût et la durée des opérations de maintenance. Cette approche proactive permet non seulement d'éviter des interruptions coûteuses, mais aussi de prolonger la durée de vie des équipements industriels.

Automatisation des tâches à faible valeur ajoutée

L'une des applications les plus performantes de l'IA dans la production est l'automatisation des tâches répétitives et à faible valeur ajoutée. Grâce à l'intégration de robots intelligents et de logiciels basés sur l'IA, certaines tâches peuvent être réalisées sans intervention humaine, ce qui permet aux employés de se concentrer sur des missions plus stratégiques.

Dans certaines usines, des bras robotiques pilotés par IA sont capables d'effectuer des tâches de montage, d'assemblage ou d'emballage avec une précision bien supérieure à celle d'un opérateur humain. De plus, les logiciels de vision assistée par IA détectent les défauts sur les lignes de production avec un degré de précision inégalé, garantissant ainsi une qualité optimale des produits finis.

Gestion intelligente des stocks et des matières premières

L'IA joue également un rôle clé dans l'optimisation de la gestion des stocks et des matières premières. Les algorithmes de prévision de la demande analysent en temps réel l'évolution des commandes, les tendances du marché et les historiques de vente afin de recommander des niveaux de stock optimaux. Cela permet d'éviter les surstocks coûteux ainsi que les ruptures d'approvisionnement.

De plus, certaines entreprises utilisent l'IA pour automatiser la planification de l'approvisionnement en matières premières. Par exemple, les plateformes d'intelligence artificielle peuvent identifier les fournisseurs les plus performants en fonction de critères tels que le prix, les délais de livraison et la qualité des matériaux. Cela permet de rationaliser les coûts et d'optimiser la gestion des ressources.

Amélioration de la flexibilité et personnalisation de la production

Grâce à l'IA, les entreprises peuvent adapter leurs lignes de production en fonction des variations de la demande sans interruption majeure. Les systèmes intelligents sont capables de reconfigurer les chaînes de fabrication pour produire différentes variantes d'un même produit, voire personnaliser les produits en fonction des préférences spécifiques des clients.

Cette flexibilité est particulièrement précieuse dans les industries où la personnalisation des produits devient un levier stratégique. Par exemple, dans le secteur de l'automobile, certaines usines utilisent l'IA pour adapter les configurations des véhicules en fonction des commandes spécifiques des clients, sans ralentir l'ensemble du processus de fabrication.

Réduction des coûts et augmentation des marges

En optimisant la production, en réduisant le gaspillage et en améliorant la gestion des ressources, l'IA permet aux entreprises de diminuer considérablement leurs coûts opérationnels. Grâce à une meilleure prévision des besoins en matériel et à une automatisation efficace des tâches, les entreprises diminuent leurs pertes et maximisent leurs marges bénéficiaires.

De plus, en réduisant le nombre d'erreurs dans la production et en améliorant la qualité des produits finis, les entreprises minimisent également les coûts liés aux retours, aux réclamations et aux remises en conformité des produits défectueux.

Implémentation efficace de l'IA dans la production

Pour tirer pleinement parti de l'automatisation et de l'IA dans la production, une implémentation progressive et méthodique est essentielle. Les entreprises doivent suivre plusieurs étapes :

1. Analyse des processus existants : Identifier les points d'amélioration et les tâches répétitives pouvant être automatisées.
2. Collecte et structuration des données : Mettre en place des capteurs et des outils permettant de collecter en temps réel les informations essentielles à l'optimisation des processus.
3. Sélection des solutions d'IA adaptées : Choisir les outils et technologies correspondant aux besoins spécifiques de l'entreprise.
4. Formation des équipes : Accompagner les collaborateurs dans l'adoption des nouvelles technologies afin d'assurer une transition fluide et efficace.
5. Déploiement progressif et ajustements : Tester les solutions sur des processus limités avant d'étendre progressivement la transformation à l'ensemble de la chaîne de production.

En adoptant une telle approche, les entreprises peuvent s'assurer que l'introduction de l'IA dans la production se fait de manière fluide, sans perturber l'activité et tout en maximisant les bénéfices attendus.

L'automatisation et l'IA permettent ainsi d'amener la production industrielle à un niveau inédit d'efficacité et de rentabilité. En combinant technologies intelligentes, analyse de données avancée et automatisation, les entreprises qui savent exploiter ces outils gagnent en compétitivité et assurent leur pérennité sur le marché.

2.4 Comprendre les Fondements de l'Intelligence Artificielle en Entreprise

L'intelligence artificielle (IA) est souvent perçue comme une technologie complexe, réservée aux grandes entreprises dotées de ressources considérables. Pourtant, son intégration peut être accessible à toutes les organisations, quelle que soit leur taille, à condition d'adopter une approche méthodique. Ce chapitre explore les principes fondamentaux de l'IA appliqués au monde de l'entreprise, en mettant en évidence les avantages concrets qu'elle peut apporter en matière de réduction des coûts et d'augmentation des profits.

1. Identifier les Opportunités d'Automatisation

La première étape essentielle dans l'implémentation de l'IA est d'analyser les processus métier susceptibles d'être automatisés. Il s'agit d'identifier les tâches répétitives, chronophages et sujettes aux erreurs humaines qui peuvent bénéficier d'une gestion optimisée par des algorithmes intelligents.

Les domaines les plus propices à l'IA incluent :
- Le service client : Les chatbots et assistants virtuels peuvent réduire la charge de travail des équipes, offrir une assistance 24/7 et améliorer l'expérience utilisateur.
- La gestion des stocks et de la logistique : Des modèles prédictifs permettent d'optimiser l'approvisionnement et d'éviter les ruptures ou excédents de stock.
- Le marketing et la personnalisation : L'analyse des données clients via des algorithmes de machine learning permet d'améliorer la segmentation et de proposer des offres sur-mesure.

- La finance et la détection des fraudes : L'IA peut automatiser la gestion comptable et prévenir les irrégularités financières en analysant les transactions en temps réel.

Une fois ces opportunités identifiées, il convient de déterminer lesquelles offrent le meilleur retour sur investissement en tenant compte des économies générées et des coûts d'implémentation.

2. Choisir les Outils et Technologies Adaptés

L'IA repose sur un ensemble de technologies variées, et il est crucial de choisir les outils les mieux adaptés à l'entreprise. Aujourd'hui, de nombreuses solutions plug-and-play permettent d'intégrer des fonctionnalités intelligentes sans nécessiter d'expertise en programmation.

Parmi les technologies courantes :
- Le traitement automatique du langage naturel (NLP), qui permet d'améliorer les interactions avec les clients via chatbots ou assistants vocaux.
- L'apprentissage automatique (machine learning), qui analyse les données pour générer des modèles prédictifs adaptés aux besoins spécifiques de l'entreprise.
- La vision par ordinateur, utilisée pour automatiser certaines tâches dans la production ou la surveillance de la qualité.
- Les bases de données intelligentes, qui facilitent la collecte et l'exploitation des informations stratégiques.

Le choix des solutions dépendra du niveau de maturité numérique de l'entreprise et de ses ressources existantes.

3. Préparer les Données : L'Enjeu Capital de l'IA

L'IA repose sur la donnée. Une implémentation efficace passe par une structuration adéquate et une collecte rigoureuse des informations. Sans données fiables, les modèles prédictifs ne pourront pas fonctionner correctement.

Les étapes clés de la préparation des données incluent :

- La centralisation : Il est essentiel d'agréger les données issues de différentes sources (CRM, ERP, réseaux sociaux, retour client, etc.) dans un format unifié.
- Le nettoyage : Les données doivent être débarrassées des doublons, valeurs erronées et incohérences susceptibles de biaiser les algorithmes.
- L'étiquetage : Pour les projets de machine learning supervisé, il est nécessaire de bien annoter les jeux de données pour permettre aux modèles d'apprendre efficacement.

Cette phase est souvent sous-estimée, mais elle conditionne la qualité des résultats des solutions implémentées.

4. Intégrer l'IA en Douceur pour Assurer son Adoption

L'intégration réussie de l'IA ne repose pas uniquement sur la technologie, mais aussi sur l'adoption des équipes. Une résistance au changement peut freiner les performances des nouveaux outils si les employés ne les comprennent pas ou ne les perçoivent pas comme bénéfiques.

Pour éviter cet écueil, il est recommandé de :
- Communiquer en amont sur les avantages de l'IA pour les collaborateurs afin de dissiper les craintes liées à l'automatisation.
- Former les équipes à l'utilisation des nouveaux outils, avec des sessions de démonstration et un accompagnement progressif.
- Implémenter l'IA par phases en commençant par des projets pilotes avant une généralisation à l'ensemble de l'entreprise.
- Mesurer l'impact en suivant des indicateurs de performance (réduction des coûts, gain de temps, amélioration de la satisfaction client).

Une adoption progressive assure une transition fluide et maximise les bénéfices attendus.

5. Mesurer et Optimiser les Résultats

L'implémentation de l'IA ne s'arrête pas à la mise en place des solutions. Pour garantir son efficacité à long terme, il est nécessaire d'analyser régulièrement ses performances et d'optimiser continuellement les algorithmes en fonction des retours terrain.

Les actions à mener après implémentation comprennent :
- La surveillance des KPIs : Chiffre d'affaires, taux de conversion, réduction des erreurs humaines, satisfaction client.
- L'ajustement des modèles : En fonction des performances observées, des corrections peuvent être appliquées aux algorithmes pour accroître leur précision.
- L'exploration de nouvelles applications : Une entreprise qui a réussi une première implémentation peut progressivement élargir l'usage de l'IA à d'autres processus pour maximiser les gains.

L'objectif est de créer une boucle d'amélioration continue où l'IA devient un levier stratégique pour l'entreprise.

L'intelligence artificielle est un formidable vecteur de transformation pour les entreprises cherchant à accroître leur compétitivité. En adoptant une approche structurée, en commençant par des cas d'usage accessibles et en impliquant les équipes dans la transition, toute organisation peut bénéficier des avantages de l'IA sans nécessiter de ressources démesurées. L'avenir appartient aux entreprises capables d'intégrer intelligemment ces nouvelles technologies tout en gardant une vision pragmatique et centrée sur la valeur ajoutée.

3 Évaluer la faisabilité d'un projet IA dans son entreprise

L'intégration de l'Intelligence Artificielle dans une entreprise ne peut pas se faire à l'aveugle. Avant d'initier tout projet, il est essentiel d'évaluer sa faisabilité pour éviter des investissements inutiles et maximiser les chances de succès. Cette évaluation repose sur plusieurs facteurs clés : la définition des besoins, l'état des données disponibles, les ressources techniques et humaines, ainsi que l'impact potentiel sur les processus existants.

Définir précisément les besoins

Avant toute considération technologique, il est indispensable de clarifier les objectifs du projet IA. L'IA doit répondre à un problème concret ou offrir une amélioration mesurable dans un domaine précis. Une approche pertinente consiste à se poser les questions suivantes :

- Quel est le défi actuel que l'IA pourrait résoudre ?
- Quels bénéfices attendus en termes de réduction des coûts, d'amélioration de la productivité ou d'optimisation des processus ?
- Comment ce projet IA s'aligne-t-il avec la stratégie globale de l'entreprise ?

En identifiant clairement les attentes et les indicateurs de succès, on évite de s'engager dans un projet futile ou mal orienté. Un bon projet IA commence par une problématique bien définie et quantifiable.

Évaluer la qualité et la disponibilité des données

L'IA repose sur l'exploitation des données. Sans un volume suffisant de données de qualité, les performances du modèle risquent de ne pas être satisfaisantes. Il est donc crucial d'analyser :

- La quantité de données : L'IA nécessite un ensemble de données suffisamment large et diversifié pour offrir des résultats fiables.
- La qualité des données : Des données bruitées, fragmentées ou obsolètes peuvent biaiser les résultats et fausser l'analyse.
- L'accessibilité des données : Les données nécessaires sont-elles

centralisées et facilement exploitables ? Ou sont-elles dispersées dans différents systèmes, nécessitant des efforts d'extraction et de nettoyage importants ?
- Les contraintes légales et éthiques : Certaines données peuvent être sensibles (données personnelles ou stratégiques), ce qui impose de respecter des réglementations, comme le RGPD en Europe.

Si les données disponibles sont insuffisantes ou de mauvaise qualité, il faudra réfléchir à des approches complémentaires : collecte supplémentaire, nettoyage, structuration ou achat de jeux de données externes.

Analyser l'infrastructure technologique disponible

Une fois que les besoins et les données sont évalués, l'étape suivante consiste à vérifier si l'entreprise dispose des infrastructures nécessaires pour développer et déployer une solution IA. Cela inclut :

- Les capacités de calcul : L'entraînement des modèles IA, en particulier ceux de l'apprentissage profond (deep learning), exige une puissance de calcul importante. Les serveurs existants suffisent-ils, ou faut-il investir dans du matériel plus performant ?
- Les outils et logiciels : L'entreprise possède-t-elle déjà des plateformes de développement IA, ou faudra-t-il en acquérir (ex. TensorFlow, PyTorch, solutions cloud comme AWS, Azure ou Google Cloud) ?
- L'intégration avec les systèmes existants : Une IA isolée du reste du système d'information est peu utile. L'architecture IT est-elle compatible avec l'ajout d'une solution IA pour automatiser et optimiser les processus existants ?

Si les infrastructures sont insuffisantes, des investissements pourront être nécessaires en matériel ou en solutions hébergées dans le cloud.

Examiner les compétences internes et les ressources humaines

Avoir des données et des infrastructures adéquates ne suffit pas : il faut aussi disposer des bonnes compétences en interne. L'IA nécessite des expertises en science des données, en développement logiciel et en gestion de projet. Il est donc essentiel d'évaluer :

- Les ressources actuelles : L'entreprise possède-t-elle déjà des data scientists, des ingénieurs IA ou des développeurs spécialisés ?
- Le besoin de recrutement ou de formation : Faut-il embaucher de nouveaux talents, ou former les collaborateurs existants ?
- Le recours à des prestataires externes : Si les ressources internes sont limitées, travailler avec des consultants ou des sociétés spécialisées peut être une option.

Une équipe mal préparée risque d'entraver le projet, tandis qu'une équipe compétente accélère la mise en place et garantit une adoption fluide.

Estimer le retour sur investissement

Comme pour tout projet stratégique, l'IA doit démontrer un bénéfice économique mesurable. Avant de lancer le projet, il est donc recommandé d'estimer :

- Les coûts initiaux : Investissements en matériel, licences logicielles, recrutement ou formation des équipes.
- Les coûts opérationnels : Maintenance des modèles, mise à jour des données et gestion des infrastructures associées.
- Les gains attendus : Augmentation de la productivité, automatisation des tâches répétitives, amélioration de l'expérience client, réduction des erreurs...

Un projet IA doit offrir un retour sur investissement tangible afin de justifier les ressources qui lui sont allouées.

Tester le concept avec un prototype

Plutôt que de déployer immédiatement un projet à grande échelle, il est recommandé de commencer par un test pilote, ou Proof of Concept (PoC). Un prototype permet de :

- Vérifier la viabilité technique du projet avant d'engager trop de ressources.
- Identifier les éventuels défis liés aux données ou à l'infrastructure.
- Ajuster les objectifs ou affiner l'approche avant un déploiement plus large.

Ce test doit être réalisé sur un périmètre réduit mais représentatif de l'usage final. Un PoC réussi est le premier pas vers une mise en œuvre réussie à grande échelle.

L'adoption de l'Intelligence Artificielle est une opportunité majeure pour les entreprises, mais elle ne doit pas être abordée à la légère. Évaluer la faisabilité d'un projet IA permet d'éviter des erreurs stratégiques et d'assurer un déploiement efficace. En clarifiant les besoins, en s'assurant de la qualité des données, en disposant des bonnes infrastructures et compétences, et en réalisant un test pilote, l'entreprise maximise ses chances de succès. Une approche méthodique et pragmatique garantira que le projet IA ne soit pas seulement une tendance technologique, mais un véritable levier de croissance et d'optimisation.

3.1 Analyser les besoins et les opportunités

Avant d'implémenter l'intelligence artificielle (IA) dans une entreprise, il est essentiel d'établir un diagnostic précis des besoins réels et des opportunités offertes par cette technologie. Une intégration réussie passe par une compréhension approfondie des enjeux spécifiques à l'organisation, de ses processus actuels, ainsi que des bénéfices potentiels qu'une automatisation ou une optimisation basée sur l'IA peut apporter.

Comprendre les objectifs de l'entreprise

Toute initiative liée à l'IA doit s'inscrire dans une vision stratégique claire. Il est donc primordial d'identifier les objectifs de l'entreprise à court, moyen et long terme. Par exemple, une entreprise de logistique pourra chercher à optimiser la gestion de ses stocks via des modèles de prévision automatisés, tandis qu'un service client pourra vouloir déployer des chatbots pour réduire le temps de réponse et améliorer l'expérience utilisateur.

Les principales questions à se poser à ce stade sont :
- Quels sont les défis quotidiens rencontrés par l'entreprise ?
- Quels processus sont inefficaces ou chronophages ?

- Existe-t-il des opportunités d'amélioration grâce à l'automatisation ou à l'analyse avancée des données ?
- L'IA peut-elle permettre de générer de nouveaux revenus ou d'améliorer l'offre existante ?

Ce travail de réflexion, impliquant les décideurs, les managers et les équipes opérationnelles, permet d'identifier avec précision les domaines où l'IA apporte une véritable valeur ajoutée.

Identifier et analyser les données disponibles

L'IA repose sur l'exploitation de grandes quantités de données. Avant toute implémentation, il est donc crucial d'évaluer les données dont dispose l'entreprise : leur qualité, leur quantité et leur accessibilité. Une solution IA puissante devient inefficace si elle travaille sur des données incomplètes, erronées ou difficilement exploitables.

Une analyse rigoureuse doit être menée pour répondre à plusieurs questions clés :
- Les données sont-elles structurées ou non ?
- Sont-elles centralisées ou dispersées dans plusieurs systèmes ?
- Faut-il mettre en place une nouvelle infrastructure pour les collecter et les traiter ?
- La qualité des données est-elle suffisante pour obtenir des résultats pertinents ?

Si des carences sont détectées, il conviendra d'adopter une stratégie de collecte et de normalisation des données avant d'envisager l'implémentation de l'IA.

Identifier les processus à automatiser ou à améliorer

Toutes les tâches ne nécessitent pas une intervention de l'IA. Une analyse détaillée des processus métiers permet d'identifier ceux qui gagneraient le plus à être améliorés ou automatisés. Pour ce faire, il est conseillé d'utiliser une approche basée sur l'impact et la faisabilité :

- Impact élevé et faisabilité élevée : Processus à automatiser en priorité, car ils génèrent un fort retour sur investissement avec une mise en œuvre relativement simple.

- Impact élevé mais faisabilité faible : Objectifs à envisager sur le long terme, nécessitant des ajustements organisationnels ou techniques.
- Impact faible mais faisabilité élevée : Améliorations à considérer si elles n'entraînent pas de coûts ou de complexités majeures.
- Impact faible et faisabilité faible : Processus ne nécessitant pas d'intervention immédiate.

Exemples de processus souvent optimisés par l'IA :
- L'analyse automatique des demandes clients pour accélérer les réponses et personnaliser les offres.
- La maintenance prédictive dans l'industrie, permettant de prévenir les pannes avant qu'elles ne surviennent.
- L'optimisation de la gestion des stocks et de la chaîne logistique via des algorithmes prédictifs.
- Le tri automatisé de candidatures pour le recrutement en ressources humaines.

Une cartographie précise des processus concernés permet de prioriser les efforts et de maximiser les bénéfices de l'IA dès les premières étapes de l'implémentation.

Évaluer les compétences et les ressources internes

Un autre facteur clé de réussite réside dans l'évaluation des compétences internes. La mise en place de l'IA requiert des talents spécifiques en data science, en machine learning et en gestion de projet technologique. Selon la maturité technologique de l'entreprise, plusieurs approches sont possibles :

- Utilisation d'outils IA clé en main : Adaptée aux entreprises sans compétences internes avancées, cette solution repose sur des logiciels SaaS intégrant déjà des fonctionnalités IA (ex. outils CRM intelligents, plateformes d'analyse de données).
- Recrutement ou formation interne : Pour les entreprises souhaitant construire une expertise en IA sur le long terme, recruter des profils spécialisés ou former les employés existants est une option stratégique.
- Collaboration avec des experts externes : Faire appel à des consultants ou des prestataires spécialisés permet une mise en œuvre rapide et efficace

lorsque l'expertise manque en interne.

Une évaluation honnête des ressources existantes garantit que l'IA ne sera pas perçue comme une contrainte technique mais bien comme un levier de transformation accessible et maîtrisable.

Analyser la faisabilité financière et technologique

L'investissement dans l'IA doit être en cohérence avec les moyens financiers et technologiques de l'entreprise. Une analyse budgétaire préalable permet d'anticiper les coûts liés à :
- L'acquisition de technologies ou de solutions logicielles.
- L'embauche ou la formation de talents spécialisés.
- L'infrastructure IT nécessaire à l'exploitation des modèles IA (hébergement cloud, bases de données, API).
- L'accompagnement par des experts pour assurer une implémentation réussie.

En parallèle, une analyse des infrastructures existantes permet d'identifier les éventuels besoins en mises à niveau des systèmes, en intégrations logicielles ou en stockage de données. L'entreprise doit s'assurer que ses outils actuels sont compatibles avec les exigences techniques de l'IA.

Déterminer les risques et anticiper les défis

Enfin, toute transformation technologique implique des risques qu'il convient d'anticiper dès le départ. Parmi les principaux défis rencontrés lors de la mise en place de l'IA, on trouve :
- Résistance au changement : L'adoption de l'IA peut susciter des inquiétudes chez les employés, notamment autour de la question de l'automatisation des tâches et de son impact sur l'emploi. Une communication transparente et un accompagnement au changement sont essentiels.
- Contraintes réglementaires et éthiques : L'utilisation des données personnelles est un sujet sensible, encadré par des réglementations comme le RGPD en Europe. L'entreprise doit s'assurer de sa conformité légale.
- Fiabilité et interprétation des résultats : Une IA mal entraînée ou alimentée par des données biaisées peut produire des résultats erronés ou discriminants. Une phase de test et d'ajustement est donc indispensable

avant le déploiement à grande échelle.

En anticipant ces aspects dès la phase d'analyse, l'entreprise augmente considérablement ses chances de mener à bien son projet d'implémentation de l'IA, tout en minimisant les obstacles potentiels.

L'analyse des besoins et des opportunités constitue la première étape déterminante dans l'intégration réussie de l'IA en entreprise. En définissant clairement ses objectifs, en évaluant la qualité de ses données, en identifiant les processus à optimiser, en mesurant ses ressources internes et en anticipant les défis éventuels, une entreprise peut s'assurer que son investissement en IA générera un réel avantage compétitif. Le succès ne repose pas uniquement sur la technologie elle-même, mais sur une approche stratégique et structurée garantissant une adoption fluide et efficace.

3.1.1 Identifier les processus automatisables

L'implémentation de l'intelligence artificielle dans une entreprise commence par une étape essentielle : l'identification des processus pouvant être automatisés. Cette tâche nécessite une approche structurée, alliant analyse des flux de travail, évaluation des tâches répétitives et mesure de la valeur ajoutée de chaque processus. Une identification réussie permet non seulement d'optimiser l'automatisation, mais aussi de maximiser les gains en productivité et en rentabilité.

Définition d'un processus automatisable

Un processus automatisable est une séquence de tâches reproductibles, basées sur des règles définies et nécessitant peu ou pas d'intervention humaine pour être exécutées efficacement. Ces tâches sont souvent caractérisées par leur complexité modérée, leur prévisibilité et leur volume élevé. Elles peuvent inclure le traitement de données, la gestion documentaire, le support client ou encore la planification logistique.

Plus précisément, un processus est un bon candidat à l'automatisation lorsqu'il répond aux critères suivants :
- Fréquence élevée : le processus est répété plusieurs fois par jour, semaine ou mois.
- Volume important de données : la gestion et le traitement de grandes quantités d'informations sont nécessaires.
- Règles bien définies : les instructions et les étapes du processus sont claires, sans besoin d'interprétation subjective.
- Faible valeur ajoutée humaine : l'intervention humaine ne consiste qu'en des tâches répétitives et prévisibles.
- Temps de traitement significatif : le processus mobilise une part conséquente des ressources humaines et temporelles.

Cartographier les processus en place

Avant d'identifier les candidats à l'automatisation, il est indispensable de dresser une cartographie complète des processus existants. Cela implique une analyse détaillée des flux de travail pour comprendre comment les tâches sont réalisées actuellement et où se situent les inefficacités. Pour ce faire, plusieurs approches peuvent être utilisées :

- Observation directe des opérations : identifier comment les tâches sont exécutées en situation réelle.
- Entretiens avec les collaborateurs : recueillir les retours des équipes pour identifier les points de friction.
- Analyse des données et des indicateurs de performance : examiner les délais d'exécution, les taux d'erreur et les coûts associés.

Une fois cette cartographie réalisée, l'entreprise peut commencer à repérer les tâches présentant le plus fort potentiel d'automatisation.

Catégorisation des tâches automatisables

Les tâches pouvant être automatisées se répartissent généralement en trois grandes catégories :

1. Tâches basées sur des règles définies
Ces tâches suivent un ensemble d'instructions précises et ne nécessitent pas de prise de décision complexe. Elles incluent :

- La saisie et l'extraction de données.
- La génération et la gestion de documents.
- La validation et le traitement de formulaires.
- La gestion de mails transactionnels et de réponses automatiques.

2. Tâches impliquant un traitement de données volumineux
Grâce à l'IA et au Machine Learning, les entreprises peuvent automatiser des tâches nécessitant l'analyse de grandes quantités de données :
- L'analyse prédictive des tendances de marché.
- Le traitement et la structuration de données clients issues de plusieurs sources.
- La détection d'anomalies dans les processus de production ou de comptabilité.

3. Services client et support intelligent
L'automatisation des interactions client permet d'accroître l'efficacité tout en améliorant l'expérience utilisateur. Parmi les applications courantes :
- L'utilisation de chatbots pour répondre aux demandes fréquentes.
- L'automatisation du tri et du routage des tickets de support.
- L'analyse sémantique des retours clients pour détecter les points d'amélioration.

Évaluer la rentabilité de l'automatisation

Automatiser un processus ne se résume pas à une simple substitution de l'humain par l'IA. Il est important d'évaluer l'impact économique et stratégique de cette transformation. Cette évaluation repose sur plusieurs indicateurs :

- Le gain de temps : combien d'heures de travail humain seront économisées grâce à l'automatisation ?
- Le retour sur investissement (ROI) : quels seront les coûts d'implémentation par rapport aux bénéfices attendus ?
- L'impact sur la qualité : la réduction des erreurs et l'amélioration de la conformité sont-elles significatives ?
- L'expérience client et collaborateur : l'automatisation ne doit pas nuire à la satisfaction des utilisateurs internes et externes.

Éviter les pièges de l'automatisation excessive

Si l'automatisation offre de nombreux avantages, elle peut également engendrer des risques si elle est mal pensée. Parmi les erreurs fréquentes, on trouve :

- Automatiser des processus inefficaces : un processus mal structuré, lorsqu'il est automatisé, ne fera qu'accélérer des inefficacités.
- Perte de flexibilité : l'automatisation excessive peut rigidifier l'entreprise et rendre difficile l'adaptation aux changements.
- Dégradation de l'expérience humaine : dans certaines situations, l'intervention humaine reste essentielle pour préserver une relation client de qualité.

Ainsi, la clé du succès réside dans une analyse approfondie des processus avant toute implémentation.

Identifier les processus automatisables est une étape stratégique dans l'intégration de l'intelligence artificielle en entreprise. Une approche méthodique et pragmatique permet de détecter les tâches répétitives et à faible valeur ajoutée, assurant ainsi un impact maximal sur la productivité et la rentabilité. Avant de passer à l'étape suivante de l'implémentation, il est essentiel de s'assurer que chaque processus automatisé apporte une vraie valeur à l'entreprise, en optimisant les coûts tout en améliorant la qualité du travail.

3.1.2 Déterminer les objectifs stratégiques

L'intégration de l'intelligence artificielle au sein d'une entreprise ne peut se faire sans une définition claire et méthodique des objectifs stratégiques. Avant d'investir dans des solutions technologiques, il est impératif d'identifier les cibles précises que cette transition doit permettre d'atteindre. Une approche structurée est nécessaire afin d'aligner l'adoption de l'IA avec la vision globale de l'entreprise, garantissant ainsi un retour sur investissement mesurable.

Aligner l'IA avec la vision et les priorités de l'entreprise

L'IA ne doit pas être une initiative isolée ou un simple projet expérimental.

Elle doit s'inscrire dans un cadre stratégique défini, en cohérence avec la mission, la vision et les priorités globales de l'organisation. Avant d'adopter toute solution IA, les dirigeants doivent se poser plusieurs questions fondamentales :

- Quels sont les défis majeurs que rencontre l'entreprise aujourd'hui ?
- Quels processus ou domaines présentent des opportunités d'amélioration grâce à l'IA ?
- Quels bénéfices précis seraient considérés comme des succès tangibles ?

Ces interrogations permettent de cadrer l'IA comme un levier d'optimisation et d'innovation, et non comme une simple tendance technologique dépourvue de finalité concrète.

Catégorisation des objectifs stratégiques

Les objectifs liés à l'intelligence artificielle peuvent être classés en trois grandes catégories :

1. Optimisation des opérations internes
L'IA constitue un puissant outil d'amélioration des processus métiers. Elle permet d'accélérer l'exécution des tâches répétitives, de minimiser les erreurs humaines et d'améliorer la productivité globale. Parmi les applications possibles, on retrouve :

- L'automatisation des workflows et des processus administratifs, réduisant ainsi les coûts humains et les délais de traitement.
- L'amélioration de la gestion des stocks grâce à la prévision de la demande et l'optimisation des chaînes d'approvisionnement.
- L'optimisation de la gestion énergétique ou des ressources matérielles via une analyse intelligente des données.

2. Amélioration de l'expérience client et augmentation des revenus
L'intelligence artificielle offre de nombreuses opportunités pour accroître la satisfaction des clients, anticiper leurs besoins et personnaliser leurs interactions. Les entreprises peuvent ainsi :

- Déployer des chatbots et assistants virtuels afin de fournir un support client rapide et accessible en continu.

- Exploiter des algorithmes de recommandation pour proposer des produits ou services adaptés aux préférences de chaque individu.
- Analyser les retours clients et les tendances du marché afin d'optimiser la stratégie commerciale.

Une meilleure prise en compte des attentes des consommateurs engendre non seulement une fidélisation accrue, mais également une augmentation des revenus via la maximisation des opportunités commerciales.

3. Réduction des coûts et amélioration de la prise de décision
L'IA permet aux entreprises de mieux allouer leurs ressources et d'éliminer les inefficacités coûteuses. Le traitement massif des données facilite également la prise de décisions éclairées, grâce à une meilleure anticipation des variables internes et externes. Concrètement, cela se traduit par :

- Une détection précoce des anomalies financières, limitant ainsi les risques de fraude ou d'erreurs comptables.
- Une analyse avancée des indicateurs de performance, permettant des ajustements stratégiques en temps réel.
- Des prévisions affinées pour optimiser les investissements et les coûts opérationnels.

Définir des indicateurs de performance (KPIs) pertinents

Toute mise en place d'une solution IA doit s'accompagner d'une définition rigoureuse des KPIs (Key Performance Indicators), qui permettront de mesurer l'impact des actions engagées. Ces indicateurs doivent être :

- Spécifiques : Aligner chaque KPI avec un objectif précis (exemple : réduction du temps de traitement des commandes de 30 % grâce à l'automatisation).
- Mesurables : Établir des métriques claires pour évaluer les progrès de façon objective.
- Atteignables : Fixer des cibles réalistes, en phase avec le niveau de maturité de l'entreprise et de ses ressources.
- Pertinents : Se concentrer sur les données réellement impactantes pour la croissance de l'entreprise.
- Temporellement définis : Déterminer une échéance pour évaluer l'atteinte

des objectifs (exemple : augmentation du taux de conversion de 15 % d'ici six mois grâce à l'IA).

Planifier une mise en œuvre progressive

Il est essentiel d'adopter une approche itérative et pragmatique lors de l'implémentation de l'IA. Une entreprise ne peut pas tout transformer en une seule fois sans risquer d'engendrer des dysfonctionnements internes. L'intelligence artificielle doit être intégrée de manière progressive, en suivant différentes étapes :

1. Expérimentation via des projets pilotes : Tester l'IA sur un périmètre restreint avant une implantation à grande échelle.
2. Évaluation de l'impact : Mesurer les résultats obtenus sur le projet pilote par rapport aux objectifs initiaux.
3. Ajustement et optimisation : Tirer des enseignements des premières expérimentations avant d'étendre la solution IA à l'ensemble de l'organisation.
4. Déploiement progressif : Étendre les initiatives IA en s'appuyant sur des retours d'expérience concrets.

Déterminer les objectifs stratégiques de l'intelligence artificielle est une étape cruciale qui conditionne le succès ou l'échec de son adoption. Une démarche rigoureuse, alignée sur les priorités de l'entreprise et accompagnée d'indicateurs de performance clairs, garantit une intégration efficace et rentable de l'IA. En mettant l'accent sur l'optimisation des opérations, l'amélioration de l'expérience client et la réduction des coûts, les entreprises maximisent les bénéfices tirés de cette transformation technologique.

3.1.3 Définir les indicateurs de succès

La mise en place de l'intelligence artificielle (IA) au sein d'une entreprise doit impérativement s'accompagner d'un suivi rigoureux pour garantir son efficacité et sa rentabilité. Cet objectif passe par la définition et le suivi d'indicateurs de succès pertinents, qui permettront d'évaluer l'impact de l'IA sur les processus internes, la génération de revenus et la réduction des coûts.

1. Les principes fondamentaux des indicateurs de succès

Un indicateur de succès, ou KPI (Key Performance Indicator), est une mesure quantifiable permettant d'évaluer la performance d'une initiative donnée. En matière d'IA, ces indicateurs doivent être alignés sur les objectifs stratégiques de l'entreprise et répondre aux critères suivants :

- Pertinence : L'indicateur doit être directement lié aux bénéfices escomptés de l'IA.
- Mesurabilité : Il doit être possible de collecter des données précises et objectives.
- Accessibilité : Les données nécessaires doivent être facilement disponibles et analysables.
- Actionnabilité : L'indicateur doit motiver des décisions concrètes et orienter les ajustements nécessaires.

L'ensemble de ces critères garantit que chaque initiative IA peut être suivie de manière efficace et optimisée selon les résultats obtenus.

2. Les catégories d'indicateurs clés

Afin d'assurer une évaluation complète, il est essentiel de structurer les indicateurs en plusieurs catégories :

a) Indicateurs de performance opérationnelle

Ces indicateurs permettent d'évaluer l'impact de l'IA sur l'efficacité des processus métier. Ils incluent :

- Temps de traitement des tâches : L'IA permet-elle d'automatiser et d'accélérer certaines opérations ?
- Taux d'erreur : L'IA contribue-t-elle à réduire les erreurs humaines dans les processus opérationnels ?
- Disponibilité des systèmes : Les algorithmes d'IA fonctionnent-ils avec un temps de disponibilité optimal ?

b) Indicateurs financiers

L'objectif principal de l'IA étant d'améliorer la rentabilité de l'entreprise, les indicateurs financiers constituent un élément central de l'évaluation :

- Réduction des coûts opérationnels : L'utilisation de l'IA entraîne-t-elle une diminution des coûts liés aux tâches automatisées ?
- Retour sur investissement (ROI) : Quel est le rapport entre les bénéfices générés et les coûts d'implémentation de l'IA ?
- Augmentation du chiffre d'affaires : L'IA permet-elle d'élargir l'offre de services, d'attirer plus de clients ou d'augmenter les ventes ?

c) Indicateurs d'adoption et de satisfaction

L'efficacité d'une IA ne dépend pas seulement de sa performance technique, mais aussi de son adoption par les équipes et les utilisateurs finaux :

- Taux d'adoption interne : Quel pourcentage des employés utilise activement les solutions basées sur l'IA ?
- Satisfaction des utilisateurs : Les collaborateurs et clients trouvent-ils les outils IA intuitifs et utiles ?
- Ratio de formation et adaptation : Quel est le temps d'apprentissage nécessaire aux équipes pour utiliser efficacement l'IA ?

3. Méthodologie de suivi et ajustement

Une fois les indicateurs définis, il est nécessaire de mettre en place une méthodologie efficace pour les suivre et les ajuster en continu.

a) Établir des seuils de référence

Avant même d'implémenter l'IA, il est essentiel de collecter des données de référence sur les processus actuels. Ces benchmarks permettront de comparer les résultats avant et après déploiement et d'identifier les améliorations concrètes.

b) Mettre en place des outils d'analyse

L'utilisation de tableaux de bord interactifs, de logiciels d'analyse de données et d'algorithmes de suivi en temps réel est recommandée pour automatiser la collecte et l'interprétation des performances de l'IA.

c) Organiser des revues périodiques

Les indicateurs doivent être analysés de façon régulière, à travers des revues mensuelles ou trimestrielles impliquant les parties prenantes concernées. Ces réunions permettent d'identifier les axes d'amélioration et de réajuster les stratégies d'implémentation en fonction des résultats observés.

Définir des indicateurs de succès précis et pertinents est une étape incontournable pour mesurer l'impact de l'intelligence artificielle dans une entreprise. En structurant ces indicateurs autour de la performance opérationnelle, des résultats financiers et de l'adoption des outils par les utilisateurs, il est possible d'optimiser l'implémentation de l'IA et d'assurer qu'elle contribue réellement aux objectifs stratégiques de l'entreprise. Une surveillance constante et une capacité d'adaptation face aux résultats obtenus permettront d'affiner continuellement la stratégie IA et d'en maximiser les bénéfices sur le long terme.

3.2 Évaluer les ressources internes

L'implémentation de l'intelligence artificielle dans une entreprise repose en grande partie sur la capacité de celle-ci à mobiliser ses ressources internes. Avant d'entamer toute initiative IA, une évaluation rigoureuse des capacités existantes est essentielle pour garantir une intégration efficace et un retour sur investissement optimal. Cette analyse doit porter sur trois dimensions fondamentales : les ressources humaines, l'infrastructure technologique et les données disponibles.

Analyser les compétences internes

L'un des premiers éléments à examiner est le capital humain de l'entreprise. La mise en place de solutions basées sur l'IA exige des compétences spécifiques en science des données, en ingénierie logicielle et en gestion des projets technologiques. Il est donc primordial d'identifier les collaborateurs ayant des connaissances en intelligence artificielle, en machine learning ou en analyse de données.

Un audit des compétences internes peut être réalisé à travers des entretiens individuels, des enquêtes ou un examen des profils LinkedIn des employés. Il est également utile de cartographier les postes existants susceptibles d'être impactés par l'IA et d'évaluer la capacité de l'organisation à former son personnel ou à recruter de nouveaux talents.

Si des lacunes sont identifiées, l'entreprise doit envisager plusieurs options : formation en interne, recrutement d'experts ou collaboration avec des partenaires externes spécialisés. Une mise à jour des compétences est souvent nécessaire, même pour les employés techniques, afin de les familiariser avec les dernières avancées en IA.

Examiner l'infrastructure technologique

L'efficacité d'un projet IA dépend largement de la robustesse et de la capacité d'adaptation des infrastructures technologiques de l'entreprise. Il est essentiel d'évaluer la puissance des serveurs, la capacité de stockage, ainsi que la performance des logiciels et des systèmes en place.

L'intelligence artificielle nécessite souvent une puissance de calcul importante. Certaines organisations peuvent déjà disposer d'une infrastructure adaptée, tandis que d'autres devront envisager des investissements dans le cloud computing, qui offre une capacité de traitement flexible et évolutive.

L'interopérabilité des systèmes existants est également un facteur clé. Une architecture obsolète ou des logiciels incompatibles peuvent freiner l'intégration de l'IA. Un audit des systèmes d'information permet de déterminer si des mises à niveau ou des migrations technologiques sont nécessaires avant le lancement du projet.

Évaluer les données disponibles

L'intelligence artificielle repose sur les données. Ainsi, leur qualité, leur accessibilité et leur structure sont des éléments déterminants pour la réussite du projet. Une entreprise doit examiner plusieurs aspects de ses données pour s'assurer qu'elles peuvent alimenter efficacement les algorithmes d'IA.

Premièrement, il convient d'identifier quelles données sont disponibles en interne : clients, ventes, production, ressources humaines, etc. Il est important de vérifier leur format, leur stockage et leur accessibilité. Des données mal structurées ou réparties entre plusieurs services de manière cloisonnée peuvent compliquer leur exploitation.

Deuxièmement, la qualité des données doit être analysée. Des informations incomplètes, erronées ou non mises à jour risquent de produire des modèles IA inefficaces. Une entreprise devra peut-être mettre en place des procédures de nettoyage et de structuration des données avant de procéder à une implémentation d'IA.

Enfin, les enjeux de confidentialité doivent être considérés. Certaines données, en particulier celles des clients ou des employés, sont soumises à des réglementations strictes, telles que le RGPD en Europe. Il est donc essentiel de s'assurer que l'utilisation de l'IA respecte ces contraintes et que des mesures de sécurité appropriées sont en place pour protéger les informations sensibles.

Identifier les forces et faiblesses organisationnelles

Une réflexion stratégique sur les ressources internes doit aboutir à un diagnostic précis des forces et des faiblesses de l'entreprise en matière d'IA. Les éléments favorables peuvent inclure une culture d'innovation, une équipe IT qualifiée ou une bonne gouvernance des données. À l'inverse, des faiblesses telles que la résistance au changement, un manque d'expertise ou une infrastructure obsolète devront être adressées en amont.

Les organisations peuvent utiliser des outils d'analyse comme le SWOT (Forces, Faiblesses, Opportunités, Menaces) pour structurer cette évaluation. Cette approche permet d'anticiper les obstacles et de maximiser les chances de succès de l'implémentation de l'intelligence artificielle.

Élaborer une feuille de route interne

Une fois les ressources internes évaluées, il est impératif d'élaborer une feuille de route adaptée à l'entreprise. Ce plan doit intégrer les actions nécessaires pour pallier les éventuelles faiblesses identifiées, qu'il s'agisse de renforcement des compétences, de mises à niveau technologiques ou d'amélioration de la gestion des données.

Le plan d'action doit comprendre des étapes claires, des échéances réalistes et des ressources allouées à chaque domaine. Une approche progressive, avec des phases pilotes, permet d'introduire l'IA progressivement et de mesurer son impact avant une mise en œuvre à plus grande échelle.

Évaluer les ressources internes est une étape incontournable pour toute entreprise souhaitant intégrer l'intelligence artificielle avec succès. Cette évaluation doit porter à la fois sur les compétences du personnel, l'état des infrastructures et la qualité des données disponibles. Une vision claire de ces éléments permet non seulement d'anticiper les éventuels défis mais aussi d'optimiser les investissements et d'assurer une adoption progressive et efficace de l'IA. Une fois cette analyse effectuée, l'entreprise pourra passer à l'étape suivante : concevoir une stratégie de mise en œuvre adaptée à ses besoins et à ses capacités.

3.2.1 Compétences techniques nécessaires

L'implémentation efficace de l'intelligence artificielle dans une entreprise repose sur des compétences techniques solides. Ces compétences ne sont pas uniquement requises chez les équipes techniques, mais doivent également être comprises à un niveau stratégique par les décideurs pour maximiser l'impact des solutions d'IA. Ce chapitre détaille les connaissances essentielles à maîtriser pour une adoption réussie.

1. Compréhension des principes fondamentaux de l'IA

Avant toute implémentation, il est crucial de maîtriser les bases de l'IA, notamment ses différentes branches et leurs applications potentielles :

- Apprentissage supervisé et non supervisé : comprendre comment les modèles apprennent à partir des données et les différences entre classification, régression et clustering.

- Réseaux de neurones et deep learning : savoir comment fonctionnent les architectures de réseaux neuronaux et les cas d'usage appropriés.

- Traitement du langage naturel (NLP) : essentiel pour les chatbots, l'analyse de texte et la compréhension sémantique des données.

- Vision par ordinateur : utile pour l'analyse d'images et de vidéos, notamment dans la détection d'anomalies ou l'automatisation des tâches visuelles.

2. Maîtrise des langages et frameworks d'IA

Une implémentation réussie passe par l'utilisation des outils adaptés. Parmi les compétences techniques incontournables :

- Langages de programmation :
  - Python : langage de référence en IA, grâce à sa flexibilité et sa riche bibliothèque d'outils dédiés.
  - R : utilisé en data science, notamment pour l'analyse statistique et la visualisation des données.
  - SQL : indispensable pour manipuler et extraire les données pertinentes des bases de données d'entreprise.

- Frameworks et bibliothèques :
  - TensorFlow et PyTorch : frameworks dominants pour le développement et l'entraînement de modèles de deep learning.
  - Scikit-learn : bibliothèque essentielle pour les modèles classiques de machine learning.
  - NLTK et spaCy : outils utiles pour le traitement automatique du langage naturel.

3. Gestion et structuration des données

L'IA repose sur la donnée. Il est donc essentiel de maîtriser :

- Les bases du big data : comprendre comment collecter, stocker et traiter d'énormes volumes de données.
- Les pipelines de données : savoir organiser un processus efficace de collecte, de nettoyage et de transformation des données.

- La gouvernance des données : assurer la qualité, la conformité et la sécurité des données utilisées par les modèles d'IA.

4. Déploiement et intégration des modèles d'IA

Un modèle performant en laboratoire ne garantit pas un impact en entreprise. Pour assurer une intégration efficace, il est nécessaire de :

- Utiliser le cloud computing : maîtriser des plateformes comme AWS, Google Cloud ou Azure pour héberger et exécuter des modèles d'IA à grande échelle.
- Développer des API d'intelligence artificielle : comprendre comment intégrer des modèles dans des systèmes existants en développant des APIs robustes.
- Optimiser les performances : savoir utiliser des techniques comme la compression de modèles et la quantification pour améliorer l'efficacité des solutions déployées.

5. Cybersécurité et éthique de l'IA

Implémenter une IA responsable implique la maîtrise des aspects liés à la sécurité et à l'éthique :

- Protection des données sensibles : appliquer les principes de chiffrement et d'anonymisation.
- Biais algorithmique et transparence : comprendre comment identifier et corriger les biais pour garantir des décisions équitables.
- Conformité aux réglementations : respecter les cadres légaux, comme le RGPD en Europe ou les lois américaines sur la protection des données.

6. Maintenance et amélioration continue

Enfin, un projet IA ne s'arrête pas après son déploiement. Il est essentiel de :

- Mettre en place une surveillance des modèles : détecter les dérives et garantir la pertinence des prédictions.
- Mettre à jour les modèles : intégrer de nouvelles données et adapter les algorithmes pour s'améliorer en permanence.

- Gérer les retours utilisateurs : impliquer les équipes métiers dans l'amélioration des solutions IA.

L'implémentation efficace de l'IA repose donc sur une expertise multidisciplinaire, combinant science des données, ingénierie logicielle et compréhension des enjeux éthiques et stratégiques. Maîtriser ces compétences est un prérequis pour maximiser la valeur ajoutée et garantir le succès des initiatives d'intelligence artificielle en entreprise.

3.2.2 Données disponibles et qualité des données

Dans toute initiative d'intelligence artificielle, la donnée constitue la pierre angulaire du projet. Sans données pertinentes, fiables et bien structurées, même les modèles les plus avancés échoueront à produire des résultats exploitables. Ce chapitre explore les types de données disponibles dans l'entreprise, leur qualité et les bonnes pratiques pour optimiser leur utilisation dans un projet d'IA.

1. Identification et classification des données disponibles

Avant de lancer un projet d'IA, il est essentiel d'identifier clairement les sources de données existantes. Ces données peuvent être classées en différentes catégories, selon leur origine et leur nature :

- Données structurées : Stockées dans des bases relationnelles, ces informations sont organisées sous forme de tables, avec des lignes et des colonnes (ex. : données clients, transactions, données de capteurs).
- Données non structurées : Incluent des documents texte, des images, des vidéos ou des enregistrements vocaux, nécessitant des techniques spécifiques de traitement (ex. : emails, avis clients, rapports PDF).
- Données semi-structurées : Contiennent certains éléments standardisés mais restent globalement désorganisées (ex. : logs machines, fichiers XML, JSON).
- Données internes : Générées par l'entreprise, elles sont souvent issues de CRM, ERP, systèmes comptables et applications métiers.
- Données externes : Proviennent de partenaires, d'open data, de réseaux sociaux ou d'achats de bases de données commerciales.

Cette classification permet d'orienter les choix technologiques et méthodologiques pour le traitement et l'exploitation des informations.

2. Critères de qualité des données

Une IA efficace repose sur des données de qualité. Plusieurs dimensions doivent être analysées pour garantir leur fiabilité :

- Exactitude : Les données doivent être correctes et représentatives de la réalité. Des erreurs (coquilles, valeurs aberrantes) risquent d'entraîner des biais dans les prédictions.
- Complétude : Des valeurs manquantes ou des champs non renseignés peuvent fausser les analyses et réduire l'efficacité des algorithmes.
- Cohérence : Il est primordial que les données issues de différentes sources concordent. Un client ayant plusieurs dates de naissance dans un système CRM traduit un problème d'intégrité.
- Actualité : Une donnée périmée peut fausser les décisions. La fréquence d'actualisation des bases de données doit être adaptée aux besoins du projet.
- Accessibilité : Les données doivent être facilement exploitables par les algorithmes, stockées dans des formats compatibles et accessibles via des API ou des interfaces adaptées.
- Sécurité et conformité : Les réglementations (RGPD, HIPAA, etc.) imposent des contraintes sur la collecte, le stockage et l'utilisation des données, particulièrement en ce qui concerne les informations sensibles.

3. Nettoyage et préparation des données

Avant d'alimenter un modèle d'IA, un travail de prétraitement est indispensable :

1. Détection et correction des erreurs : Identification et suppression des données erronées, doublons et incohérences.
2. Traitement des valeurs manquantes : Imputation par des moyennes, médianes, ou modèles prédictifs pour éviter une perte d'information.
3. Normalisation et standardisation : Alignement des formats (dates, devises, unités de mesure) pour assurer une cohérence.
4. Équilibrage des données : En apprentissage automatique, un

déséquilibre dans les classes peut fausser les prédictions (ex. : un modèle de détection de fraude doit être entraîné avec des proportions équilibrées entre transactions frauduleuses et normales).

5. Anonymisation et pseudonymisation : Protection des données sensibles pour satisfaire aux exigences réglementaires.

4. Gouvernance des données et gestion des sources

Un projet d'IA nécessite une gestion rigoureuse des données. Pour cela, une gouvernance efficace doit être mise en place avec :

- Définition des responsabilités : Identification des rôles et interlocuteurs clés (Data Owner, Data Steward, Data Scientist).
- Processus de validation des données : Contrôles réguliers pour assurer l'exactitude et la pertinence des informations.
- Documentation et traçabilité : Les transformations appliquées aux données doivent être clairement documentées pour garantir la reproductibilité des analyses.
- Automatisation : L'utilisation d'outils d'ETL (Extract, Transform, Load) et de pipelines de données permet d'assurer une mise à jour en continu et un contrôle qualité systématique.

5. Exploitation et amélioration continue

Une fois les données nettoyées et prêtes, l'étape suivante consiste à les exploiter pour entraîner les modèles d'IA. Toutefois, la qualité des prédictions repose sur une amélioration continue des jeux de données. L'intégration de boucles de rétroaction est essentielle pour affiner les modèles en fonction des nouveaux ensembles de données et des résultats observés.

Enfin, les entreprises doivent adopter une culture de la donnée, où les collaborateurs sont sensibilisés à l'importance de la qualité des informations qu'ils saisissent et traitent au quotidien. Une IA performante est avant tout le fruit d'une donnée bien gérée.

3.2.3 Budget et investissements requis

La mise en place d'une solution d'intelligence artificielle au sein d'une entreprise constitue un levier stratégique majeur, tant pour l'optimisation des processus que pour l'augmentation de la rentabilité. Toutefois, une telle transition nécessite un investissement financier qui doit être minutieusement évalué. Ce chapitre détaille les postes de dépenses essentiels à prévoir, les stratégies d'optimisation des coûts et les sources de financement potentielles.

1. Les postes de dépenses à anticiper

Avant de se lancer dans l'implémentation de l'IA, il est fondamental d'identifier les différentes catégories de coûts associées. Ces dépenses peuvent être regroupées en cinq grandes catégories :

a) Acquisition des infrastructures technologiques
L'IA repose sur des capacités de calcul et de stockage avancées. Selon les besoins de l'entreprise, il sera nécessaire d'investir dans :

- Des serveurs haute performance ou des solutions cloud (AWS, Azure, Google Cloud)
- Des bases de données adaptées au traitement de gros volumes de données
- Des équipements spécifiques comme des GPU (processeurs graphiques) pour les modèles d'apprentissage profond

L'option du cloud permet d'éviter un investissement initial trop élevé et d'adopter un modèle basé sur la consommation, ce qui est particulièrement avantageux pour les PME.

b) Développement et intégration des solutions d'IA
La création et l'implémentation d'une solution d'IA demandent souvent un développement sur mesure. Les coûts peuvent inclure :

- Le recrutement ou la formation d'une équipe de scientifiques des données et d'ingénieurs en IA
- L'achat de logiciels spécialisés ou le développement de solutions internes
- L'intégration des modèles dans les systèmes existants de l'entreprise

Le choix entre une solution sur étagère et un développement en interne influencera fortement le budget alloué.

c) Collecte et traitement des données
L'IA repose sur des données de qualité. Il peut être nécessaire d'investir dans :

- L'acquisition de bases de données externes (data providers)
- L'optimisation des flux de collecte de données internes
- La mise en place de protocoles de nettoyage et de structuration des données

Un mauvais traitement des données peut entraîner une inefficacité des modèles et augmenter les coûts de correction.

d) Maintenance et amélioration continue
L'IA n'est pas un projet ponctuel, mais un processus évolutif. Une fois déployée, elle nécessite des ajustements et une maintenance régulière, ce qui peut engendrer des coûts liés à :

- La surveillance des performances des modèles
- L'adaptation aux nouvelles exigences métier ou règlementaires
- La mise à jour des infrastructures

Il est donc essentiel d'anticiper un budget dédié à l'amélioration continue du système.

e) Formation et accompagnement des équipes
L'adoption de l'IA implique une transformation des méthodes de travail. Il est crucial de prévoir des ressources pour :

- Former les collaborateurs à l'utilisation des outils basés sur l'IA
- Accompagner le changement au sein des équipes
- Sensibiliser aux enjeux éthiques et aux bonnes pratiques

L'acceptation des nouveaux processus par les employés est un facteur déterminant pour le succès du projet IA.

2. Stratégies d'optimisation des coûts

Afin de rentabiliser au mieux l'investissement en IA, plusieurs stratégies permettent d'optimiser les coûts :

- Déployer un projet pilote : avant un déploiement à grande échelle, tester une solution IA sur un processus limité permet d'évaluer son efficacité et d'ajuster les coûts.
- Adopter des solutions open-source : certaines plateformes IA comme TensorFlow ou PyTorch permettent de réduire les coûts logiciels.
- Utiliser le cloud computing : éviter un achat coûteux d'infrastructures en adoptant des solutions flexibles et scalables.
- Externaliser une partie des développements : collaborer avec des prestataires spécialisés peut réduire les coûts et accélérer l'implémentation.
- Mutualiser les données : collaborer avec d'autres entreprises ou acheter des jeux de données préexistants permet d'éviter des coûts excessifs de collecte et d'annotation.

Une gestion maîtrisée des dépenses dès la phase de conception du projet IA garantit un retour sur investissement plus rapide et une meilleure adoption en interne.

3. Les sources de financement disponibles

L'investissement en IA peut être soutenu par différentes sources de financement, qu'il est intéressant d'explorer pour alléger la charge financière initiale.

a) Subventions et aides publiques
Dans de nombreux pays, les gouvernements encouragent l'adoption de l'IA à travers des subventions et des crédits d'impôt pour la recherche et développement (CIR en France, par exemple). Se renseigner sur les dispositifs existants peut permettre de financer une partie du projet.

b) Partenariats et collaborations
S'associer avec des universités, des laboratoires de recherche ou des incubateurs spécialisés en IA peut ouvrir l'accès à des ressources humaines et technologiques à moindre coût.

c) Financements privés et levées de fonds
Selon la taille de l'entreprise, des fonds d'investissement ou des business angels peuvent être intéressés par l'intégration d'une solution IA innovante et proposer un financement.

d) Modèle de financement interne
Certaines entreprises choisissent de financer progressivement leur implémentation IA en optimisant des coûts dans d'autres départements (automatisation de processus, réduction des erreurs, gains de productivité).

L'intégration de l'IA au sein d'une entreprise représente un investissement stratégique, dont le coût peut être significatif mais aussi rapidement amorti. En anticipant les postes de dépenses, en mettant en place une optimisation rigoureuse des coûts et en explorant différentes sources de financement, il est possible de rendre ce projet non seulement viable, mais rentable. Une gestion financière maîtrisée est donc une condition essentielle pour garantir une implémentation efficace de l'IA et maximiser son impact sur la performance de l'entreprise.

3.3 Étudier les risques et les contraintes

Avant de déployer l'intelligence artificielle au sein d'une entreprise, il est essentiel d'identifier et d'analyser les risques ainsi que les contraintes qui pourraient entraver son implémentation. Une adoption précipitée sans évaluation approfondie peut engendrer des coûts imprévus, des inefficacités et même des conséquences juridiques. Ce chapitre se consacre à l'étude des principaux obstacles et à la manière dont ils peuvent être anticipés.

1. Risques technologiques et techniques

L'implémentation de l'IA repose sur des ressources technologiques considérables. Plusieurs risques émergent naturellement lorsqu'une entreprise intègre ces outils avancés :

- Fiabilité des modèles : Une IA mal entraînée ou utilisant des données biaisées peut produire des résultats erronés, affectant ainsi la prise de décision. Il est indispensable d'effectuer des tests rigoureux avant tout déploiement à grande échelle.
- Sécurité et cybersécurité : L'IA peut être une cible attractive pour des attaques malveillantes. Les algorithmes peuvent être manipulés, et des failles de sécurité dans les infrastructures informatiques peuvent compromettre les données. Une approche proactive via des audits de sécurité est nécessaire.
- Compatibilité avec les systèmes existants : L'intégration d'une nouvelle technologie dans un système informatique préexistant peut causer des incompatibilités, des pannes ou des performances dégradées. Un diagnostic des infrastructures et une mise à jour des environnements techniques sont des étapes incontournables.

2. Contraintes organisationnelles et humaines

Même la technologie la plus avancée ne peut réussir sans une acceptation et une adaptation humaine adéquates. Les entreprises doivent donc gérer plusieurs défis :

- Résistance au changement : L'IA peut être perçue comme une menace par certains employés, notamment en raison des craintes liées à l'automatisation des tâches et à la suppression d'emplois. Une communication transparente et une formation adaptée permettent d'atténuer ces inquiétudes.
- Montée en compétence des équipes : L'adoption de l'IA nécessite une transformation progressive des compétences. Former les collaborateurs à l'utilisation efficace des outils d'IA et les sensibiliser aux bonnes pratiques est un levier crucial pour garantir une adoption réussie.
- Réorganisation des processus : Certains processus métiers doivent être redéfinis afin de tirer pleinement parti des capacités de l'IA. Une analyse approfondie des workflows existants permet d'identifier les points de friction et d'adapter les procédures en conséquence.

3. Risques financiers et économiques

Malgré les promesses d'optimisation et de rentabilité, une mauvaise gestion des coûts et des investissements peut freiner l'intégration de l'IA.

- Investissements initiaux élevés : Le développement et le déploiement de solutions d'IA nécessitent des ressources financières significatives, notamment en matière d'infrastructure informatique, d'achat de licences logicielles et de recrutement de spécialistes. Une évaluation détaillée du retour sur investissement (ROI) est indispensable pour éviter des dépenses inutiles.

- Coût caché de la maintenance et de l'amélioration continue : Une IA n'est pas figée. Elle doit être entretenue, mise à jour et réajustée en fonction de l'évolution des besoins de l'entreprise et des nouvelles réglementations. Ce coût récurrent doit être inclus dans toute planification budgétaire.

- Dépendance aux fournisseurs et solutions externalisées : Certaines entreprises privilégient des solutions IA développées par des prestataires externes. Bien que cela puisse réduire les coûts à court terme, cela peut également créer une dépendance technologique et rendre les migrations futures complexes et coûteuses.

4. Contraintes réglementaires et éthiques

L'intelligence artificielle évolue dans un cadre juridique et éthique en perpétuelle mutation. Tout manquement à ces obligations peut exposer l'entreprise à des litiges et des sanctions.

- Respect des réglementations sur les données : Avec des réglementations telles que le RGPD en Europe, une entreprise utilisant l'IA doit garantir la conformité en matière de collecte, d'utilisation et de stockage des données. Une politique claire en matière de protection des données personnelles est indispensable.

- Biais algorithmiques et discriminations involontaires : Une IA formée sur des données biaisées peut produire des résultats discriminatoires. Assurer une diversité des sources de données et tester les modèles afin d'éliminer toute partialité potentielle est une étape cruciale.

- Transparence et explicabilité des décisions : Les entreprises doivent être en mesure de justifier les décisions prises par une IA, notamment dans des domaines sensibles tels que le recrutement, le crédit ou la sélection de clients. Des mécanismes d'explicabilité et d'auditabilité des algorithmes doivent être mis en place.

5. Stratégies d'atténuation des risques

Afin de minimiser ces risques et contraintes, plusieurs approches doivent être envisagées :

- Phase pilote avant généralisation : Tester l'IA sur une échelle restreinte permet d'évaluer son efficacité et d'identifier les problèmes avant son déploiement global.
- Gouvernance de l'IA : Mettre en place une équipe ou un comité dédié chargé de superviser l'utilisation de l'IA, suivre les implications éthiques et ajuster la stratégie en fonction des nouvelles évolutions technologiques et réglementaires.
- Formation continue : Investir dans des sessions de formation pour les collaborateurs afin d'accroître leur confiance et leur expertise dans l'utilisation de l'IA.
- Modularité et évolutivité : Privilégier des solutions flexibles qui pourront évoluer avec les besoins de l'entreprise, plutôt que d'adopter des technologies rigides et difficilement adaptables.

En identifiant et en traitant en amont ces risques et contraintes, l'entreprise maximise non seulement le succès de son implémentation de l'IA, mais elle garantit également que cette transition technologique s'effectue de manière contrôlée et bénéfique pour tous les acteurs impliqués.

3.3.1 Problématiques éthiques et légales

L'intelligence artificielle représente une opportunité stratégique majeure pour les entreprises. Cependant, son implémentation soulève des défis éthiques et juridiques qu'il est impératif d'anticiper. Une mauvaise gestion de ces enjeux peut nuire à la réputation de l'entreprise, exposer celle-ci à des sanctions et, dans les cas les plus graves, remettre en question sa légitimité sur le marché.

1. La transparence et l'explicabilité des algorithmes

L'un des premiers défis concerne la transparence des décisions automatisées. Les modèles d'IA, en particulier ceux basés sur l'apprentissage profond, fonctionnent souvent comme des "boîtes noires", rendant difficile l'explication des décisions qu'ils produisent. Cette opacité crée une incertitude, tant pour les utilisateurs que pour les régulateurs.

Les nouvelles réglementations, comme le Règlement sur l'Intelligence Artificielle de l'Union Européenne, imposent aux entreprises d'assurer une explicabilité suffisante pour toute IA affectant les droits des citoyens. Dès lors, il est essentiel d'adopter des techniques d'audit et de traçabilité, et d'intégrer des mécanismes permettant à un humain de comprendre et de justifier les décisions automatisées.

2. Biais et discrimination algorithmique

Les biais algorithmiques représentent un problème majeur. Une IA apprend à partir de données historiques, qui peuvent contenir des préjugés inconscients. Ainsi, un modèle utilisé pour le recrutement pourrait favoriser systématiquement certains profils au détriment d'autres, reproduisant des discriminations existantes.

Pour éviter ces écueils, il est nécessaire d'auditer régulièrement les modèles, de diversifier les échantillons de données et d'intégrer des principes de "fairness" (équité) dans le processus de développement. L'entreprise doit enfin mettre en place des contrôles rigoureux pour identifier d'éventuelles dérives et adapter l'algorithme en conséquence.

3. Protection des données et respect des réglementations

L'IA repose sur l'analyse massive de données, ce qui pose des défis en matière de protection des informations personnelles. Le Règlement Général sur la Protection des Données (RGPD) oblige les entreprises à garantir que les données utilisées respectent certains principes : consentement explicite, minimisation, droit à l'oubli, etc.

En pratique, cela implique d'adopter des politiques strictes de gestion des données :
- Anonymiser autant que possible les informations traitées.
- Obtenir un consentement clair avant toute collecte.
- Mettre en place des dispositifs de sécurisation robustes, notamment contre les cyberattaques.

Les entreprises qui ne respecteraient pas ces obligations s'exposent à des amendes pouvant atteindre 4 % de leur chiffre d'affaires annuel global.

4. Responsabilité en cas d'erreur ou de dommage

Qui est responsable si une décision issue de l'IA cause un tort à un client ou un employé ? Cette question complexe renvoie aux notions de responsabilité légale et contractuelle.

Dans le cadre de l'IA, plusieurs acteurs entrent en jeu :
- Le développeur du modèle d'intelligence artificielle.
- L'entreprise qui exploite ce modèle.
- L'utilisateur final qui prend ses décisions sur la base des recommandations fournies par l'IA.

Selon la législation en vigueur, la charge de la responsabilité peut revenir à l'un ou plusieurs de ces acteurs, notamment si un défaut de conception ou un usage inapproprié est identifié. D'où l'importance de prévoir des clauses contractuelles précises encadrant l'utilisation de l'IA et ses limitations.

5. Impact sur l'emploi et évolution du travail

L'automatisation via l'IA peut générer des gains de productivité importants, mais elle soulève également des inquiétudes quant à l'impact sur l'emploi. Certaines tâches répétitives seront nécessairement remplacées par des machines, tandis que de nouveaux métiers émergeront.

Pour une transition éthique, l'entreprise doit anticiper ces changements en :
- Accompagnant les collaborateurs via des formations adaptées.
- Encourageant la reconversion vers des postes nécessitant des compétences complémentaires à l'IA.
- Maintenant un dialogue permanent avec les partenaires sociaux pour éviter une opposition systématique au déploiement des technologies.

6. L'IA et la prise de décision humaine

Enfin, l'IA ne doit pas se substituer totalement à la prise de décision humaine, en particulier dans les domaines sensibles comme la finance, la santé ou le recrutement. Une IA doit être un outil d'aide à la décision, et non un arbitre incontesté.

Les entreprises doivent ainsi mettre en place des garde-fous pour assurer un contrôle humain sur les décisions critiques. Cette approche, connue sous le nom de "human-in-the-loop", garantit que l'IA assiste sans jamais exclure totalement l'intervention humaine.

L'implémentation de l'IA en entreprise ne peut être dissociée des défis éthiques et légaux qu'elle soulève. Un cadre rigoureux, combiné à une réflexion approfondie sur les implications sociétales et organisationnelles, est indispensable pour éviter des dérives. En intégrant ces bonnes pratiques dès le départ, les entreprises pourront non seulement se conformer aux réglementations en vigueur, mais aussi instaurer une relation de confiance avec leurs parties prenantes, garantissant ainsi une adoption réussie et durable de l'IA.

3.3.2 Sécurité des données et cybersécurité

L'intégration de l'intelligence artificielle dans une entreprise ne peut se faire sans une réflexion approfondie sur la sécurité des données et la cybersécurité. L'IA repose sur l'exploitation de vastes ensembles de données, souvent sensibles, qui doivent être protégées contre les cybermenaces, les fuites et les usages malveillants. Une négligence dans ce domaine peut non seulement entraîner des pertes financières, mais aussi nuire à la réputation de l'entreprise et compromettre la confiance des clients et partenaires.

1. Les risques liés à la cybersécurité dans l'IA

L'utilisation de systèmes d'intelligence artificielle expose les entreprises à plusieurs risques majeurs :

- Vol et fuite de données : les données utilisées pour entraîner et opérer l'IA sont souvent précieuses. Une faille de sécurité peut conduire au vol d'informations sensibles : données clients, secrets industriels, données financières, etc.

- Manipulation des modèles d'IA : les cyberattaquants peuvent tenter d'altérer les algorithmes en injectant des données biaisées (« data poisoning ») pour fausser leurs résultats. Par exemple, un modèle de détection de fraudes pourrait être rendu inefficace en l'exposant à des exemples délibérément trompeurs.

- Attaques par ingénierie inverse : en exploitant certaines failles, un attaquant pourrait tenter de reconstituer le modèle d'intelligence artificielle déployé, voire de récupérer une partie des données qui l'ont entraîné.

- Rançongiciels et attaques ciblées : comme toute infrastructure informatique, les systèmes d'IA peuvent être la cible de ransomwares et d'attaques avancées visant à prendre le contrôle ou à perturber le fonctionnement de l'entreprise.

2. Mettre en place une gouvernance efficace de la sécurité des données

Pour minimiser ces risques, une approche de cybersécurité robuste et proactive s'impose. Voici les principales actions à mettre en œuvre :

2.1. Protéger les données tout au long de leur cycle de vie

Les données doivent être sécurisées à chaque étape – collecte, stockage, transmission et traitement :

- Chiffrement des données : utiliser des techniques de chiffrement avancées (AES-256, chiffrement homomorphe, etc.) pour protéger les données à la fois en transit et au repos.

- Contrôle d'accès strict : mettre en place des politiques de gestion des identités et des accès (IAM) pour restreindre l'accès aux données sensibles aux seules personnes autorisées.

- Pseudonymisation et anonymisation : dans certains cas, il est recommandé d'anonymiser les données utilisées pour entraîner les modèles d'IA, afin de réduire les risques liés à la divulgation accidentelle d'informations personnelles.

2.2. Sécuriser les modèles d'intelligence artificielle

Une protection efficace ne concerne pas seulement les données, mais aussi les algorithmes et modèles d'IA eux-mêmes :

- Validation rigoureuse des données d'entraînement : s'assurer que les données utilisées pour entraîner le modèle ne sont pas biaisées ou corrompues par un attaquant.
- Surveillance et détection d'intrusion : mettre en place des systèmes de détection d'anomalies capables d'identifier des comportements suspects dans les flux de données et les décisions prises par l'IA.
- Mise en place d'un cadre d'audit continu : auditer régulièrement les modèles d'IA pour identifier d'éventuelles failles et garantir leur conformité aux exigences réglementaires.

2.3. Se conformer aux réglementations en matière de protection des données

Les lois et réglementations en vigueur encadrent strictement l'usage des données dans les systèmes d'IA :

- Règlement Général sur la Protection des Données (RGPD) en Europe, qui impose des exigences strictes en matière de gestion et de protection des données personnelles.
- Lois sectorielles comme le Health Insurance Portability and Accountability Act (HIPAA) pour les données de santé ou le California Consumer Privacy Act (CCPA) pour la protection des consommateurs aux États-Unis.

Les entreprises doivent veiller à se conformer à ces cadres juridiques sous peine de sanctions financières pouvant atteindre plusieurs millions d'euros.

3. Cybersécurité et IA : une approche défensive et proactive

L'IA peut aussi être un levier stratégique pour renforcer la cybersécurité de l'entreprise. Les technologies d'intelligence artificielle sont de plus en plus utilisées pour protéger les systèmes informatiques contre les cyberattaques.

3.1. Détection proactive des menaces

L'IA permet d'analyser en temps réel d'énormes volumes de données issues des réseaux, détectant ainsi des anomalies et des comportements suspects. Ces outils sont capables de repérer des attaques sophistiquées, comme les menaces avancées persistantes (APT), avant qu'elles ne causent des dommages.

3.2. Réponse automatisée aux incidents

Grâce à l'automatisation, l'IA permet une réponse rapide et coordonnée aux cyberattaques :

- Blocage automatique d'activités suspectes basé sur des schémas de comportement détectés.
- Autocorrection des failles de sécurité en appliquant des correctifs sans intervention humaine.
- Analyse post-incident pour comprendre et prévenir de futures attaques.

3.3. Protection contre l'usurpation d'identité et la fraude

Les algorithmes de machine learning peuvent identifier des comportements frauduleux en analysant les habitudes des utilisateurs et en détectant toute activité inhabituelle. Cela est particulièrement utile dans les secteurs bancaires, e-commerce ou encore pour sécuriser l'accès aux ressources internes des entreprises.

4. Construire une culture de la cybersécurité dans l'entreprise

Les technologies seules ne suffisent pas : la sensibilisation et la formation des employés jouent un rôle clé dans la protection des données et des infrastructures d'intelligence artificielle.

- Former les équipes à reconnaître les cybermenaces courantes (hameçonnage, social engineering, malware).
- Mettre en place des politiques strictes en matière de gestion des mots de passe, d'accès aux ressources et d'usage des outils numériques.
- Simuler des attaques et tester la résilience des systèmes à travers des audits et des exercices de cybersécurité réguliers.

La cybersécurité et la protection des données sont des piliers fondamentaux pour une implémentation réussie de l'intelligence artificielle en entreprise. En adoptant des mesures de sécurité avancées, en s'appuyant sur des standards réglementaires stricts et en intégrant l'IA elle-même dans la défense des systèmes informatiques, une entreprise peut à la fois exploiter le potentiel de l'IA tout en minimisant les risques inhérents. La sécurité ne doit jamais être un aspect secondaire, mais une condition essentielle au succès et à la pérennité de toute initiative basée sur l'intelligence artificielle.

3.3.3 Résistance au changement et adoption par les employés

L'adoption de l'intelligence artificielle dans une entreprise ne repose pas uniquement sur des considérations technologiques ou financières. L'un des principaux défis réside dans la gestion de la résistance au changement. Les employés, confrontés à une transformation de leurs méthodes de travail, peuvent ressentir des craintes, de l'incertitude, voire du rejet. Pour garantir une intégration réussie, il est essentiel d'anticiper cette résistance et de mettre en place des stratégies efficaces pour favoriser l'adhésion.

Comprendre les causes de la résistance au changement

Les réactions négatives vis-à-vis de l'IA trouvent souvent leur origine dans plusieurs facteurs psychologiques et organisationnels :

- Peur de l'inconnu : L'intelligence artificielle est perçue comme une technologie abstraite et difficile à comprendre. Son introduction suscite des inquiétudes sur la manière dont elle affectera les tâches quotidiennes et les rôles existants.
- Crainte de la perte d'emploi : L'automatisation qu'apporte l'IA peut être interprétée comme une menace directe sur l'emploi de certains collaborateurs, en particulier pour les tâches répétitives ou analytiques.
- Manque de compétences : Certains employés peuvent se sentir dépassés par la complexité perçue de l'IA et craindre de ne pas être en mesure d'acquérir les compétences nécessaires pour travailler efficacement avec

ces outils.

- Attachement aux méthodes traditionnelles : Les employés expérimentés, habitués à des processus éprouvés, peuvent exprimer une réticence à changer une manière de travailler qui leur semble parfaitement fonctionnelle.
- Méfiance envers la technologie : L'IA peut être perçue comme une boîte noire dont les décisions sont difficiles à interpréter, ce qui engendre un manque de confiance de la part des utilisateurs.

Stratégies pour faciliter l'adoption de l'IA

Une adoption réussie de l'intelligence artificielle ne peut être imposée de manière brutale. Elle nécessite une approche progressive et inclusive, mettant en avant les bénéfices tout en répondant aux préoccupations des employés.

1. Sensibiliser et communiquer de manière transparente

Avant toute implémentation, il est fondamental de démystifier l'IA. Cela passe par une communication claire et transparente qui explique les raisons de son adoption, ses avantages concrets et ses impacts réels sur les employés.

- Organiser des réunions d'information où la direction et les experts en IA détaillent le projet et répondent aux questions.
- Présenter des cas d'usage concrets démontrant comment l'IA améliore les conditions de travail et optimise les performances sans remplacer systématiquement l'humain.
- Mettre en avant des entreprises similaires ayant réussi leur transition vers l'IA avec des résultats positifs pour les employés.

2. Impliquer les employés dès le début du projet

Les collaborateurs doivent se sentir partie prenante de l'initiative et non simples spectateurs d'une transformation imposée.

- Intégrer des représentants des différents services dans le processus de sélection et d'évaluation des solutions IA.
- Favoriser une approche participative en recueillant l'avis des employés

sur leurs besoins et sur la manière dont l'IA pourrait les aider dans leur travail quotidien.
- Tester progressivement la technologie avec des groupes pilotes avant une généralisation, permettant ainsi d'ajuster le déploiement et de rassurer les utilisateurs finaux.

3. Former et accompagner les collaborateurs

L'adoption de l'intelligence artificielle ne peut réussir sans un programme de formation adapté. Il est essentiel d'aider les employés à acquérir les compétences nécessaires pour tirer pleinement parti des nouvelles solutions.

- Proposer des sessions de formation adaptées aux différents niveaux de compétences, allant des bases de l'IA aux formations plus techniques pour les spécialistes.
- Mettre en place des mentorats où des employés plus avancés dans l'adoption de l'IA peuvent aider leurs collègues.
- Fournir des ressources accessibles, telles que des tutoriels, des démonstrations pratiques et des supports pédagogiques interactifs.

4. Valoriser les bénéfices de l'IA pour les employés

Il est crucial de montrer que l'IA n'est pas une contrainte, mais un levier d'amélioration du travail quotidien.

- Insister sur les tâches répétitives ou chronophages qu'elle peut automatiser, libérant du temps pour des missions plus stratégiques ou créatives.
- Illustrer comment elle peut améliorer la prise de décision en fournissant des analyses poussées et en réduisant les erreurs humaines.
- Présenter les bénéfices en termes de flexibilité et de confort de travail : meilleure gestion des flux d'information, diminution des tâches administratives, augmentation de la satisfaction client, etc.

5. Créer une culture d'innovation et d'amélioration continue

L'IA doit être perçue comme un outil évolutif qui s'intègre progressivement dans les processus de travail.

- Encourager une mentalité axée sur l'expérimentation où les employés peuvent tester de nouvelles approches sans crainte d'échec.
- Mettre en place un retour d'expérience régulier afin d'adapter la technologie aux besoins concrets des équipes.
- Récompenser les employés impliqués dans l'adoption de l'IA par des reconnaissances officielles, des incitations ou des opportunités de carrière.

Surmonter les derniers freins psychologiques

Malgré une approche structurée, certaines résistances peuvent subsister. Il est alors essentiel de les gérer avec diplomatie et patience.

- Adopter une posture d'écoute active et prendre en compte les inquiétudes déraisonnées en apportant des réponses factuelles et rassurantes.
- Identifier les « ambassadeurs de l'IA » parmi les employés les plus convaincus, capables d'influencer positivement leurs collègues.
- Mettre en avant des réussites internes démontrant concrètement comment l'IA a amélioré la qualité du travail et renforcé la place des employés dans l'entreprise.

L'intégration de l'intelligence artificielle ne repose pas uniquement sur des choix technologiques ou financiers, mais avant tout sur une gestion du changement efficace. La résistance des employés ne doit pas être perçue comme un obstacle insurmontable, mais comme une opportunité d'adapter l'IA aux réalités du terrain. En combinant communication transparente, formation, implication et accompagnement, une entreprise peut faire de l'IA un atout pour l'ensemble de ses collaborateurs, favorisant ainsi une adoption fluide et pérenne.

3.4 Comprendre les enjeux de l'intelligence artificielle en entreprise

L'intelligence artificielle (IA) est devenue un levier stratégique majeur pour les entreprises cherchant à accroître leur compétitivité, réduire leurs coûts et optimiser leurs processus internes. Son implémentation, bien que souvent perçue comme complexe, peut s'avérer simple et efficace si elle est menée avec méthode. Ce chapitre a pour objectif d'exposer les étapes essentielles pour une adoption réussie de l'IA en entreprise, en mettant l'accent sur l'optimisation des profits et la réduction des coûts.

Identifier les besoins et les opportunités

Avant d'intégrer des solutions d'IA, il est crucial d'analyser les besoins spécifiques de l'entreprise. Il s'agit de déterminer les processus répétitifs, les activités chronophages ou les points de friction susceptibles d'être automatisés ou améliorés grâce à l'IA.

Une évaluation préalable permet d'identifier les opportunités à fort impact :
- Automatisation des tâches administratives (traitement des emails, génération de rapports, gestion des plannings).
- Optimisation des opérations de production (maintenance prédictive, gestion des stocks).
- Amélioration de l'expérience client (chatbots, personnalisation des recommandations).
- Analyse prédictive et aide à la prise de décision (prévisions de ventes, détection des tendances du marché).

Un diagnostic précis permet d'éviter les erreurs courantes, telles que le déploiement de solutions inadaptées ou trop complexes qui généreraient des coûts inutiles.

Choisir les bonnes technologies

Il existe de multiples solutions d'IA accessibles aux entreprises, adaptées à différents niveaux de maturité technologique. Le choix des outils doit être orienté en fonction des besoins identifiés et des ressources disponibles.

Parmi les solutions les plus utilisées, on retrouve :
- Les systèmes de traitement du langage naturel (NLP) : pour automatiser l'interaction avec les clients ou analyser des documents volumineux.
- Les algorithmes d'apprentissage automatique (machine learning) : utilisés pour la prévision des ventes, l'analyse des comportements

consommateurs ou la gestion des risques.
- Les outils de vision par ordinateur : pertinents pour l'inspection qualité automatisée dans l'industrie.

L'adoption d'une technologie doit être alignée avec le retour sur investissement escompté. Une analyse coûts-avantages permet de garantir que l'implémentation génère une réelle valeur ajoutée à l'entreprise.

Intégrer progressivement l'IA

Plutôt que de transformer radicalement l'ensemble des processus d'un coup, il est recommandé d'adopter une approche progressive. Un déploiement pilote permet d'évaluer les performances d'une solution d'IA sur un périmètre restreint avant de procéder à une généralisation.

Les étapes clés d'une intégration réussie sont les suivantes :
1. Phase exploratoire : identification des cas d'usage et choix des technologies adaptées.
2. Phase de test (Proof of Concept – PoC) : mise en place d'un projet pilote sur un échantillon restreint.
3. Évaluation des résultats : collecte des données sur les gains de productivité et l'impact financier.
4. Ajustements et optimisation : amélioration des modèles IA en fonction des retours d'expérience.
5. Déploiement à grande échelle : intégration progressive dans les processus globaux de l'entreprise.

Cette approche permet de minimiser les risques, d'ajuster les solutions en fonction des réalités du terrain et de convaincre les parties prenantes de l'intérêt de l'IA.

Former les équipes et accompagner le changement

Une implémentation réussie de l'IA repose autant sur la technologie que sur l'humain. Les collaborateurs doivent être préparés aux évolutions que l'IA apporte dans leurs missions quotidiennes.

Dans cette optique, plusieurs actions sont recommandées :
- Sensibilisation des équipes : démonstration des bénéfices concrets de l'IA

dans l'amélioration du travail.
- Formation continue : acquisition de compétences de base en IA pour les utilisateurs finaux.
- Accompagnement du changement : mise en place d'un dialogue transparent sur l'impact de l'IA sur l'emploi et les rôles.

Une communication claire et pédagogique diminue les résistances et favorise l'adhésion des équipes à cette transformation numérique.

Mesurer et ajuster en continu

L'implémentation de l'IA n'est pas un processus figé : elle nécessite une évaluation continue pour s'assurer qu'elle répond toujours aux objectifs initiaux.

Les indicateurs de performance clés (KPIs) doivent être définis dès le départ afin de mesurer avec précision l'impact de l'IA sur l'entreprise. Parmi les métriques les plus courantes :
- Gain de temps sur les processus automatisés.
- Réduction des coûts opérationnels.
- Amélioration de la satisfaction client.
- Augmentation des revenus grâce à une meilleure personnalisation des services.

Si les résultats ne sont pas conformes aux attentes, il convient d'itérer en ajustant les modèles utilisés, en optimisant les algorithmes ou en affinant les paramètres d'apprentissage.

L'implémentation de l'intelligence artificielle en entreprise est un levier puissant d'optimisation et de croissance. En adoptant une approche méthodique basée sur l'analyse des besoins, le choix adapté des technologies, une mise en place progressive et un accompagnement des équipes, toute organisation peut en tirer des bénéfices significatifs. L'IA, loin d'être une contrainte technologique, est un atout stratégique qui, bien exploité, permet d'améliorer la compétitivité et de maximiser les profits tout en réduisant les coûts.

4 Mettre en place une stratégie d'implémentation de l'IA

L'implémentation réussie de l'intelligence artificielle dans une entreprise repose sur une stratégie claire et méthodique. Une adoption précipitée ou mal planifiée peut conduire à des surcoûts, des résistances internes et des résultats décevants. Il est donc essentiel d'établir une feuille de route rigoureuse, alignée sur les objectifs de l'entreprise et prenant en compte les enjeux humains, techniques et financiers.

1. Définir les objectifs stratégiques
Avant toute implémentation, il est primordial d'identifier précisément les gains attendus. L'IA peut être utilisée pour automatiser des tâches répétitives, améliorer la prise de décision grâce à l'analyse de données ou encore optimiser l'expérience client. Chaque entreprise doit établir ses priorités en fonction de son secteur et de ses besoins spécifiques.

L'analyse des processus actuels permet de repérer les inefficacités et de déterminer les domaines où l'IA apportera le plus de valeur. Pour cela, il est recommandé de mener un audit interne, en impliquant les équipes concernées. Cet exercice permet d'évaluer les points de friction opérationnels et de définir des indicateurs de performance (KPIs) précis pour mesurer l'impact futur de l'IA.

2. Obtenir l'adhésion des parties prenantes
L'implémentation d'une technologie aussi transformative que l'IA peut susciter des résistances. Les collaborateurs peuvent percevoir cette avancée comme une menace pour leurs emplois ou comme une modification majeure de leurs habitudes de travail.

Il est crucial de sensibiliser et de former les équipes dès les premières étapes du projet. La communication doit être transparente, expliquant comment l'IA va compléter le travail humain plutôt que le remplacer. Un programme de formation doit être déployé pour aider les employés à monter en compétences et à utiliser ces nouveaux outils avec confiance.

Par ailleurs, l'engagement des dirigeants est essentiel. Leur appui facilitera l'allocation des ressources et l'adoption de l'IA au sein de la culture d'entreprise. En nommant un chef de projet IA ou un comité de pilotage, l'entreprise s'assure d'une coordination efficace entre les différentes parties prenantes.

3. Choisir les bonnes solutions technologiques
Toutes les solutions d'IA ne sont pas adaptées à toutes les entreprises. Un choix judicieux s'appuie tant sur les besoins business que sur les capacités techniques.

Les entreprises doivent se poser plusieurs questions fondamentales :
- Doivent-elles développer une solution sur mesure ou utiliser un outil existant ?
- Quels sont les investissements en infrastructures et en compétences nécessaires ?
- Quel niveau d'intégration avec les systèmes existants sera requis ?

Une POC (Proof of Concept) est souvent une étape clé. Elle permet de tester une solution IA sur un périmètre restreint avant de la déployer à grande échelle. Cette approche limite les risques financiers et opérationnels. De plus, l'usage de solutions cloud ou SaaS peut offrir une flexibilité appréciable, notamment pour les PME n'ayant pas les moyens d'internaliser la gestion de ces technologies.

4. Planifier un déploiement progressif
Un déploiement progressif réduit les risques et facilite l'adoption interne. Il est recommandé de commencer par des projets pilotes sur des processus bien définis et d'évaluer les résultats obtenus. L'objectif est d'observer l'impact de l'IA sur la productivité, les coûts et la satisfaction des collaborateurs.

Une méthodologie agile est souvent bénéfique dans ce processus. Elle permet d'ajuster l'approche en fonction des retours du terrain et d'optimiser en continu la solution. Les premiers succès obtenus alimentent ensuite la motivation des équipes et renforcent la légitimité du projet.

5. Contrôler les résultats et ajuster la stratégie
L'implémentation de l'IA ne s'arrête pas à son déploiement. Un suivi régulier des performances est indispensable pour s'assurer que les gains escomptés sont bien atteints. Des tableaux de bord doivent être mis en

place avec des métriques claires (réduction des coûts, amélioration de la productivité, gains de temps, satisfaction client, etc.).

Si les résultats ne sont pas à la hauteur des attentes, il convient d'identifier les blocages et d'adapter la stratégie. Parfois, l'IA peut nécessiter un affinement des modèles, une meilleure qualité des données ou encore un accompagnement renforcé des utilisateurs.

6. Assurer une gouvernance et une éthique de l'IA
Enfin, une implémentation réussie repose sur une gouvernance solide. L'IA soulève des enjeux éthiques (biais algorithmiques, protection des données, transparence des décisions) qui doivent être intégrés dès la phase de conception.

Les entreprises doivent se conformer aux réglementations en vigueur (comme le RGPD en Europe) et garantir que l'IA est utilisée de manière transparente et responsable. La mise en place d'un cadre de contrôle, éventuellement avec un comité éthique, permet d'assurer que les décisions prises via l'IA restent alignées sur les valeurs et la mission de l'entreprise.

Mettre en place une stratégie d'implémentation de l'IA efficace demande une approche rigoureuse et progressive. Il ne s'agit pas simplement d'adopter une technologie tendance, mais de bâtir un véritable levier de croissance aligné avec les objectifs de l'entreprise. En définissant des objectifs clairs, en mobilisant les équipes, en choisissant les bonnes solutions technologiques et en déployant une gouvernance responsable, les entreprises maximisent les chances de réussite de leur transition vers l'intelligence artificielle.

4.1 Élaborer un plan d'action

Après avoir défini les objectifs stratégiques de l'entreprise et identifié les opportunités qu'offre l'intelligence artificielle, il est impératif de structurer un plan d'action clair et détaillé. Ce plan servira de feuille de route pour garantir une mise en œuvre efficace et mesurable de l'IA dans les processus de l'entreprise.

Définir les objectifs concrets et mesurables

Avant de lancer une quelconque initiative liée à l'IA, il convient de formuler précisément les résultats attendus. Ces objectifs doivent être alignés sur la stratégie globale de l'entreprise, qu'il s'agisse d'optimiser la production, d'améliorer l'expérience client, d'automatiser certaines tâches, ou encore de renforcer la prise de décision par l'analyse avancée des données.

Chaque objectif doit être spécifique, mesurable, atteignable, réaliste et temporellement défini (SMART). Par exemple, remplacer l'analyse manuelle des données clients par un algorithme de machine learning capable d'augmenter le taux de conversion de 15 % en six mois constitue un objectif valide.

Identifier les priorités et établir une feuille de route

L'intégration de l'IA ne peut ni ne doit se faire de manière précipitée. Il est crucial d'identifier les projets les plus porteurs et de prioriser leur mise en œuvre selon leur impact et leur faisabilité.

1. Cartographier les processus existants : Il est essentiel d'identifier les domaines où l'IA apportera la plus grande valeur ajoutée. Une analyse des workflows actuels mettra en lumière les tâches récurrentes, chronophages ou sujettes aux erreurs humaines.
2. Évaluer la disponibilité et la qualité des données : Sans données structurées et exploitables, l'IA ne pourra pas fonctionner correctement. Il convient d'assurer que l'entreprise dispose des volumes de données nécessaires et d'examiner leur pertinence et leur fiabilité.
3. Déterminer les solutions technologiques adaptées : Selon les besoins, le choix peut se porter sur des solutions existantes (préconçues et éprouvées) ou sur des développements sur mesure. Cette décision dépendra de la complexité du problème et des ressources disponibles.
4. Planifier une mise en œuvre progressive : Plutôt que de procéder à des changements brutaux, il est recommandé de débuter par des projets pilotes sur des périmètres limités, permettant ainsi d'évaluer rapidement l'efficacité des solutions déployées avant une extension à plus grande échelle.

Constituer une équipe dédiée et définir les rôles

La réussite du projet repose sur l'implication des équipes internes et la mise en place d'une gouvernance adaptée. Il faut identifier les acteurs indispensables à cette mise en œuvre :

- Dirigeants et décideurs : Ils jouent un rôle clé dans le soutien stratégique et la disponibilité des ressources nécessaires.
- Équipe IT et data scientists : Ces experts sont chargés de développer ou d'adapter les modèles d'IA aux enjeux de l'organisation.
- Responsables métiers : Ils s'assurent que les solutions implémentées répondent aux réels besoins des différents départements.
- Utilisateurs finaux : Le personnel concerné doit être impliqué dès le début afin d'assurer une appropriation fluide des nouveaux outils.

Une communication fluide entre ces acteurs est cruciale pour éviter les silos et garantir une adoption efficace.

Évaluer les coûts et anticiper le retour sur investissement

L'IA doit être perçue comme un levier d'amélioration des performances financières. Une analyse approfondie des ressources nécessaires, incluant les coûts logiciels, matériels et humains, permettra de mieux calibrer l'investissement.

L'entreprise doit se poser des questions précises :

- Quel est le coût des infrastructures technologiques nécessaires ?
- La mise en œuvre nécessitera-t-elle des formations pour les employés ?
- Quel est le gain attendu en termes de productivité et de réduction des coûts opérationnels ?
- Combien de temps faudra-t-il avant d'observer un retour mesurable sur investissement ?

Disposer d'une évaluation chiffrée et réaliste permet d'ajuster la stratégie et de garantir la viabilité du projet IA sur le long terme.

Mettre en place un cadre de suivi et d'amélioration continue

Un projet IA n'est pas figé ; il requiert un suivi attentif et une adaptation en fonction des résultats observés. Pour assurer son efficacité, une méthodologie de mesure de performances doit être instaurée en amont grâce à des indicateurs clés de performance (KPI).

Quelques indicateurs pertinents :

- Précision des algorithmes : Évaluer la qualité des prédictions ou recommandations faites par le modèle IA.
- Réduction des coûts opérationnels : Mesurer l'impact financier des automatisations mises en place.
- Temps gagné sur les processus internes : Comparer la productivité avant et après l'implémentation des outils IA.
- Satisfaction des utilisateurs : Recueillir les retours des employés et des clients pour ajuster les solutions.

Il faut également prévoir une capacité d'ajustement, car l'IA évolue. Une veille technologique et une évaluation régulière des infrastructures permettront à l'entreprise d'améliorer en continu ses solutions et de conserver un avantage concurrentiel.

 Conduire le changement et accompagner les équipes

L'introduction de l'IA peut susciter des craintes en interne, notamment en raison des possibles restructurations qu'elle peut impliquer. Il est donc crucial d'adopter une démarche pédagogique et d'expliquer clairement les bénéfices attendus.

L'entreprise doit s'appuyer sur plusieurs leviers :

- Communiquer sur les avantages : Expliquer comment l'IA facilitera le travail quotidien des employés plutôt que de les remplacer.
- Former les équipes : Offrir des formations adaptées pour garantir une prise en main optimale des outils IA.
- Valoriser les réussites : Mettre en avant les premiers résultats positifs pour accélérer l'adhésion interne.

Engager les collaborateurs dans cette transformation est un facteur clé pour la réussite du projet sur le long terme.

L'élaboration d'un plan d'action structuré et méthodique est un prérequis indispensable pour réussir l'intégration de l'IA dans une entreprise. En alignant les objectifs stratégiques, en impliquant les parties prenantes, et en instaurant un suivi rigoureux des performances, l'entreprise se donne les moyens de maximiser les bénéfices et d'assurer une implémentation efficace et pérenne.

4.1.1 Définition des étapes de déploiement

L'implantation de l'intelligence artificielle au sein d'une entreprise repose sur un processus structuré, garantissant une adoption efficace et un retour sur investissement rapide. Ce processus peut être divisé en plusieurs étapes essentielles, chacune jouant un rôle clé dans la réussite du déploiement.

1. Identification des objectifs stratégiques

Avant toute intégration de l'IA, il est crucial de définir clairement les objectifs stratégiques que l'entreprise souhaite atteindre. Ces objectifs peuvent inclure l'optimisation des processus internes, l'amélioration de l'expérience client, la réduction des coûts opérationnels ou l'augmentation des revenus. Une analyse approfondie doit être menée afin d'identifier les domaines où l'IA apportera une valeur ajoutée significative.

Les décideurs doivent se poser les bonnes questions : Quel problème spécifique l'IA doit-elle résoudre ? Quels sont les indicateurs de performance (KPI) qui permettront de mesurer le succès du projet ? Cette phase permet d'aligner l'initiative IA avec les ambitions globales de l'entreprise.

2. Évaluation des données disponibles

L'intelligence artificielle repose sur l'exploitation des données. Il est donc essentiel d'effectuer un audit des données disponibles afin d'évaluer leur qualité, leur accessibilité et leur pertinence par rapport aux objectifs définis.

L'entreprise doit répondre à plusieurs interrogations : Les données sont-elles structurées ou non ? Sont-elles suffisamment volumineuses et fiables pour entraîner un modèle IA performant ? Un travail de nettoyage et de consolidation des données sera souvent nécessaire pour garantir des résultats précis et exploitables.

Si les données sont insuffisantes, l'entreprise peut envisager des stratégies de collecte supplémentaires, via l'automatisation des flux d'information ou l'acquisition de sources externes.

3. Sélection de la technologie et des outils

Une fois les objectifs et les données définis, l'étape suivante consiste à sélectionner la technologie IA adaptée aux besoins de l'entreprise. Le choix des outils doit tenir compte de plusieurs aspects :

- Type de modèle IA : Machine learning supervisé ou non supervisé, réseaux de neurones, traitement du langage naturel, vision par ordinateur, etc.
- Technologies disponibles : Solutions cloud, plateformes open source, outils spécifiques développés en interne ou par des prestataires tiers.
- Compatibilité avec l'infrastructure existante : L'intégration de l'IA doit s'harmoniser avec les logiciels et systèmes en place afin d'éviter des coûts supplémentaires liés à des refontes technologiques trop lourdes.

Les entreprises peuvent choisir entre des solutions prêtes à l'emploi (comme les API d'IA des grandes entreprises technologiques) ou des développements sur mesure si leurs besoins sont plus spécifiques.

4. Phase de prototypage et de validation

Le déploiement de l'IA commence généralement par la réalisation d'un prototype ou d'un projet pilote. L'objectif de cette phase est de tester le modèle sur un périmètre restreint avant une mise en œuvre à grande échelle.

Cette démarche permet d'évaluer l'efficacité des algorithmes, d'ajuster les paramètres et de mesurer les performances initiales. Il est essentiel d'impliquer les parties prenantes concernées dès cette étape afin de recueillir leurs retours et d'optimiser le modèle en fonction des besoins réels des utilisateurs.

À l'issue de cette phase, un rapport d'évaluation doit être établi pour valider la pertinence du prototype avant d'entamer son déploiement général. Les critères d'évaluation incluent l'exactitude des prédictions, l'impact opérationnel et la facilité d'intégration avec les processus existants.

5. Déploiement progressif et intégration opérationnelle

Le passage du prototype à l'implémentation complète doit être progressif. Un déploiement immédiat à grande échelle peut entraîner des risques opérationnels si des ajustements sont encore nécessaires. Il est préférable d'introduire l'IA par étapes, en ciblant d'abord un périmètre restreint (par exemple, un département ou une fonction spécifique) avant d'étendre progressivement son utilisation à toute l'entreprise.

L'intégration de l'IA doit aussi s'accompagner d'une évolution des processus métiers. Il peut être nécessaire d'adapter l'organisation du travail, d'automatiser certaines tâches et de mettre en place de nouveaux outils de suivi pour garantir une adoption efficace.

6. Formation et accompagnement des équipes

Le succès du déploiement ne repose pas uniquement sur la technologie, mais aussi sur les collaborateurs qui l'utiliseront. Une formation adéquate est indispensable pour garantir une adoption fluide de l'IA au sein de l'entreprise.

Les employés doivent comprendre le fonctionnement des outils d'IA et savoir comment interpréter les résultats produits. Une sensibilisation aux enjeux éthiques liés à l'IA, notamment en matière de biais algorithmiques ou de confidentialité des données, peut également être utile.

L'entreprise doit accompagner ses équipes durant toute la phase d'intégration, en mettant en place une assistance technique et en désignant des référents spécialisés capables d'apporter un soutien opérationnel.

7. Suivi, optimisation et amélioration continue

L'IA n'est pas une solution figée ; elle requiert un suivi régulier pour garantir son efficacité sur le long terme. Une fois déployée, il est crucial de mettre en place un système de monitoring permettant d'évaluer les performances du modèle et d'identifier d'éventuelles dérives.

Les données issues de l'IA doivent être analysées en continu afin d'améliorer l'algorithme et d'optimiser les processus métiers en fonction des résultats observés. Des mises à jour régulières, fondées sur des retours d'expérience et des avancées technologiques, permettront d'assurer une amélioration constante des performances.

Enfin, il est recommandé d'établir des indicateurs précis pour mesurer l'impact de l'IA sur l'activité de l'entreprise : augmentation de la productivité, réduction des coûts, amélioration de l'expérience client, etc. Ce suivi permettra d'affiner la stratégie IA et d'identifier de nouveaux leviers d'optimisation.

L'implémentation de l'IA au sein d'une entreprise repose sur un processus structuré et méthodique. Chaque étape – de la définition des objectifs au suivi post-déploiement – doit être rigoureusement planifiée pour garantir une adoption réussie. En respectant ces principes, les entreprises pourront exploiter pleinement le potentiel de l'intelligence artificielle afin d'accroître leur compétitivité, améliorer leur efficacité et générer des gains financiers substantiels.

4.1.2 Sélection des solutions adaptées

Une fois que les besoins en intelligence artificielle (IA) ont été identifiés et priorisés au sein de l'entreprise, il est essentiel de sélectionner les solutions les plus adaptées. Cette étape est cruciale, car un mauvais choix peut non seulement ralentir l'adoption de l'IA, mais aussi engendrer des coûts inutiles et compromettre la rentabilité du projet.

1. Définir les critères de sélection

Avant de comparer les différentes options disponibles, il est important d'établir des critères précis permettant d'évaluer chaque solution. Ces critères doivent refléter les objectifs stratégiques de l'entreprise et inclure :

- L'adéquation avec les besoins métiers : La solution IA doit répondre précisément au problème ciblé et s'intégrer facilement aux processus existants.
- La scalabilité : L'outil choisi doit pouvoir évoluer avec l'entreprise, en s'adaptant à une augmentation du volume de données ou à une extension vers d'autres cas d'usage.
- L'intégration avec les systèmes existants : Une compatibilité avec les logiciels et infrastructures IT en place est essentielle pour éviter des coûts de migration élevés et garantir une adoption sans friction.
- La facilité d'utilisation : Une solution trop complexe découragera son adoption par les équipes. Il est donc indispensable qu'elle bénéficie d'une interface intuitive et d'un accompagnement approprié.
- Les performances et la fiabilité : Les modèles doivent générer des résultats précis, avec un faible taux d'erreur et une capacité d'apprentissage continue.
- Le coût total de possession (TCO - Total Cost of Ownership) : Ce critère inclut les coûts d'acquisition, de maintenance, de formation et d'exploitation, afin d'éviter les mauvaises surprises budgétaires.
- La sécurité et la conformité : Les questions de protection des données et de respect des réglementations (RGPD, HIPAA, etc.) doivent être prises en considération dès le début du processus.

2. Comparer les types de solutions disponibles

Il existe plusieurs catégories de solutions IA, chacune avec ses spécificités et applications. Le choix dépendra du degré de personnalisation requis, des ressources internes et du budget disponible.

- Solutions prêtes à l'emploi : Ces outils sont développés par des fournisseurs tiers et permettent une implémentation rapide. Ils conviennent aux entreprises souhaitant bénéficier des avantages de l'IA sans investir dans le développement de modèles spécifiques. Exemples : chatbots, moteurs de recommandation, solutions d'analyse prédictive.
- Solutions personnalisables : Offrant davantage de flexibilité, ces solutions

fournissent un cadre préconstruit (API, frameworks open-source, plateformes IA) que l'entreprise peut adapter à ses besoins. Elles nécessitent cependant des compétences internes en data science ou un accompagnement externe.

- Développements sur mesure : Cette approche consiste à créer une IA spécifique à l'entreprise, soit en interne, soit avec l'aide d'un fournisseur spécialisé. Bien que cette option assure une adaptation totale aux besoins, elle est aussi plus coûteuse et plus longue à mettre en place.

3. Comparer les fournisseurs et les technologies

Une fois le type de solution identifié, il est nécessaire d'évaluer les fournisseurs. Plusieurs éléments doivent être analysés :

- La réputation et l'expérience du fournisseur : Travailler avec un acteur reconnu sur le marché réduit les risques. Les références clients et études de cas sont des indicateurs précieux pour évaluer la fiabilité d'une solution.
- Le support technique et l'accompagnement : Un bon fournisseur doit offrir une assistance efficace et réactive en cas de problème. Certains proposent également des formations pour faciliter l'adoption de l'IA par les équipes.
- L'évolutivité de la technologie : Il est important de s'assurer que la solution pourra intégrer les innovations futures et ne deviendra pas obsolète rapidement.
- Les performances des algorithmes : Des tests et des benchmarks doivent être réalisés pour mesurer l'efficacité du modèle en fonction des données spécifiques de l'entreprise.

4. Tester les solutions avant la sélection finale

Avant de prendre une décision définitive, il est recommandé de réaliser des Proofs of Concept (PoC) ou des projets pilotes. Ces essais permettent d'évaluer concrètement les performances des solutions dans un contexte réel, en analysant :

- La qualité des résultats
- L'aisance d'intégration dans l'environnement de travail
- L'acceptabilité par les utilisateurs finaux
- Le retour sur investissement potentiel

L'objectif est de réduire les incertitudes et de s'assurer que la technologie fonctionne réellement conformément aux besoins métiers. À l'issue de cette phase, une validation des parties prenantes est nécessaire avant de passer à la mise en production.

5. Prendre en compte l'aspect humain et organisationnel

En parallèle de la sélection technologique, il est essentiel d'accompagner le changement au sein de l'entreprise. L'introduction de l'IA peut parfois susciter des inquiétudes parmi les employés, notamment en termes d'impact sur leurs tâches ou de potentielle automatisation de leurs fonctions. Une communication claire ainsi qu'une formation adaptée sont donc indispensables pour favoriser l'adhésion des équipes.

Les entreprises qui réussissent leur transition vers l'IA sont celles qui considèrent la technologie comme un levier d'amélioration des performances humaines plutôt qu'un simple outil d'automatisation.

La sélection des solutions IA adaptées repose sur une analyse méthodique des besoins, une évaluation rigoureuse des outils disponibles, et une phase de tests permettant de confirmer l'adéquation avec les objectifs de l'entreprise. En combinant une bonne préparation avec une approche pragmatique, il est possible d'implémenter l'IA efficacement pour maximiser les profits et réduire les coûts, tout en limitant les risques opérationnels.

4.1.3 Élaboration d'un calendrier et répartition des responsabilités

La mise en place d'un projet d'intelligence artificielle au sein d'une entreprise nécessite une planification rigoureuse. Une fois les objectifs définis et les ressources identifiées, il est essentiel d'établir un calendrier détaillé et d'attribuer clairement les responsabilités afin d'assurer une exécution fluide et efficace. Cette étape permet d'éviter les retards, de maintenir la motivation des équipes et de garantir que chaque acteur connaît son rôle et ses attentes.

Définition des étapes clés

L'élaboration du calendrier débute par l'identification des différentes phases du projet. Un projet d'IA suit généralement les étapes suivantes :

1. Analyse des besoins et cadrage – Recueil des problématiques, définition des objectifs et validation du périmètre du projet.
2. Collecte et préparation des données – Identification des sources de données, nettoyage, structuration et prétraitement afin d'assurer une base exploitable.
3. Développement du modèle – Sélection des algorithmes adaptés, entraînement du modèle et validation des performances.
4. Intégration et déploiement – Mise en production du modèle dans l'environnement technique de l'entreprise.
5. Tests et ajustements – Vérification des résultats, optimisation des performances et correction des éventuelles erreurs.
6. Formation des collaborateurs – Accompagnement des équipes métier et techniques à l'utilisation de la solution IA.
7. Suivi et amélioration continue – Surveillance des performances, maintenance et mise à jour du modèle pour garantir sa pertinence dans le temps.

Chacune de ces phases doit être découpée en sous-tâches avec des délais réalistes, en prenant en compte d'éventuelles contraintes techniques ou organisationnelles.

Attribution des responsabilités

La réussite du projet dépend de l'implication des parties prenantes à chaque niveau. Il est donc primordial de répartir les responsabilités entre les différents acteurs impliqués en fonction de leurs compétences.

- Chef de projet IA : Responsable du suivi global, de la coordination inter-services et de la validation des jalons.
- Data Scientists et Ingénieurs IA : En charge de la conception, de l'entraînement et de l'optimisation des modèles d'intelligence artificielle.

- Experts métier : Fournissent les connaissances spécifiques à l'entreprise, valident les besoins et analysent la pertinence des résultats générés par l'IA.
- Ingénieurs Data et IT : Garantissent l'accès aux données et assurent l'intégration technologique de la solution.
- Direction : Apporte une vision stratégique, valide les choix technologiques et s'assure de l'adhésion de l'ensemble des équipes.
- Équipe de support et maintenance : Assure le suivi post-déploiement, veille à la résolution des incidents et participe à l'amélioration continue des modèles.

Un document de gouvernance détaillant les rôles et responsabilités doit être mis en place et régulièrement mis à jour pour éviter toute ambiguïté et clarifier les attentes.

Mise en place d'un suivi efficace

Pour garantir le respect du calendrier et des responsabilités attribuées, un suivi rigoureux doit être instauré à plusieurs niveaux :

- Réunions régulières : Points hebdomadaires pour évaluer l'avancement, soulever les obstacles et proposer des ajustements si nécessaire.
- Outils de gestion de projet : Utilisation de plateformes collaboratives permettant de suivre les tâches, documenter les progrès et centraliser les échanges.
- Indicateurs de performance (KPIs) : Définition d'objectifs mesurables pour chaque phase du projet, tels que la précision du modèle, le temps de traitement des données ou l'efficacité de l'intégration.
- Gestion des risques : Identification des points critiques susceptibles de retarder le projet et mise en place de plans de contingence pour y remédier rapidement.

L'engagement de toutes les parties prenantes est essentiel pour garantir le succès de l'implémentation de l'IA. Une organisation bien structurée, un calendrier réaliste et une répartition claire des responsabilités permettent d'assurer une mise en œuvre efficace et d'optimiser les bénéfices attendus.

4.2 Construire une équipe IA

La mise en place d'une intelligence artificielle dans une entreprise ne se résume pas à l'installation d'un logiciel ou à l'achat d'un algorithme performant. Pour que cette transformation soit un succès, il est essentiel de constituer une équipe compétente, dont les membres possèdent des compétences complémentaires et une vision alignée sur les objectifs stratégiques de l'organisation. Construire une équipe IA efficace implique de choisir les bons profils, d'établir une collaboration optimale et de créer un environnement propice à l'innovation et à la performance.

Définir les besoins et les rôles clés

Avant de recruter ou de structurer une équipe IA, il est primordial d'identifier les besoins spécifiques de l'entreprise. L'adoption de l'intelligence artificielle varie selon le secteur d'activité, la maturité technologique et les objectifs stratégiques. Une bonne compréhension des cas d'usage permettra d'orienter la composition de l'équipe et d'éviter le piège d'un recrutement mal ciblé.

Une équipe IA performante repose sur plusieurs expertises clés :

- Le Data Scientist : Il conçoit et entraîne les modèles d'intelligence artificielle. Il maîtrise les algorithmes de machine learning et deep learning, sait manipuler les données et tirer des insights pertinents.
- L'Ingénieur Machine Learning (ML Engineer) : Il industrialise les modèles développés par les data scientists en optimisant leur exécution et en facilitant leur intégration dans les systèmes existants.
- Le Data Engineer : Responsable de la collecte, du stockage et du traitement des données, il veille à la qualité et à la disponibilité des informations exploitées par les algorithmes.
- Le Chef de projet IA : Il assure la coordination entre les équipes techniques et métier. Il traduit les besoins business en solutions techniques et veille au respect des délais et budgets.
- L'Expert en éthique et conformité : Avec les nouvelles règlementations (comme le RGPD en Europe), il est essentiel d'avoir un profil garantissant la transparence et la responsabilité des systèmes IA mis en œuvre.
- Le Développeur logiciel : Il intègre les modèles IA dans les applications et

systèmes de l'entreprise, assurant une interface fluide entre l'utilisateur et la technologie.

Selon la taille et l'ambition du projet IA, certains rôles peuvent être mutualisés ou externalisés. L'essentiel est d'avoir une chaîne de compétences capable de couvrir l'ensemble du cycle de vie de l'intelligence artificielle, depuis la collecte des données jusqu'à son exploitation effective en entreprise.

Structurer et organiser l'équipe

Une fois les talents identifiés, leur organisation joue un rôle clé. L'équipe IA peut être intégrée sous plusieurs modèles :

- Un centre d'excellence IA : L'équipe est centralisée et agit comme un pôle de compétences transversales pour l'ensemble de l'entreprise. Ce modèle favorise l'expertise technique et l'optimisation des ressources.
- Des équipes IA décentralisées : Chaque département possède sa propre équipe IA, travaillant sur des problématiques spécifiques. Ce modèle peut être pertinent pour les grandes entreprises ayant des besoins variés.
- Un modèle hybride : Une équipe centrale définit les standards et mutualise des ressources critiques, tandis que des équipes spécialisées travaillent de manière autonome sur des projets au sein des différentes divisions.

Le choix du modèle dépend des objectifs de l'entreprise, de sa taille et de sa maturité numérique.

Favoriser la collaboration et l'innovation

L'implémentation réussie d'une IA en entreprise nécessite une synergie constante entre les experts techniques et les équipes opérationnelles. Il est important d'impliquer les collaborateurs métiers dès le début du projet, afin qu'ils puissent exprimer leurs besoins et participer activement à la définition des solutions.

La mise en place de méthodologies agiles, comme Scrum ou Kanban, permet d'assurer une collaboration fluide et une adaptation rapide aux évolutions des besoins. L'IA étant un domaine en perpétuelle évolution, il est aussi crucial d'encourager la formation continue des équipes et le partage des connaissances, par le biais de séminaires internes, de veille technologique et d'expérimentation régulière.

Attirer et retenir les talents IA

Les experts en intelligence artificielle sont aujourd'hui très sollicités sur le marché du travail. Pour attirer et fidéliser ces profils, il est essentiel d'offrir un environnement stimulant et des perspectives de développement professionnel intéressantes. Voici quelques leviers :

- Proposer des projets ambitieux et à fort impact : Les professionnels de l'IA recherchent des défis techniques stimulants et la possibilité de travailler sur des applications innovantes.
- Encourager une culture d'apprentissage continu : Financer des formations, offrir du temps pour la recherche et la veille permet de maintenir la motivation des équipes.
- Valoriser la collaboration et la communication : Un bon équilibre entre libertés individuelles et travail en équipe est essentiel pour tirer parti des compétences de chacun.
- Offrir des conditions de travail flexibles : Le télétravail et les horaires flexibles deviennent des critères déterminants pour de nombreux talents.

Adapter l'équipe à l'évolution des besoins

L'IA évolue rapidement. Une approche statique de la structuration de l'équipe peut ralentir l'innovation et rendre les projets obsolètes. Il est essentiel d'adopter une posture agile :

- Réaliser des revues régulières de l'organisation afin d'ajuster la composition de l'équipe en fonction des projets en cours et des nouvelles tendances technologiques.
- Expérimenter et itérer rapidement grâce à des cycles de développement courts pour maximiser la valeur business des applications IA.
- Favoriser les collaborations avec des partenaires externes tels que des startups, des laboratoires de recherche ou des consultants spécialisés pour apporter de nouvelles perspectives et expertises.

Construire une équipe IA efficace est une étape clé dans la transformation numérique d'une entreprise. Il ne s'agit pas seulement de réunir des talents techniques, mais de structurer une organisation capable de collaborer efficacement, d'innover et de s'adapter aux évolutions rapides du marché. Une approche bien pensée et agile garantira l'alignement des projets IA avec les objectifs stratégiques de l'entreprise, maximisant ainsi les bénéfices de l'intelligence artificielle sur la rentabilité et l'efficacité opérationnelle.

4.2.1 Composition d'une équipe technique et non-technique

L'implémentation de l'intelligence artificielle dans une entreprise ne repose pas uniquement sur des experts en data science ou en ingénierie logicielle. Une équipe efficace se compose à la fois de profils techniques et non-techniques, dont la complémentarité permet de maximiser l'impact de l'IA sur l'organisation.

Les rôles techniques essentiels

1. Data Scientists
Les data scientists jouent un rôle central dans le développement des modèles d'IA. Ils collectent, nettoient et analysent les données afin d'en extraire des tendances exploitables. Leur maîtrise des algorithmes d'apprentissage automatique (machine learning) leur permet de concevoir des solutions adaptées aux besoins spécifiques de l'entreprise.

2. Ingénieurs en Machine Learning
Tandis que les data scientists se concentrent sur la modélisation des données, les ingénieurs en machine learning s'occupent de l'implémentation et de l'optimisation des modèles dans un environnement opérationnel. Leur expertise en développement logiciel et en infrastructure de calcul est essentielle pour déployer des solutions robustes et évolutives.

3. Ingénieurs Data (ou Data Engineers)

Ces spécialistes conçoivent et maintiennent les pipelines de données nécessaires à l'alimentation des modèles d'IA. Ils assurent la fiabilité, la scalabilité et la performance des infrastructures de stockage et de traitement des données.

4. Architectes Logiciels

Les architectes logiciels veillent à l'intégration des solutions d'IA au sein des systèmes existants de l'entreprise. Ils définissent les structures et interfaces qui permettent aux différentes composantes de fonctionner de manière harmonieuse.

5. Experts en Cloud et DevOps

L'exécution de modèles d'IA demande souvent des infrastructures de calcul puissantes. Les ingénieurs DevOps et spécialistes du cloud garantissent une mise en production fluide et la gestion efficace des ressources informatiques, en appliquant les principes d'automatisation et de surveillance continue.

Les rôles non-techniques indispensables

1. Chefs de Projet IA

L'intégration de l'intelligence artificielle ne peut réussir sans une gestion rigoureuse des projets. Les chefs de projet IA assurent la coordination entre les équipes techniques et les autres départements de l'entreprise. Ils définissent les objectifs, suivent les progrès et veillent à ce que l'IA soit alignée avec les besoins stratégiques.

2. Experts Métier

L'IA n'a de valeur que si elle sert efficacement les besoins spécifiques de l'entreprise. Les experts métier apportent leur compréhension approfondie des problématiques sectorielles afin d'orienter le développement des modèles dans une direction pertinente et utile.

3. Responsables de la Conformité et Juristes

L'utilisation de l'intelligence artificielle soulève des enjeux juridiques et éthiques majeurs. Les responsables de la conformité veillent au respect des réglementations en vigueur (RGPD, normes sectorielles, régulation de l'IA), tandis que les juristes anticipent les risques légaux liés à l'exploitation des données et des algorithmes.

4. Spécialistes en Expérience Utilisateur (UX/UI Designers)
Une bonne implémentation de l'IA passe également par une interface intuitive et efficace. Les designers UX/UI s'assurent que les solutions d'IA soient accessibles et compréhensibles pour les utilisateurs finaux, en concevant des interactions optimisées et ergonomiques.

5. Responsables du Changement et de l'Adoption
L'un des défis majeurs de l'implémentation de l'IA est l'acceptation par les employés. Les responsables du changement définissent des stratégies pour faciliter l'adoption des nouvelles technologies, en mettant en place des actions de communication et de formation adaptées.

Une collaboration essentielle pour assurer le succès

L'efficacité d'une équipe IA ne réside pas seulement dans la somme des compétences individuelles, mais aussi dans la fluidité des interactions entre les différents profils. Les rôles techniques doivent travailler de concert avec les experts métier afin de concevoir des solutions alignées avec les réalités opérationnelles. De même, les aspects juridiques et éthiques ne doivent pas être négligés dès les premières phases du projet afin d'éviter d'éventuels obstacles en aval.

La structuration d'une équipe IA équilibrée, incluant des experts à la fois techniques et non-techniques, est une condition essentielle pour garantir la pertinence, la performance et l'adoption réussie des solutions d'intelligence artificielle dans l'entreprise.

4.2.2 Faire appel à des partenaires et consultants

Lorsque vient le moment de déployer une solution d'intelligence artificielle au sein d'une entreprise, la complexité du sujet et la diversité des compétences requises rendent souvent indispensable l'appui de partenaires et de consultants spécialisés. Une approche stratégique dans le choix de ces acteurs externes permet non seulement d'accélérer l'implémentation de l'IA, mais aussi d'en maximiser les bénéfices tout en limitant les risques d'erreur.

Identifier les besoins spécifiques de l'entreprise

Avant de solliciter des partenaires, il est essentiel de réaliser une évaluation précise des besoins et objectifs de l'entreprise liés à l'intelligence artificielle. Cette analyse passe par plusieurs étapes :

1. Cartographie des processus : Identifier les tâches et processus les plus susceptibles d'être optimisés ou automatisés par l'IA.
2. Définition des objectifs : Déterminer les résultats attendus, que ce soit en termes de gains de productivité, de réduction des coûts ou d'amélioration de l'expérience client.
3. Évaluation des ressources internes : Identifier les compétences déjà présentes dans l'entreprise et celles qui nécessitent un renfort externe.

Une fois ces éléments précisés, il devient plus facile de sélectionner des partenaires dont l'expertise correspond aux besoins réels de l'organisation.

Les critères de sélection des partenaires et consultants

Le marché de l'IA regorge de prestataires proposant des solutions variées, allant du développement sur mesure à l'intégration de plateformes préexistantes. Pour éviter un mauvais investissement, plusieurs critères doivent guider le choix des intervenants externes :

- Expertise et références : Vérifier les précédents projets du consultant ou du partenaire, notamment dans des secteurs d'activité similaires.
- Compatibilité avec les technologies en place : S'assurer que l'IA proposée peut s'intégrer harmonieusement aux infrastructures technologiques existantes.
- Capacité d'accompagnement : Privilégier les partenaires capables d'assurer une formation et un suivi post-déploiement.
- Approche éthique et conformité réglementaire : Veiller à ce que la solution respecte les normes de protection des données et les réglementations en vigueur (comme le RGPD en Europe).
- Flexibilité et évolutivité : L'IA doit pouvoir s'adapter aux évolutions de l'entreprise et de son marché.

Prendre le temps d'évaluer ces critères permet d'éviter les solutions inadaptées ou non pérennes.

Collaborer efficacement avec ses partenaires

Une fois le bon partenaire identifié, la relation de travail doit être encadrée afin de garantir une implémentation fluide et performante de l'intelligence artificielle. Voici quelques bonnes pratiques pour maximiser l'efficacité de cette collaboration :

1. Établir des objectifs clairs et mesurables : Chaque intervention d'un partenaire externe doit être définie par des indicateurs précis (ex. : réduction de 20 % du temps de traitement d'une tâche).
2. Impliquer les équipes internes : L'IA ne doit pas être perçue comme une solution imposée, mais comme un outil co-construit avec les collaborateurs en place.
3. Fixer des jalons de validation : Définir un calendrier de déploiement avec des étapes clés pour suivre l'évolution du projet et ajuster si nécessaire.
4. Encourager la montée en compétence : Le partenaire doit non seulement fournir une solution, mais aussi transmettre du savoir-faire aux équipes internes afin de garantir une autonomie à long terme.
5. Maintenir une communication régulière : Planifier des réunions d'avancement pour éviter les incompréhensions et ajuster la trajectoire en fonction des besoins et des retours.

Les différents types de consultants en intelligence artificielle

Les consultants et partenaires spécialisés en IA peuvent intervenir à différents niveaux du projet. Voici les principaux rôles que l'on peut rencontrer :

- Consultants stratégiques : Ils aident à définir la vision IA de l'entreprise et à identifier les opportunités en lien avec la stratégie globale.
- Experts en science des données : Spécialisés dans le traitement et l'analyse des données, ils développent les modèles prédictifs et les algorithmes nécessaires.
- Ingénieurs en intelligence artificielle : Ils s'occupent de l'implémentation technique et de l'intégration des solutions d'IA dans les systèmes existants.

- Experts en éthique et conformité : Ils conseillent sur l'utilisation responsable de l'IA et s'assurent du respect des réglementations en vigueur.
- Coachs et formateurs en transformation numérique : Ils accompagnent les équipes internes dans l'appropriation des nouveaux outils et des méthodologies associées.

Selon les besoins spécifiques de l'entreprise, il peut être pertinent de faire appel à plusieurs profils de consultants en parallèle.

Gérer les enjeux contractuels et financiers

Faire appel à des partenaires externes représente un investissement financier qui doit être anticipé et maîtrisé. Il est recommandé de :

- Comparer plusieurs devis pour identifier l'offre la plus pertinente en fonction du budget et des attentes.
- Définir clairement les termes contractuels : objectifs, livrables attendus, délais et conditions de maintenance.
- Mettre en place des clauses de performance, qui conditionnent une partie du paiement à l'atteinte de résultats précis.
- Prévoir une option de réversibilité en cas de changement de prestataire ou d'évolution des besoins.

Anticiper ces aspects contractuels permet d'éviter les litiges et d'assurer une collaboration fluide.

S'appuyer sur des partenaires et consultants spécialisés est un levier puissant pour déployer efficacement l'intelligence artificielle dans une entreprise. Un choix judicieux des intervenants, une collaboration bien structurée et une gestion rigoureuse du projet garantissent un retour sur investissement optimal. L'objectif n'est pas simplement d'implémenter une solution IA, mais d'intégrer durablement cette technologie à la stratégie globale de l'entreprise pour en maximiser les bénéfices.

4.2.3 Formation et montée en compétence des équipes internes

L'implémentation de l'intelligence artificielle dans une entreprise ne se limite pas à l'acquisition de technologies avancées ou au recrutement de spécialistes externes. Le succès à long terme repose en grande partie sur la montée en compétence des équipes internes. Assurer la formation des employés permet non seulement d'optimiser l'utilisation des solutions IA, mais aussi de garantir une adoption fluide et durable au sein de l'organisation.

1. Comprendre les besoins en formation

Avant d'élaborer un programme de formation, il est essentiel d'identifier avec précision les besoins des équipes. Tous les employés ne nécessitent pas le même niveau de maîtrise de l'IA. On peut distinguer trois catégories principales :

- Les utilisateurs finaux : Ce sont les employés qui utiliseront les solutions IA au quotidien. Ils doivent comprendre comment interagir avec les outils mis en place et en tirer le meilleur parti.
- Les managers et décideurs : Ils ont besoin d'une vision stratégique de l'IA : ses bénéfices, ses limites et les impacts organisationnels.
- Les spécialistes techniques : Data scientists, ingénieurs logiciels et analystes de données nécessitent une formation plus approfondie pour développer et optimiser les modèles d'IA.

Seule une cartographie précise des compétences actuelles et des attentes futures permettra d'élaborer un plan de formation efficace et pertinent.

2. Choisir les formats de formation adaptés

La montée en compétence peut prendre différentes formes selon les besoins et les disponibilités des équipes :

- Formations en présentiel : Animées par des experts internes ou externes, elles favorisent l'interaction et permettent d'adresser directement les problématiques spécifiques des employés.

- Apprentissage en ligne : Plateformes e-learning, MOOCs et webinaires offrent une grande flexibilité, permettant aux collaborateurs d'apprendre à leur rythme tout en tenant compte de leurs contraintes professionnelles.
- Ateliers pratiques et hackathons : La mise en situation réelle favorise la compréhension et permet d'expérimenter rapidement les bénéfices concrets de l'IA sur les processus métiers.
- Coaching et mentorat par des experts : Encourager le transfert de compétences au sein de l'organisation favorise une appropriation plus rapide des technologies IA par les équipes.

L'idéal est d'adopter une approche mixte qui combine théorie et pratique tout en s'adaptant aux profils des apprenants.

3. Intégrer la formation dans la culture d'entreprise

Une initiative de formation ponctuelle ne suffit pas à garantir une adoption durable. Il est crucial d'inscrire la montée en compétence dans une logique de formation continue. Plusieurs leviers existent pour encourager cette dynamique :

- Créer une communauté d'apprentissage : Encourager les échanges entre employés à travers des groupes de discussion, des forums internes ou des meetups réguliers permet de renforcer l'entraide et la diffusion des connaissances.
- Mettre en place des ambassadeurs IA : Désigner des référents internes capables d'accompagner leurs collègues dans l'adoption des outils IA facilite le déploiement de ces technologies et réduit les résistances au changement.
- Valoriser les compétences acquises : La reconnaissance des efforts fournis par les collaborateurs à travers des certifications internes ou des perspectives d'évolution renforce la motivation et l'engagement.

L'IA ne doit pas être perçue comme une contrainte supplémentaire, mais comme un levier d'amélioration des performances individuelles et collectives.

4. Mesurer l'impact de la formation

Pour s'assurer que les programmes de formation portent leurs fruits, il est impératif de mesurer leur efficacité. Cela passe par plusieurs indicateurs clés :

- Le taux de participation et d'achèvement des formations : Suivre le nombre d'employés formés et leur progression permet d'évaluer l'intérêt et l'accessibilité du programme.
- Les acquis et l'application concrète des compétences : Questionnaires, cas pratiques et retours d'expérience aident à valider la montée en compétence des équipes et leur capacité à utiliser l'IA dans leur quotidien professionnel.
- L'impact sur les performances de l'entreprise : Analyser l'amélioration des processus, l'optimisation des coûts et l'augmentation de la productivité permet de quantifier concrètement la valeur ajoutée de la formation.

Si les résultats ne sont pas à la hauteur des attentes, il est important d'ajuster les contenus et les formats pour garantir une meilleure appropriation des outils d'intelligence artificielle.

5. Instaurer une vision à long terme

L'apprentissage autour de l'IA ne s'arrête jamais. Comme cette technologie évolue constamment, il est indispensable de mettre en place un cadre qui favorise l'adaptabilité et l'amélioration continue des compétences. Encourager les équipes à rester en veille sur les nouvelles tendances, à expérimenter de nouvelles approches et à partager leurs connaissances garantira une intégration optimale et durable de l'IA dans l'entreprise.

En investissant dans le développement des compétences de ses collaborateurs, une entreprise s'assure non seulement d'une meilleure appropriation des technologies d'intelligence artificielle, mais aussi d'un avantage concurrentiel durable. La formation n'est pas un coût, mais bien un investissement stratégique essentiel à la réussite de toute transformation digitale.

4.3 Expérimenter avec des projets pilotes

Lorsqu'une entreprise envisage d'intégrer l'intelligence artificielle dans ses processus, il est stratégique de commencer par des projets pilotes. Ces expérimentations permettent de tester la technologie à petite échelle, de mesurer son impact réel et d'identifier les ajustements nécessaires avant un déploiement à grande échelle. Une mise en œuvre progressive réduit les risques, optimise les coûts et facilite l'adhésion des équipes.

Définir des objectifs clairs et mesurables

Un projet pilote d'IA ne peut être efficace sans une définition précise de ses objectifs. Il est primordial d'identifier ce que l'on cherche à améliorer : une réduction du temps de traitement des données, une meilleure anticipation des stocks, une augmentation du taux de conversion client, ou encore une automatisation des tâches répétitives.

Ces objectifs doivent être alignés avec la stratégie globale de l'entreprise. Par exemple, si une entreprise de logistique veut optimiser ses livraisons, elle pourra tester un algorithme d'optimisation des itinéraires. Si une banque souhaite renforcer sa cybersécurité, elle pourra expérimenter un modèle de détection des fraudes basé sur l'IA.

En plus de la clarté des objectifs, les critères de succès doivent être définis dès le départ. Cela inclut des indicateurs précis comme le taux d'erreur réduit, le gain de productivité mesuré ou l'augmentation de la satisfaction client.

Sélectionner un cas d'usage pertinent

Toutes les entreprises ne relèvent pas des défis identiques, et il est essentiel de choisir un cas d'usage pertinent pour maximiser l'impact du projet pilote. Une bonne approche consiste à identifier une problématique bien définie, où l'IA peut apporter une amélioration tangible avec un investissement raisonnable.

L'un des critères de sélection fondamentaux est la faisabilité. Le projet doit être techniquement réalisable avec les données et infrastructures existantes. Par exemple, une entreprise qui souhaite implémenter une IA d'analyse prédictive des ventes doit s'assurer que ses données historiques sont accessibles, structurées et exploitables.

Un autre critère est le potentiel de retour sur investissement (ROI). Le projet doit générer des bénéfices concrets en termes de gain de temps, d'économie de coûts ou de création de valeur. Si les résultats s'annoncent prometteurs, la direction sera plus encline à valider un déploiement à grande échelle.

Déployer en environnement contrôlé

Un projet pilote doit être lancé dans un environnement maîtrisé pour éviter tout impact négatif sur les opérations courantes. Il est recommandé de limiter son périmètre à une équipe, un service ou un processus spécifique.

Prenons l'exemple d'une chaîne de distribution qui souhaite introduire l'IA dans la gestion de ses stocks. Un projet pilote pourrait consister à tester un modèle de prévision de la demande sur une seule catégorie de produits dans un magasin test, avant d'étendre l'expérience à l'ensemble du réseau.

Durant cette phase, il est important d'attribuer des responsabilités claires aux membres de l'équipe projet. Un chef de projet assurera la coordination, les spécialistes data travailleront sur l'algorithme, et les équipes métier seront impliquées pour s'assurer que l'outil répond aux besoins opérationnels. Une collaboration transverse maximise les chances de succès.

Mesurer les résultats et ajuster

Une fois le projet pilote en place, l'évaluation rigoureuse des résultats est une étape clé. L'analyse des performances doit être menée en comparant les résultats obtenus avec les indicateurs définis initialement.

Si l'IA améliore les performances mais présente des biais ou des erreurs, il est nécessaire de raffiner l'algorithme ou d'ajuster l'apprentissage du modèle. Cette itération permet d'optimiser progressivement le système avant un passage à l'échelle.

Il est également crucial de recueillir les retours des utilisateurs. Un outil basé sur l'IA a peu d'intérêt s'il n'est pas adopté par les équipes. Comprendre les résistances, adapter l'interface et former les utilisateurs sont des leviers essentiels pour assurer une intégration harmonieuse.

Si le projet pilote démontre des bénéfices concrets, la prochaine étape est son déploiement à plus grande échelle. Avant cela, il convient d'anticiper plusieurs aspects :

- L'infrastructure : l'expérimentation locale peut ne pas être adaptée à un usage généralisé. L'entreprise doit s'assurer que ses serveurs, ses bases de données et ses capacités de calcul pourront supporter l'extension.
- Les coûts : un modèle IA qui fonctionne sur un périmètre restreint peut générer des coûts significatifs en cas d'expansion. Un arbitrage financier doit être réalisé pour s'assurer de son viabilité économique.
- L'accompagnement du changement : plus le projet IA s'étend, plus la résistance au changement peut émerger. Il est essentiel de communiquer clairement sur les bénéfices et d'accompagner les collaborateurs à travers des formations et des sessions de sensibilisation.

Expérimenter avec des projets pilotes est une approche pragmatique pour introduire l'IA dans une entreprise. Cette méthode permet de tester les solutions avant investissement massif, d'optimiser les modèles et d'obtenir l'adhésion des parties prenantes. En sélectionnant les bons cas d'usage, en mesurant objectivement les résultats et en planifiant soigneusement le passage à l'échelle, une entreprise maximise ses chances de réussite et transforme l'intelligence artificielle en un levier stratégique de croissance et d'optimisation.

4.3.1 Définir un prototype ou un cas d'usage initial

L'implémentation réussie d'une solution d'intelligence artificielle dans une entreprise commence par la définition d'un prototype ou d'un cas d'usage initial pertinent. Choisir correctement cette première application est essentiel pour démontrer la valeur de l'IA, obtenir l'adhésion des parties prenantes et assurer un retour sur investissement rapide.

1. Sélectionner un cas d'usage à fort impact
Avant de développer un prototype, il est crucial d'identifier un problème

métier concret et bien défini que l'IA peut résoudre. Un bon cas d'usage répond aux critères suivants :

- Mesurable : Il doit être possible d'évaluer clairement la valeur ajoutée qu'apportera l'IA.
- Prioritaire : L'enjeu doit être important pour l'entreprise, qu'il s'agisse de réduction des coûts, d'amélioration de l'efficacité ou d'augmentation des revenus.
- Techniquement faisable : Les données nécessaires doivent être disponibles en quantité et en qualité suffisantes pour entraîner un modèle performant.
- Rapide à tester : Un prototype ne doit pas nécessiter plusieurs années de développement, mais pouvoir démontrer des bénéfices en quelques mois.

Des exemples de bons cas d'usage incluent l'optimisation du service client avec des chatbots intelligents, l'automatisation du traitement des factures, ou encore la prédiction de la demande pour ajuster la production et les stocks.

2. Définir des objectifs clairs et réalistes
Une fois le cas d'usage sélectionné, il est fondamental de fixer des objectifs précis et atteignables. Ces objectifs doivent être alignés avec les besoins stratégiques de l'entreprise et répondre aux attentes des parties prenantes.

Un bon objectif suit la méthodologie SMART :

- Spécifique : Définir clairement ce que l'IA doit accomplir.
- Mesurable : Quantifier le gain attendu (ex. : réduction du temps de traitement des demandes de 30 %).
- Atteignable : Veiller à ce que l'objectif soit réaliste compte tenu des ressources disponibles.
- Pertinent : Vérifier que l'objectif est en adéquation avec les priorités de l'entreprise.
- Temporellement défini : Fixer un délai précis pour mesurer le succès.

Par exemple, si l'objectif est d'implémenter un assistant intelligent pour automatiser une partie du support client, un indicateur clé pourrait être le pourcentage de requêtes résolues sans intervention humaine en l'espace de six mois.

3. Collecte et préparation des données nécessaires

L'IA repose avant tout sur la donnée. Sans un ensemble de données de qualité, même le modèle le plus performant ne pourra délivrer des résultats exploitables. Il est donc essentiel d'effectuer les étapes suivantes :

- Identifier les sources de données disponibles : Bases de données internes, CRM, ERP, logs métier, documents structurés ou non, etc.
- Vérifier la qualité des données : S'assurer qu'elles sont propres, cohérentes et représentatives.
- Effectuer le nettoyage et la préparation : Supprimer les valeurs aberrantes, restructurer les informations et normaliser les formats.
- Garantir la conformité réglementaire : Se conformer aux lois et règlements applicables, comme le RGPD en Europe, en veillant à l'anonymisation et à la sécurisation des informations sensibles.

Une fois les données préparées, l'étape suivante consiste à déterminer quel type de modèle sera utilisé pour l'expérimentation (réseaux neuronaux, algorithmes de machine learning classiques, approches hybrides, etc.).

4. Construire un premier prototype

Le prototype est une version simplifiée de la solution finale qui permet de tester rapidement la faisabilité du projet avant un déploiement à grande échelle. Un bon prototype doit être élaboré selon une approche itérative :

1. Choisir une technologie adaptée : Sélectionner les outils et frameworks d'IA les plus pertinents (TensorFlow, PyTorch, Scikit-learn, etc.).
2. Développer un modèle minimal viable (MVP – Minimum Viable Product) : Implanter une solution qui produit des résultats exploitables avec un effort technique réduit.
3. Tester et évaluer : Mesurer la précision, la performance et les bénéfices métiers en se basant sur des données réelles.
4. Ajuster et améliorer : Affiner le modèle à travers plusieurs itérations, en prenant en compte les retours des utilisateurs et les contraintes opérationnelles.

Par exemple, une entreprise souhaitant automatiser l'analyse des avis clients pourrait d'abord entraîner un algorithme de traitement du langage naturel sur un petit échantillon de données, avant d'élargir progressivement la couverture et la sophistication du modèle.

5. Mesurer les résultats et définir la suite du projet
Après la mise en place du prototype, il est impératif d'analyser les performances et d'évaluer si les attentes définies initialement sont atteintes. Les indicateurs de succès peuvent inclure :

- Taux de précision du modèle : Évaluer l'efficacité de l'algorithme.
- Impact métier : Mesurer le gain de temps, la réduction des coûts ou l'augmentation de la satisfaction client.
- Facilité d'intégration : Vérifier comment la solution s'articule avec les processus existants.

À partir des résultats obtenus, l'entreprise pourra prendre une décision éclairée :

- Si les résultats sont concluants : Planifier la mise en production et l'intégration dans les systèmes de l'entreprise.
- Si des ajustements sont nécessaires : Améliorer le modèle en affinant les données et en optimisant les algorithmes.
- Si l'IA ne génère pas suffisamment de valeur : Réanalyser le cas d'usage choisi ou explorer d'autres opportunités.

Définir un prototype ou un cas d'usage initial est une étape clé dans l'implémentation de l'IA en entreprise. Une bonne sélection du problème à résoudre, des objectifs clairs et une approche itérative garantissent un projet réussi et valorisé par l'ensemble des parties prenantes. Une fois cette première phase validée, l'entreprise pourra envisager une généralisation de l'IA à d'autres processus, maximisant ainsi son impact sur la performance globale.

4.3.2 Tester l'impact sur l'entreprise

Une fois l'intelligence artificielle intégrée aux processus de l'entreprise, il est impératif de mesurer son impact de manière rigoureuse et méthodique. Sans une évaluation précise, il est difficile de déterminer si l'IA contribue réellement aux objectifs visés, qu'il s'agisse d'une augmentation des profits, d'une réduction des coûts ou d'une amélioration de la productivité. Ce chapitre détaille les méthodes permettant d'évaluer l'efficacité de l'IA dans une organisation, en s'appuyant sur des indicateurs clairs et quantifiables.

Définir des indicateurs de performance

Avant toute évaluation, il convient d'identifier des indicateurs clés de performance (KPI) alignés sur les objectifs de l'entreprise. Ces KPI peuvent varier en fonction du secteur d'activité, mais certains sont généralement pertinents dans la plupart des cas :

- Réduction des coûts opérationnels : comparaison des dépenses avant et après l'implémentation de l'IA.
- Amélioration de la productivité : mesure du temps gagné sur certaines tâches automatisées.
- Augmentation du chiffre d'affaires : évaluation de l'impact de l'IA sur les ventes et la fidélisation des clients.
- Analyse du retour sur investissement (ROI) : comparaison des coûts de mise en place de l'IA avec les bénéfices obtenus.
- Satisfaction des collaborateurs et des clients : enquêtes et retours qualitatifs sur l'expérience liée à l'IA.

Ces KPI doivent être définis dès le début du projet afin de suivre l'évolution des performances de manière objective et ajuster les paramètres si nécessaire.

Méthodes d'évaluation

L'évaluation de l'impact de l'IA repose sur différentes approches analytiques qui garantissent une observation pertinente et détaillée des résultats.

1. Comparaison avant/après

La manière la plus directe de mesurer l'impact consiste à comparer les performances de l'entreprise avant et après l'implémentation de l'IA. Cette méthode peut être appliquée en recueillant des données sur une période donnée, par exemple six mois avant et six mois après l'intégration de l'intelligence artificielle.

2. Expérimentation en environnement contrôlé

Dans certains cas, il est utile de tester l'IA sur une partie limitée de l'entreprise avant un déploiement complet. Par exemple, une entreprise de service client peut appliquer un chatbot IA à une seule ligne de support tout en maintenant une autre ligne gérée par des agents humains. Comparer les performances des deux systèmes permet de déterminer l'efficacité réelle de la solution avant de l'étendre à l'ensemble de l'organisation.

3. Analyse en temps réel

Certains outils d'intelligence artificielle offrent des fonctionnalités de monitoring en temps réel. Ces dashboards permettent de visualiser instantanément l'impact sur divers processus : volume de données traitées, temps économisé, erreurs évitées. Cette approche est particulièrement utile pour ajuster rapidement les paramètres de l'IA si des résultats inattendus surviennent.

Ajustement et optimisation

Une fois l'impact mesuré, il est essentiel de procéder à des ajustements afin d'optimiser l'utilisation de l'IA. Plusieurs stratégies peuvent être adoptées :

- Affiner les algorithmes pour améliorer leur précision et leur pertinence.
- Former continuellement les employés afin qu'ils exploitent pleinement les capacités de l'IA.
- Itérer en fonction des retours des utilisateurs et des clients pour affiner les processus automatisés.
- Optimiser l'intégration de l'IA avec les autres outils utilisés au sein de l'entreprise.

L'IA n'est pas une solution figée ; elle évolue avec le temps et nécessite un suivi régulier pour maximiser ses bénéfices.

Études de cas et retours d'expérience

L'analyse de cas concrets permet de mieux comprendre les bénéfices de l'IA. Prenons l'exemple d'une entreprise de logistique ayant implémenté un système d'IA pour optimiser la gestion des stocks. Avant l'intégration, les niveaux de stock étaient gérés manuellement, entraînant des surstocks et des ruptures fréquentes. Après implémentation, l'IA a pu prédire avec précision la demande future, réduisant de 30 % les coûts liés aux excédents de stock tout en augmentant la satisfaction client.

Un autre cas concerne une entreprise de service client ayant remplacé une partie de son support téléphonique par un assistant vocal intelligent. Résultat : 45 % des requêtes clients ont pu être traitées sans intervention humaine, libérant du temps pour les conseillers qui se concentrent désormais sur des demandes plus complexes et à plus forte valeur ajoutée.

Tester l'impact de l'IA sur l'entreprise est une étape indispensable pour s'assurer de sa valeur ajoutée. En définissant des indicateurs pertinents, en mettant en place des méthodes d'évaluation rigoureuses et en ajustant les stratégies en fonction des résultats obtenus, les entreprises peuvent maximiser les bénéfices de cette technologie. L'implémentation de l'intelligence artificielle ne doit pas être perçue comme une simple intégration technique, mais comme une transformation stratégique nécessitant un suivi et une optimisation continue.

4.3.3 Ajuster les paramètres et améliorer progressivement

Une fois l'intelligence artificielle déployée au sein de l'entreprise, l'étape suivante consiste à affiner ses paramètres pour maximiser ses performances. Il ne suffit pas d'installer un modèle et de le laisser fonctionner en espérant des résultats optimaux. L'optimisation continue est indispensable pour garantir une amélioration progressive et durable.

L'importance du suivi et des ajustements constants

L'une des erreurs les plus fréquentes dans l'implémentation d'une IA est de supposer qu'elle fonctionnera efficacement dès son déploiement. En réalité, une IA doit être surveillée, ajustée et optimisée de manière régulière. Cela passe par :

- Le suivi des performances : Définir des indicateurs clés de performance (KPI) précis permet d'évaluer l'efficacité du modèle sur le terrain. Ces indicateurs peuvent inclure le taux de précision des prédictions, le temps de réponse du système ou encore sa capacité à s'adapter aux nouvelles informations.
- L'analyse des écarts : En comparant les résultats obtenus aux objectifs fixés, il devient plus facile d'identifier les lacunes du système et de mettre en place des améliorations ciblées.
- Les ajustements itératifs : Modifier progressivement les paramètres du modèle en fonction des analyses permet d'optimiser ses performances sans perturber son fonctionnement général.

Identifier et corriger les biais

L'intelligence artificielle, bien qu'efficace, peut être sujette à des biais issus des données sur lesquelles elle a été entraînée. Une IA mal calibrée peut générer des décisions erronées ou favoriser des comportements indésirables dans l'entreprise. Pour éviter ces situations, il est essentiel de procéder à des vérifications régulières en :

- Effectuant des audits des données d'entraînement : Vérifier que l'ensemble de données utilisé est représentatif et équilibré permet de limiter les biais initiaux.
- Testant le modèle sur des cas variés : Simuler différentes situations pour s'assurer que l'IA réagit de manière cohérente et équitable.
- Implémentant des mécanismes de correction automatique : Certains algorithmes modernes intègrent des ajustements dynamiques pour corriger les biais au fil du temps.

L'amélioration continue grâce au machine learning

L'apprentissage automatique permet aux modèles d'IA d'évoluer en fonction de nouvelles données et de perfectionner progressivement leurs prédictions. Plusieurs stratégies peuvent être mises en place pour assurer cette amélioration continue :

- L'intégration du feedback utilisateur : Recueillir et analyser les retours des utilisateurs permet de détecter les zones d'optimisation nécessaires.

- L'apprentissage en continu (continuous learning) : Mettre en place des processus permettant à l'IA d'incorporer de nouvelles informations sans réapprentissage complet.
- Le testing A/B des modèles : Comparer deux versions d'un modèle pour identifier celle qui offre les meilleures performances avant un déploiement définitif.

Automatiser l'optimisation tout en gardant un contrôle humain

Si l'automatisation peut accélérer l'optimisation des modèles IA, il est essentiel de garder un contrôle humain à chaque étape. Une supervision permanente garantit que les ajustements sont alignés avec les objectifs stratégiques de l'entreprise. Pour cela, il est recommandé de :

- Mettre en place une gouvernance IA : Définir des comités ou des responsables du suivi des modèles IA permet de garantir la cohérence avec les besoins métiers.
- Utiliser des tableaux de bord analytiques : Visualiser en temps réel les performances et les décisions prises par l'IA aide à mieux comprendre les ajustements nécessaires.
- Programmer des revues périodiques : Réévaluer régulièrement les paramètres du modèle pour s'assurer de leur pertinence face aux évolutions du marché.

Exemple d'application en entreprise

Prenons l'exemple d'une entreprise de commerce en ligne ayant déployé une IA pour optimiser ses recommandations produits. Dès le lancement, l'analyse des performances révèle que les suggestions ne sont pas suffisamment personnalisées. Grâce à un suivi rigoureux et à des ajustements progressifs, l'entreprise décide d'intégrer de nouvelles sources de données (historique de navigation, avis clients, tendances du marché). Après plusieurs itérations, le taux de conversion augmente de 12 % et la satisfaction client s'améliore nettement.

Ce cas illustre l'impact positif d'une stratégie d'amélioration continue. Une IA bien ajustée devient un véritable levier de croissance pour l'entreprise.

Optimiser une intelligence artificielle ne se limite pas à un simple réglage initial. C'est un processus itératif qui repose sur le suivi des performances, l'analyse des biais, l'intégration du feedback et l'automatisation intelligente des ajustements. En adoptant une approche méthodique et rigoureuse, les entreprises peuvent tirer pleinement parti de l'IA pour accroître leur efficacité, augmenter leurs profits et réduire leurs coûts.

4.4 Réussir l'intégration de l'IA en entreprise : une approche stratégique

L'intelligence artificielle (IA) transforme profondément le paysage entrepreneurial, offrant des opportunités de croissance et d'optimisation inédites. Pourtant, son implémentation suscite appréhensions et interrogations. Comment intégrer efficacement l'IA dans une entreprise sans perturber son fonctionnement ? Quelles sont les étapes essentielles à suivre pour maximiser les bénéfices tout en réduisant les coûts ? Ce chapitre propose une approche méthodique et pratique destinée aux dirigeants, managers et entrepreneurs souhaitant tirer parti de l'IA rapidement et efficacement.

1. Comprendre les Enjeux et Identifier les Besoins

Avant toute implémentation, il convient d'analyser les besoins spécifiques de l'entreprise. L'IA peut optimiser divers aspects opérationnels :

- Automatisation des tâches répétitives (traitement des e-mails, saisie de données, reporting automatique).
- Amélioration de la relation client grâce aux chatbots et à la personnalisation des recommandations.
- Optimisation des processus logistiques en utilisant l'IA pour la gestion des stocks et la prévision des tendances de consommation.
- Renforcement de la prise de décision via l'analyse avancée des données et la génération de rapports intelligents.

Pour bien cadrer l'usage de l'IA, il est crucial de mener un audit interne afin d'identifier les points d'amélioration et les inefficacités existantes.

2. Construire une Stratégie d'Implémentation

L'IA ne peut être intégrée efficacement sans une stratégie claire. Cette stratégie doit inclure plusieurs étapes fondamentales :

- Évaluer la maturité technologique de l'entreprise : quelles technologies sont déjà en place ? Quel est le niveau de compétence interne en IA et data science ?
- Définir des objectifs précis : l'IA doit répondre à des problématiques concrètes et avoir des indicateurs de performance mesurables (amélioration de la productivité de X %, réduction des délais de traitement de Y jours).
- Choisir les bons outils et solutions : opter pour des solutions SaaS, des algorithmes propriétaires ou adopter des frameworks open-source en fonction des besoins et des ressources disponibles.
- Former les équipes et accompagner le changement : l'adhésion des employés est un facteur décisif. Des formations et des ateliers de sensibilisation facilitent l'adoption de l'IA.

3. Sélectionner les Technologies et Solutions Adaptées

L'implémentation de l'IA repose sur un choix judicieux de technologies. Deux approches sont envisageables :

- Solutions prêtes à l'emploi : plateformes no-code ou low-code permettant aux entreprises non spécialisées en IA d'accéder à des outils performants sans expertise technique avancée.
- Développement sur mesure : lorsqu'un niveau de personnalisation plus élevé est nécessaire, la création de modèles spécifiques en interne, avec l'aide de data scientists, peut être la meilleure option.

Les technologies les plus couramment utilisées comprennent :

- Le Machine Learning : utile pour les prévisions financières, l'analyse des comportements clients ou la détection des fraudes.
- Le traitement automatique du langage naturel (NLP) : utilisé dans les chatbots et l'analyse de sentiment des consommateurs.
- L'Automatisation des processus robotiques (RPA) : idéale pour automatiser les opérations métier répétitives.
- Les systèmes de recommandation : générant des suggestions

personnalisées en e-commerce ou dans le domaine des contenus numériques.

4. Piloter l'Intégration et Mesurer l'Impact

Une fois la solution IA déployée, un suivi rigoureux est nécessaire. Ce suivi passe par :

- Des indicateurs de performance clés (KPIs) : temps économisé, augmentation du chiffre d'affaires, réduction des erreurs opérationnelles.
- Une évaluation continue : il est essentiel de tester la solution en conditions réelles et d'adapter les modèles en fonction des résultats obtenus.
- Une adaptation flexible : l'IA n'est pas un projet figé ; elle doit évoluer en fonction des besoins et des retours d'expérience.

5. Dépasser les Freins et Assurer l'Adoption Durable

L'un des défis majeurs de l'implémentation de l'IA réside dans l'acceptation par les équipes. La résistance au changement, la peur du remplacement par des machines et les craintes liées à la confidentialité des données peuvent freiner le projet. Pour y remédier :

- Impliquer les employés dès le début : expliquer les bénéfices concrets de l'IA pour leur travail quotidien.
- Maintenir un équilibre entre IA et intervention humaine : l'IA doit être perçue comme un outil d'assistance et non comme un facteur de suppression de postes.
- Garantir la transparence et l'éthique : assurer la conformité aux réglementations sur la protection des données et veiller à l'absence de biais dans les algorithmes.

L'IA représente un levier de performance incontournable pour les entreprises souhaitant améliorer leur productivité et réduire leurs coûts. Appliquée de manière stratégique et progressive, elle engendre des gains d'efficacité considérables tout en optimisant la prise de décision. En suivant une démarche structurée, en sélectionnant les bonnes technologies et en accompagnant les équipes, il est possible d'intégrer l'IA avec succès et d'en tirer un avantage concurrentiel durable.

5 Intégrer l'IA dans les processus opérationnels

L'intégration de l'intelligence artificielle (IA) dans les processus opérationnels d'une entreprise ne se limite pas à une simple adoption technologique. Il s'agit d'une transformation stratégique visant à automatiser, optimiser et améliorer l'efficacité des tâches courantes tout en réduisant les coûts et en augmentant la rentabilité. Cette transition, lorsqu'elle est bien orchestrée, permet de gagner en agilité et d'exploiter pleinement le potentiel des données disponibles.

1. Identifier les processus à optimiser

Avant de déployer l'IA, il est essentiel d'identifier les processus qui bénéficieront le plus de son intégration. Une évaluation rigoureuse des opérations permet de cibler les tâches répétitives, chronophages ou sujettes à des erreurs humaines. L'intelligence artificielle s'avère particulièrement efficace dans :

- Le traitement et l'analyse de données volumineuses
- L'automatisation des tâches administratives récurrentes
- La gestion des stocks et de la chaîne logistique
- Le service client et l'assistance par chatbot
- La maintenance prédictive des équipements industriels

Une fois ces processus identifiés, il convient d'analyser leur structure et de définir des indicateurs de performance clés (KPIs) afin de mesurer l'impact futur de l'IA.

2. Sélectionner les bonnes technologies

Chaque entreprise ayant des besoins spécifiques, le choix des technologies d'IA doit être mûrement réfléchi. Le marché propose diverses solutions adaptées à différents usages, comme les systèmes de Machine Learning, l'Automatisation Robotisée des Processus (RPA) ou encore les algorithmes de traitement du langage naturel (NLP).

Les facteurs à prendre en compte lors de cette sélection sont :

- L'adaptabilité aux processus existants : l'IA doit pouvoir s'intégrer harmonieusement aux infrastructures actuelles.
- Les coûts de mise en œuvre : il est crucial d'évaluer la rentabilité à long terme sans compromettre la viabilité financière de l'entreprise.
- L'évolutivité : la solution choisie doit être capable de s'adapter aux évolutions futures de l'entreprise et à l'augmentation du volume de données.

3. Garantir une implémentation progressive

Plutôt que d'opter pour un déploiement brutal, une mise en œuvre progressive permet de minimiser les résistances au changement et d'identifier d'éventuels ajustements nécessaires. Cette approche repose sur :

1. Le test en mode pilote : un déploiement sur un périmètre restreint permet d'observer concrètement les bénéfices et d'optimiser les paramètres avant une généralisation.
2. L'implication des équipes : une communication claire et une formation adéquate garantissent une adoption plus fluide. L'IA ne doit pas être perçue comme une menace, mais comme un outil d'aide à la décision et d'automatisation des tâches rébarbatives.
3. L'ajustement en fonction des retours : analyser les performances et récolter les feedbacks des utilisateurs permettent d'améliorer continuellement l'efficacité et la pertinence des systèmes d'IA.

4. Surmonter les obstacles liés à l'intégration

L'intégration de l'IA, bien qu'elle offre des opportunités considérables, soulève plusieurs défis :

- La gestion des données : la qualité et la disponibilité des données sont cruciales pour garantir une IA performante. Il est indispensable de structurer et nettoyer les bases de données avant d'entraîner les modèles.
- La sécurité et la conformité : l'exploitation des données doit respecter la réglementation en vigueur (RGPD en Europe, CCPA aux États-Unis) afin d'éviter des sanctions ou des atteintes à la confidentialité des clients et des collaborateurs.
- Le rejet technologique : certains employés peuvent percevoir l'IA comme

une menace pour leur emploi. Pour contrer cette appréhension, l'entreprise doit promouvoir une vision où l'IA agit en complément de l'humain plutôt qu'en substitut.

5. Mesurer la performance et ajuster les stratégies

Une fois l'IA intégrée dans les processus opérationnels, il est impératif d'évaluer son efficacité en mesurant ses retombées sur la productivité, les coûts et la satisfaction des clients. Pour cela, il faut :

- Comparer les indicateurs de performance avant et après l'implémentation de l'IA
- Recueillir les retours des utilisateurs internes et externes
- Ajuster les algorithmes ou affiner les modèles en fonction des résultats observés

L'intégration de l'IA dans une entreprise est un processus évolutif qui nécessite un suivi constant. Les technologies progressent rapidement, et les modèles d'intelligence artificielle doivent être régulièrement mis à jour afin de rester performants et de répondre aux nouveaux besoins.

En adoptant une approche pragmatique et en s'assurant d'une mise en œuvre bien planifiée, les entreprises peuvent exploiter pleinement le potentiel de l'IA pour accroître leur compétitivité, améliorer leurs marges et optimiser leurs opérations.

5.1 Automatiser les tâches répétitives

Dans toute entreprise, quelle que soit sa taille ou son secteur d'activité, certaines tâches se révèlent fastidieuses, chronophages et répétitives. Ces activités mobilisent des ressources précieuses qui pourraient être employées à des missions à plus forte valeur ajoutée. Grâce à l'intelligence artificielle, il est aujourd'hui possible d'automatiser ces processus de manière efficace, tout en maintenant une haute qualité opérationnelle.

Identifier les tâches récurrentes et chronophages

Avant de passer à l'automatisation, il est essentiel d'identifier précisément les tâches répétitives qui occupent un temps considérable dans l'entreprise. Ces tâches peuvent être classées en plusieurs catégories :

- Tâches administratives : saisie de données, gestion des emails, facturation, suivi des stocks, paie.
- Service client : réponses aux demandes courantes, gestion des tickets support, envoi d'accusés de réception automatisés.
- Production et logistique : suivi des commandes, gestion des plannings, contrôle qualité.
- Marketing et communication : programmation des publications sur les réseaux sociaux, segmentation des bases de données clients, analyse des performances des campagnes publicitaires.

En réalisant un audit interne, il est possible de recenser toutes ces tâches et d'évaluer leur volume horaire ainsi que l'impact de leur automatisation sur l'efficacité globale de l'entreprise.

Choisir les technologies adaptées

Une fois les tâches identifiées, il est crucial de sélectionner les bonnes technologies d'IA pour les automatiser. Plusieurs outils existent en fonction des besoins spécifiques de l'entreprise :

- Robotic Process Automation (RPA) : solution idéale pour la saisie de données, les workflows administratifs et la gestion documentaire. Les logiciels comme UiPath, Automation Anywhere ou Blue Prism permettent d'automatiser des tâches répétitives en simulant les interactions humaines avec les interfaces logicielles.
- Chatbots et assistants virtuels : utilisés pour le service client et le support interne, ces outils d'IA conversationnelle (comme ChatGPT, IBM Watson Assistant ou Zendesk AI) réduisent drastiquement le temps de traitement des demandes.
- Automatisation du marketing : des plateformes comme HubSpot, Marketo ou ActiveCampaign permettent de segmenter les clients, d'automatiser les emails et de personnaliser les interactions sans intervention humaine constante.
- Gestion intelligente des données : grâce à des solutions comme Microsoft Power Automate, Google Cloud AI ou Dataiku, les entreprises peuvent

automatiser l'analyse, le tri et la transformation de données, notamment pour les rapports financiers et la gestion des stocks.

L'implémentation de ces outils doit être réalisée en tenant compte des spécificités de l'entreprise afin d'éviter des surcoûts inutiles et d'optimiser leur utilisation.

Mettre en place un processus d'automatisation efficace

L'automatisation ne doit pas être mise en œuvre de manière anarchique. Pour maximiser son efficacité, il faut suivre un plan structuré :

1. Analyser et cartographier les processus existants : Identifier les flux de travail et déterminer les étapes qui peuvent être automatisées sans compromettre la qualité du service.
2. Définir les objectifs : L'automatisation doit répondre à des besoins clairs : réduction du temps de traitement, amélioration de la précision, baisse des coûts opérationnels.
3. Sélectionner et configurer les outils : Chaque tâche doit être automatisée avec l'outil le plus approprié. Il peut être nécessaire d'intégrer plusieurs technologies pour couvrir l'ensemble des processus.
4. Former les équipes : L'automatisation ne signifie pas suppression des équipes humaines, mais transformation de leurs missions. Il est essentiel de former les collaborateurs à l'usage des nouveaux outils et à la supervision des processus automatisés.
5. Tester et affiner : Avant un déploiement à grande échelle, chaque automatisation doit être testée en conditions réelles, ajustée et optimisée en fonction des résultats obtenus.
6. Surveiller et améliorer en continu : L'IA évolue en permanence, et les solutions mises en place doivent être régulièrement mises à jour pour rester performantes.

Les bénéfices concrets de l'automatisation par l'IA

L'automatisation des tâches répétitives apporte plusieurs avantages majeurs à l'entreprise :

- Gain de temps significatif : en déléguant les tâches chronophages à l'IA, les employés peuvent se concentrer sur des missions plus complexes et stratégiques.

- Réduction des erreurs : l'IA élimine les erreurs humaines causées par la fatigue ou la perte de concentration, garantissant ainsi une meilleure fiabilité des données et des processus.

- Diminution des coûts opérationnels : en optimisant les ressources, l'automatisation permet de réduire les dépenses liées à la main-d'œuvre et aux erreurs de traitement.

- Amélioration de l'expérience client : un service plus rapide et plus précis accroît la satisfaction des clients, renforçant ainsi la fidélité et l'image de marque.

- Augmentation de la productivité : grâce à la simplification des tâches répétitives, les collaborateurs deviennent plus efficaces et plus motivés.

Exemple de mise en œuvre réussie

Prenons l'exemple d'une entreprise de e-commerce faisant face à une forte augmentation de son volume de commandes. Avant l'automatisation, la gestion des stocks et le traitement des demandes de support client nécessitaient une équipe de dix personnes travaillant à plein temps. Grâce à l'implémentation d'un RPA pour la mise à jour en temps réel des stocks et l'intégration d'un chatbot pour répondre aux questions fréquentes des clients, l'entreprise a pu réduire de 40 % le temps consacré à ces tâches. Résultat : une diminution des coûts opérationnels et une amélioration de la satisfaction client.

Les limites et précautions à prendre

Si l'automatisation offre de nombreux bénéfices, elle nécessite toutefois une approche mesurée pour éviter certains écueils :

- Sur-automatisation : tout processus ne doit pas être automatisé. Certaines tâches complexes requièrent encore une intervention humaine pour assurer un service personnalisé ou traiter des cas exceptionnels.

- Compatibilité avec les systèmes existants : il est impératif de veiller à ce que les solutions d'IA utilisées s'intègrent parfaitement aux logiciels et infrastructures déjà en place.

- Protection des données : l'usage de l'IA implique souvent le traitement de données sensibles, nécessitant la mise en place de solides mesures de cybersécurité et de conformité aux réglementations (RGPD, par exemple).

- Acceptation par les employés : le changement peut générer des inquiétudes. Une communication transparente et une formation adéquate sont nécessaires pour accompagner les équipes dans cette transition.

L'automatisation des tâches répétitives grâce à l'intelligence artificielle est un levier puissant pour accroître l'efficacité et la rentabilité d'une entreprise. En identifiant précisément les processus adaptés, en choisissant les bonnes technologies et en adoptant une méthodologie rigoureuse, il est possible d'optimiser les opérations quotidiennes tout en libérant les ressources humaines pour des missions plus stratégiques. L'enjeu n'est pas seulement de réduire les coûts, mais bien d'améliorer la performance globale de l'organisation dans un environnement compétitif en constante évolution.

5.1.1 Chatbots et assistants virtuels

L'intelligence artificielle transforme la façon dont les entreprises interagissent avec leurs clients et optimisent leurs opérations. Parmi les applications les plus accessibles et immédiatement bénéfiques figurent les chatbots et assistants virtuels. Ces outils, capables de dialoguer avec les utilisateurs en langage naturel, jouent un rôle essentiel dans l'amélioration du service client, la réduction des coûts opérationnels et même l'augmentation des revenus.

1. Définition et fonction des chatbots et assistants virtuels

Un chatbot est un programme informatique qui simule une conversation avec un humain, généralement via une interface textuelle ou vocale. Il peut être simple, basé sur des règles prédéfinies, ou avancé, intégrant des technologies d'intelligence artificielle comme le traitement du langage naturel (NLP) et le machine learning.

L'assistant virtuel, quant à lui, est une version plus sophistiquée du chatbot. Il ne se limite pas à répondre à des questions standardisées ; il peut interpréter le contexte, apprendre des interactions passées et exécuter des tâches complexes comme gérer des calendriers, organiser des réunions ou même analyser des tendances de consommation.

2. Les bénéfices pour l'entreprise

L'intégration de ces outils présente plusieurs avantages stratégiques pour une entreprise :

- Disponibilité 24/7 : Contrairement aux équipes humaines, les chatbots peuvent traiter les demandes clients sans interruption, offrant ainsi une assistance constante.
- Réduction des coûts : Automatiser les interactions courantes permet de diminuer les charges liées aux centres d'appel et aux services support.
- Amélioration de la satisfaction client : En répondant rapidement à leurs attentes, les entreprises renforcent l'engagement et la fidélisation.
- Automatisation des tâches répétitives : Les chatbots éliminent la nécessité pour les employés de répondre aux mêmes questions basiques, leur permettant ainsi de se concentrer sur des tâches à plus forte valeur ajoutée.
- Augmentation du chiffre d'affaires : Grâce aux recommandations personnalisées, à l'optimisation des parcours d'achat et aux rappels automatiques, ils stimulent les ventes et améliorent l'expérience utilisateur.

3. Les différents types de chatbots

Il existe plusieurs catégories de chatbots, selon leur complexité et leur mode de fonctionnement :

- Chatbots basés sur des règles : Ils fonctionnent selon un ensemble de commandes préprogrammées et sont efficaces pour gérer des questions simples à choix limité.
- Chatbots à base d'intelligence artificielle : Utilisant le machine learning et le NLP, ils reconnaissent des requêtes plus complexes et s'adaptent progressivement aux besoins des utilisateurs.
- Assistants conversants multicanaux : Ils interagissent sur plusieurs plateformes, comme un site web, une application mobile, les réseaux sociaux ou encore des dispositifs IoT.
- Assistants transactionnels : Ils réalisent des actions spécifiques, comme la prise de commande ou le paiement d'une facture.

4. Cas d'usage concrets

L'implémentation de chatbots et d'assistants virtuels est particulièrement bénéfique dans plusieurs domaines :

- Service client : L'entreprise Zara a intégré un chatbot pour gérer les retours et les commandes, réduisant ainsi le temps moyen de réponse de 70 %.
- E-commerce et conversion : Sephora utilise un assistant virtuel sur Messenger permettant aux clients de tester virtuellement du maquillage avant achat.
- Secteur bancaire : Des banques comme BNP Paribas utilisent des chatbots pour accompagner leurs clients dans la gestion de leurs comptes et répondre aux questions courantes sur leurs services.
- Ressources Humaines : Certaines entreprises déploient des assistants virtuels pour automatiser le processus de recrutement, répondre aux questions des employés sur la paie ou encore organiser des entretiens.
- Santé : Des chatbots aident aujourd'hui les patients à prendre rendez-vous, poser des questions médicales générales ou suivre un traitement.

5. Clés de succès pour une implémentation réussie

Pour qu'un chatbot ou un assistant virtuel soit pleinement efficace, il est crucial de respecter certaines bonnes pratiques :

1. Définir des objectifs clairs : Quel problème doit-il résoudre ? À qui s'adresse-t-il ? Ses fonctionnalités doivent être alignées avec les besoins des utilisateurs.
2. Soigner la compréhension du langage naturel : Un bon chatbot doit être capable d'interpréter différents types de formulations et d'expressions afin de répondre de manière naturelle et fluide.
3. Optimiser l'expérience utilisateur : Une interface intuitive, des réponses pertinentes et des interactions fluides sont essentielles pour garantir une adoption rapide.
4. Permettre une escalade vers un agent humain : Lorsqu'un chatbot atteint ses limites, il doit être capable de transférer la conversation à un conseiller humain sans rupture d'expérience pour l'utilisateur.
5. Analyser et améliorer en continu : Grâce aux données collectées, il est

possible d'affiner les réponses et d'enrichir les capacités conversationnelles de l'agent virtuel.

6. Les limites et défis à surmonter

Si les chatbots offrent de nombreux avantages, leur mise en place peut également présenter certains défis :

- Qualité des interactions : Un chatbot mal conçu peut frustrer les utilisateurs au lieu de les aider.
- Sécurisation des données : Certains bots doivent gérer des informations sensibles, ce qui impose une gestion stricte des normes de confidentialité.
- Dépendance aux mises à jour : L'amélioration continue est indispensable pour éviter l'obsolescence des chatbots et garantir leur pertinence face aux évolutions du langage et des attentes clients.
- Acceptabilité par les utilisateurs : Certains consommateurs préfèrent encore l'interaction humaine, nécessitant une transition douce et maîtrisée entre chatbot et agents humains.

Les chatbots et les assistants virtuels représentent une opportunité majeure pour les entreprises souhaitant améliorer leur efficacité et leur relation client. Leur succès repose sur une combinaison entre technologies de pointe et stratégie bien définie. En sélectionnant les bons outils et en veillant à une intégration intelligente, il est possible d'obtenir un retour sur investissement significatif et de transformer l'expérience utilisateur.

5.1.2 Automatisation de la gestion documentaire

L'optimisation des processus internes constitue un levier essentiel pour améliorer la compétitivité d'une entreprise. Parmi ces processus, la gestion documentaire représente un enjeu majeur. L'automatisation, facilitée par l'intelligence artificielle, permet une structuration plus efficace des documents, une accessibilité accrue aux informations et une réduction significative des coûts liés à la gestion manuelle.

Les enjeux de la gestion documentaire

Au sein des organisations, la gestion documentaire est souvent un processus fastidieux. Emails, contrats, factures, rapports, documents RH ou techniques : les entreprises jonglent avec un volume croissant d'informations. Une mauvaise gestion peut entraîner une perte de temps, des erreurs et des coûts considérables.

Par exemple, un employé passe en moyenne 20 à 30 % de son temps à rechercher des informations. Une mauvaise organisation documentaire peut également engendrer des doublons, des incohérences ou des problèmes de conformité réglementaire. En intégrant des technologies d'intelligence artificielle dans ce domaine, les entreprises peuvent résoudre ces problématiques et améliorer leur productivité.

L'intelligence artificielle au service de la gestion documentaire

L'IA propose plusieurs solutions pour automatiser la gestion documentaire :

1. L'OCR et l'extraction de texte : L'Optical Character Recognition (OCR) permet de convertir des documents papier ou scannés en textes exploitables. Grâce à l'IA, il est possible d'extraire automatiquement des informations clés telles que les noms, les dates, les montants ou les signatures et de structurer ces données dans un système centralisé.

2. La classification automatique : Grâce aux algorithmes de machine learning, les documents peuvent être classés automatiquement selon leur nature (factures, contrats, courriers, rapports). Ces systèmes apprennent au fil du temps à reconnaître les catégories de documents en fonction de leur contenu et de leur structure.

3. L'indexation et la recherche intelligente : Les moteurs de recherche intelligents, boostés par le traitement du langage naturel (NLP), permettent d'effectuer des recherches précises et contextuelles sur une base documentaire. Contrairement aux recherches traditionnelles basées sur des mots-clés, ces outils comprennent le sens des requêtes et proposent des résultats pertinents en quelques secondes.

4. La gestion des workflows : L'IA optimise l'automatisation des workflows documentaires : validation des contrats, traitement des demandes clients, gestion des archives. Le routage intelligent des documents réduit les temps d'attente et améliore la collaboration entre les équipes.

5. L'analyse sémantique et la détection d'anomalies : Les systèmes d'intelligence artificielle sont capables de détecter des incohérences dans des documents, comme des erreurs de montants dans des factures ou des clauses contradictoires dans un contrat. Ces outils renforcent ainsi la conformité réglementaire et minimisent les risques d'erreur.

Les bénéfices concrets de l'automatisation

L'implémentation de l'IA dans la gestion documentaire se traduit par des gains immédiats et mesurables :

- Réduction du temps de traitement : Les documents sont analysés et classés en quelques secondes contre plusieurs minutes (ou heures) pour un traitement manuel.
- Diminution des coûts opérationnels : Moins de ressources humaines consacrées à des tâches répétitives signifie une économie substantielle.
- Amélioration de la qualité des données : Moins d'erreurs, moins de redondances et une meilleure fiabilité des informations.
- Conformité accrue : Les entreprises s'assurent du respect des réglementations en vigueur en automatisant la vérification des documents.

Mise en œuvre dans l'entreprise

L'automatisation de la gestion documentaire passe par plusieurs étapes stratégiques :

1. Audit des processus existants : Il convient d'identifier les points critiques et les goulots d'étranglement liés à la gestion documentaire actuelle.
2. Choix des outils adaptés : L'entreprise doit opter pour des solutions compatibles avec son écosystème numérique et tenant compte de ses besoins spécifiques.
3. Intégration aux systèmes existants : L'IA doit être connectée aux bases de données, ERP et autres outils de gestion documentaire en place.
4. Formation des équipes : Les utilisateurs doivent être formés aux

nouvelles technologies pour une adoption optimale.

5. Suivi et amélioration continue : L'IA évolue avec le temps ; il est essentiel d'analyser les performances et d'ajuster les algorithmes pour maximiser les bénéfices.

Étude de cas : une implémentation réussie

Prenons l'exemple d'une entreprise spécialisée dans le service client, traitant quotidiennement plusieurs milliers de demandes et documents administratifs. Avant l'automatisation, les agents passaient en moyenne 40 % de leur temps à gérer des documents (classement, recherche, validation). Après l'implémentation d'une solution à base d'IA intégrant OCR, NLP et classification automatique, l'entreprise a constaté :

- Un gain de 60 % sur le temps de traitement des documents,
- Une diminution de 35 % des erreurs liées aux saisies manuelles,
- Une meilleure gestion de la conformité administrative,
- Un accroissement de la satisfaction des employés, désormais libérés des tâches répétitives.

Cet exemple illustre comment l'implémentation stratégique d'une solution IA peut transformer la gestion documentaire et générer une valeur ajoutée tangible.

L'automatisation de la gestion documentaire par l'intelligence artificielle n'est plus une option, mais une nécessité pour toute entreprise cherchant à optimiser ses opérations. En réduisant les tâches répétitives, en garantissant la fiabilité des données et en améliorant l'accès à l'information, l'IA devient un véritable levier de performance. À l'ère du numérique, les organisations qui adoptent ces technologies bénéficieront d'un avantage concurrentiel considérable, en augmentant leur efficacité tout en réduisant leurs coûts.

5.1.3 IA pour l'optimisation des chaînes logistiques

Dans un monde où la rapidité et l'efficacité sont des facteurs déterminants de compétitivité, l'intégration de l'intelligence artificielle (IA) dans la gestion des chaînes logistiques apparaît comme une nécessité stratégique. Grâce à sa capacité à traiter d'immenses volumes de données en temps réel, l'IA permet d'optimiser chaque maillon de la chaîne, de la prévision de la demande à la gestion des stocks, en passant par la planification des itinéraires et l'amélioration des processus d'approvisionnement.

L'IA au service de la gestion de la demande

L'optimisation des chaînes logistiques commence par une anticipation précise des besoins du marché. Les modèles d'IA analysent les données historiques de vente, les tendances saisonnières, et même des paramètres externes comme la météo ou les événements économiques pour fournir des prévisions de demande d'une précision inégalée. Contrairement aux modèles traditionnels, souvent basés sur des moyennes ou des hypothèses statiques, l'IA ajuste constamment ses prévisions en fonction des variations en temps réel.

L'utilisation de réseaux de neurones et d'algorithmes d'apprentissage automatique permet de détecter des tendances complexes et d'anticiper les fluctuations avec une précision supérieure. Ainsi, une entreprise de distribution alimentaire peut prévoir quels produits connaîtront une demande accrue lors d'une vague de chaleur et ajuster ses commandes en conséquence, réduisant ainsi les ruptures de stock et les pertes.

Automatisation et optimisation des stocks

La gestion des stocks constitue un défi majeur pour les entreprises, entre le risque de surstockage, qui entraîne des coûts inutiles, et celui de rupture, générateur de pertes de ventes et d'insatisfaction client. L'intelligence artificielle permet d'optimiser ce processus en ajustant automatiquement les niveaux de stock en fonction des prévisions de demande et des contraintes logistiques.

Grâce aux algorithmes de classification et de clustering, les systèmes intelligents distinguent les produits à rotation rapide de ceux à faible demande, recommandant des stratégies d'approvisionnement adaptées à chaque catégorie. Par ailleurs, des modèles de reinforcement learning sont employés pour affiner en permanence les stratégies de réapprovisionnement, minimisant le gaspillage et réduisant les immobilisations de capitaux.

Un exemple concret est celui des grandes enseignes de e-commerce qui utilisent l'IA pour adapter leurs stocks localement en fonction des comportements d'achat des clients dans chaque région, garantissant ainsi une disponibilité optimale tout en limitant les frais de stockage superflus.

Planification dynamique des flux logistiques

L'acheminement des marchandises, qu'il s'agisse d'approvisionnement en matières premières ou de distribution finale aux consommateurs, est un autre domaine où l'IA génère d'importants gains d'efficacité. Grâce aux algorithmes d'optimisation combinatoire et d'apprentissage machine, les entreprises peuvent élaborer des itinéraires de transport optimaux, réduisant les coûts de carburant et optimisant les délais de livraison.

Les systèmes d'IA prennent en compte plusieurs paramètres : conditions de circulation, climat, disponibilité des entrepôts, et même évolutions des coûts des carburants en temps réel. En cas d'imprévu, comme un incident routier ou un retard de chargement, l'IA ajuste automatiquement l'itinéraire ou la réorganisation des tournées, minimisant ainsi les perturbations dans la chaîne logistique.

Les transporteurs internationaux, par exemple, exploitent ces technologies pour optimiser le remplissage des containers en fonction des données de poids et de volume, tout en adaptant leurs itinéraires aux restrictions douanières et aux événements mondiaux pouvant impacter les délais d'expédition.

Amélioration des processus d'approvisionnement

L'intelligence artificielle facilite également la gestion des relations avec les fournisseurs. En analysant les délais de livraison, la qualité des produits reçus, et la fiabilité des partenaires, les modèles d'IA peuvent recommander les meilleurs fournisseurs et anticiper d'éventuelles ruptures dans la chaîne d'approvisionnement.

En intégrant des systèmes basés sur le traitement du langage naturel (NLP), certaines entreprises automatisent même les négociations contractuelles et la gestion des commandes, réduisant ainsi les erreurs humaines et accélérant le processus d'acquisition.

De plus, la blockchain associée à l'IA renforce la transparence et la traçabilité des transactions avec les fournisseurs, garantissant l'intégrité des échanges et limitant les risques de fraudes ou de litiges.

Impact global et retour sur investissement

L'adoption de l'IA dans l'optimisation des chaînes logistiques présente des bénéfices immédiats et mesurables : réduction des coûts de transport, diminution des stocks dormants, amélioration du taux de service et limitation des pertes liées aux inefficiences.

Les entreprises qui ont intégré ces technologies constatent une hausse significative de leur rentabilité et une meilleure satisfaction client grâce à des délais de livraison plus courts et une réduction des erreurs logistiques.

En misant sur l'IA, les entreprises ne se contentent pas d'optimiser leurs opérations actuelles ; elles se préparent à un avenir où l'automatisation et l'intelligence décisionnelle deviendront des standards incontournables pour une chaîne logistique résiliente et performante.

5.2 Prendre des décisions basées sur l'IA

L'intelligence artificielle transforme la manière dont les entreprises prennent des décisions stratégiques et opérationnelles. Grâce à l'analyse avancée de données et à l'automatisation des processus décisionnels, l'IA permet non seulement d'accélérer la prise de décision, mais aussi d'en améliorer sensiblement la fiabilité et l'impact. Pourtant, intégrer l'IA dans la prise de décision ne se résume pas simplement à déléguer des choix stratégiques à des algorithmes. Il s'agit d'un processus rigoureux qui nécessite une approche structurée et réfléchie.

1. Identifier les décisions pouvant être optimisées par l'IA

Toutes les décisions ne se prêtent pas nécessairement à l'IA. Certaines relèvent de l'intuition humaine ou nécessitent une compréhension contextuelle fine. Toutefois, plusieurs catégories de décisions peuvent être efficacement optimisées par des algorithmes :

- Les décisions opérationnelles répétitives : ajustement des stocks, allocation des ressources, pricing dynamique, maintenance prédictive des équipements.
- Les décisions stratégiques basées sur l'analyse des tendances : identification des marchés émergents, anticipation des évolutions de la demande, détection des risques.
- Les décisions impliquant de grandes quantités de données : personnalisation de l'expérience client, prévention de la fraude, optimisation des campagnes marketing.

Avant d'implémenter une prise de décision automatisée ou assistée par IA, il est essentiel de cartographier les décisions de l'entreprise et d'identifier celles qui gagneraient à être améliorées par l'intelligence artificielle.

2. Collecter et structurer les données nécessaires

L'efficacité des décisions basées sur l'IA repose sur des données de qualité. Sans un accès fiable à des données précises et bien structurées, les prédictions et recommandations de l'IA peuvent être erronées ou biaisées.

a) Qualité et diversité des données
L'IA dépend entièrement des données qui lui sont fournies. Une collecte erronée, incomplète ou mal structurée peut fausser les analyses et mener à de mauvaises décisions. Il est donc crucial d'assurer :

- L'exactitude : les données doivent être exemptes d'erreurs.
- La diversité : une base de données incluant diverses sources permet d'éviter les biais.
- La fraîcheur : des données mises à jour en temps réel améliorent la

pertinence des décisions.

b) Structuration et accessibilité des données
Les données doivent être centralisées et accessibles à l'IA dans un format exploitable. Cela implique souvent une phase de transformation incluant :

- Nettoyage des données (suppression des doublons, correction des erreurs).
- Standardisation et catégorisation.
- Mise en place d'architectures de données adaptées (data lakes, data warehouses).

3. Sélectionner les bons outils et algorithmes d'aide à la décision

Une fois les données prêtes, il faut choisir les bonnes technologies pour les exploiter efficacement. Il existe plusieurs catégories d'algorithmes adaptés à la prise de décision :

- Les modèles prédictifs : utilisent l'historique des données pour anticiper des tendances et évolutions (machine learning, régression linéaire, modèles ARIMA en prévision des ventes).
- Les systèmes de recommandations : analysent des comportements passés pour proposer des actions optimales (moteurs de recommandation, segmentation client).
- Les systèmes experts : reproduisent le raisonnement humain en suivant des règles d'affaires précises (automatisation des diagnostics, analyse des risques financiers).

Selon le contexte, l'entreprise peut choisir des solutions préconçues (logiciels spécialisés, SaaS intégrant l'IA) ou développer sur mesure des modèles d'IA entraînés sur ses propres données.

4. Intégrer la dimension humaine dans les décisions automatisées

Même avec une IA avancée, la prise de décision ne peut pas être totalement déléguée aux algorithmes sans supervision. La synergie entre l'intelligence humaine et l'intelligence artificielle est essentielle. Plusieurs points doivent être pris en compte :

a) L'interprétabilité des décisions prises par l'IA
Un algorithme doit pouvoir justifier la recommandation qu'il propose. Cela permet aux décideurs humains de comprendre la logique sous-jacente et de valider les choix finaux.

b) La supervision humaine et la validation finale
Dans des secteurs sensibles (finance, santé, juridique), une validation humaine des décisions critiques est indispensable. L'IA doit être perçue comme un assistant de prise de décision plutôt qu'un substitut.

c) La gestion de l'éthique et de la responsabilité
Certaines décisions, notamment celles concernant les ressources humaines ou la relation client, nécessitent une approche éthique. Il est primordial d'assurer que l'IA ne reproduit pas de biais discriminatoires et que son usage respecte les réglementations en vigueur.

5. Mesurer et optimiser les performances des décisions basées sur l'IA

Une fois l'IA mise en place, il est crucial de mesurer son efficacité et de procéder à des ajustements réguliers. Plusieurs indicateurs peuvent être suivis :

- Taux de précision des prévisions et recommandations : comparaison entre les prédictions de l'IA et la réalité observée.
- Impact financier : évaluation de l'amélioration des marges, de la réduction des coûts et de l'augmentation des revenus grâce aux décisions assistées par IA.
- Feedback humain : retour des équipes sur l'utilité et l'intuitivité des recommandations générées.

Des recalibrations fréquentes doivent être effectuées, notamment lorsque les contextes de marché évoluent ou que de nouvelles données deviennent disponibles.

Prendre des décisions basées sur l'IA ne signifie pas remplacer l'intelligence humaine, mais l'enrichir grâce à des analyses plus précises et une rationalisation des processus décisionnels. Lorsqu'elle est bien intégrée, l'IA devient un véritable levier de performance pour l'entreprise, lui permettant d'accélérer ses choix stratégiques, d'améliorer leur fiabilité et d'optimiser continuellement ses opérations. Toutefois, une telle transformation doit être menée avec rigueur, en s'assurant que l'IA repose sur des données fiables, en choisissant les bons modèles et en maintenant un équilibre entre automatisation et supervision humaine.

5.2.1 Analytique avancée pour la prise de décision

Dans un environnement économique où la compétitivité repose de plus en plus sur la rapidité et la précision des décisions, l'analytique avancée joue un rôle stratégique. Grâce à l'intelligence artificielle (IA), les entreprises peuvent non seulement exploiter des volumes massifs de données, mais aussi en extraire des connaissances exploitables pour optimiser leur performance. Cette section explore comment intégrer efficacement l'analytique avancée dans la prise de décision, en mettant en lumière les outils, les méthodologies et les bénéfices concrets.

1. Comprendre l'Analytique Avancée

L'analytique avancée désigne l'utilisation de techniques sophistiquées de traitement des données, incluant le machine learning, le traitement du langage naturel et l'analyse prédictive, pour découvrir des tendances, anticiper des résultats et automatiser des décisions. Contrairement à l'analytique descriptive, qui se limite à expliquer ce qui s'est passé, ou à l'analytique diagnostique, qui identifie pourquoi un événement a eu lieu, l'analytique avancée va plus loin en prédisant ce qui va arriver et en recommandant la meilleure action à entreprendre.

Les entreprises qui adoptent ces technologies accèdent à une vision plus précise de leur environnement commercial, réduisant ainsi les incertitudes et améliorant leur réactivité face aux changements du marché.

2. Les Composants Clés de l'Analytique Avancée

Pour intégrer l'analytique avancée de manière efficace, plusieurs éléments doivent être pris en compte :

a. Collecte et structuration des données

L'analytique avancée s'appuie sur la qualité des données disponibles. Il est crucial de collecter, nettoyer et structurer les données avant toute exploitation. Des sources variées telles que les historiques de ventes, le comportement des clients en ligne, les données opérationnelles et même les rapports externes doivent être intégrées dans des systèmes unifiés et accessibles par les algorithmes d'IA.

b. Modèles d'apprentissage automatique

Les modèles d'apprentissage automatique permettent d'identifier des modèles cachés dans les données. Par exemple, une entreprise de logistique peut prédire les retards de livraison en analysant des facteurs comme la météo, le trafic et les performances des transporteurs. Ces modèles se perfectionnent avec le temps grâce aux nouvelles données collectées, garantissant des prédictions toujours plus précises.

c. Visualisation et interprétation des résultats

Une bonne visualisation des informations est essentielle pour faciliter l'interprétation des résultats. Des tableaux de bord dynamiques intégrant des indicateurs en temps réel permettent aux décideurs de comprendre rapidement les tendances et de prendre des décisions éclairées.

3. Applications Concrètes de l'Analytique Avancée

a. Optimisation de la Supply Chain

L'analytique avancée permet d'anticiper les fluctuations de la demande, d'optimiser les niveaux de stocks et de réduire les coûts logistiques. Par exemple, un détaillant utilisant l'IA pour analyser les comportements d'achat peut prévoir quels produits seront les plus demandés à une période donnée et ajuster ses niveaux de stockage de manière proactive.

b. Personnalisation de l'Expérience Client

Grâce à la segmentation avancée et à l'analyse prédictive, les entreprises peuvent anticiper les préférences des consommateurs et personnaliser leurs offres en conséquence. Une plateforme de e-commerce peut utiliser ces techniques pour proposer des recommandations personnalisées, augmentant ainsi le taux de conversion et la fidélisation.

c. Détection des Fraudes et Gestion des Risques

Dans les secteurs financier et assurantiel, l'analytique avancée est un atout majeur pour identifier les transactions suspectes et prévenir les fraudes. Des modèles d'IA peuvent repérer des anomalies dans les comportements de paiement et alerter en temps réel les équipes de sécurité.

d. Amélioration des Délais de Production et Maintenance Prédictive

Dans l'industrie manufacturière, l'IA peut anticiper les pannes machines en analysant des signaux faibles tels que la température, les vibrations ou l'usure des composants. Cette approche réduit les interruptions de production et optimise les cycles de maintenance en remplaçant les interventions correctives par des actions préventives.

4. Mise en Place d'une Stratégie d'Analytique Avancée

a. Définir des Objectifs Clairs

Il est essentiel d'identifier les problèmes spécifiques à résoudre avec l'analytique avancée. Une définition claire des objectifs permet de choisir les bons outils et d'aligner la stratégie de donnée avec les besoins réels de l'entreprise.

b. Construire une Infrastructure de Données Solide

Une architecture robuste permettant de stocker, traiter et exploiter les données est essentielle. Le recours à des solutions cloud et à des plateformes d'analyse big data comme Apache Spark ou TensorFlow peut accélérer la transformation digitale.

c. Assurer la Gouvernance et la Sécurité des Données

Le respect des réglementations (RGPD, HIPAA, etc.) et la mise en place de mécanismes de cybersécurité sont cruciaux pour protéger les données sensibles de l'entreprise et des clients.

d. Former les Décideurs et les Opérationnels

L'IA ne remplace pas les experts métier, mais les assiste en leur fournissant des analyses basées sur des faits concrets. Il est donc important d'accompagner les collaborateurs dans l'adoption des outils analytiques pour qu'ils puissent en comprendre les résultats et les exploiter efficacement.

5. Les Défis et Clés de Succès

L'intégration de l'analytique avancée n'est pas sans défis :

- Résistance au changement : Les employés peuvent être réticents à adopter des outils automatisés. Une communication claire sur les bénéfices et un accompagnement personnalisé facilitent l'appropriation.
- Qualité et accessibilité des données : L'efficacité des modèles d'IA dépend fortement de la qualité des données fournies. La mise en place de data lakes bien structurés améliore la fiabilité des résultats.
- Éthique et transparence des algorithmes : Pour assurer une adoption durable, il est crucial que les décisions générées par l'IA soient compréhensibles et justifiables. L'explicabilité des modèles devient donc un critère stratégique.

L'analytique avancée révolutionne la prise de décision en entreprise en fournissant des insights basés sur des analyses complexes et prédictives. En intégrant ces technologies de manière stratégique et en formant les équipes à leur usage, les entreprises peuvent significativement améliorer leur réactivité, leur rentabilité et leur compétitivité sur le long terme. L'exploitation intelligente des données n'est plus un luxe, mais une nécessité pour celles qui souhaitent rester en tête dans un marché en perpétuelle évolution.

5.2.2 Prédiction des tendances et intelligence de marché

L'intégration de l'intelligence artificielle dans la prédiction des tendances et l'intelligence de marché constitue un levier stratégique majeur pour toute entreprise souhaitant anticiper les évolutions de son secteur et prendre des décisions éclairées. Grâce à des algorithmes avancés et une exploitation rigoureuse des données, l'IA permet aux entreprises d'identifier les opportunités émergentes, d'optimiser leurs ressources et de réduire les risques liés à l'incertitude du marché.

1. Comprendre la prédiction des tendances par l'IA

La prédiction des tendances repose sur l'analyse de grands ensembles de données provenant de diverses sources : réseaux sociaux, historiques de vente, publications économiques, études sectorielles et même signaux faibles encore imperceptibles à l'œil humain. L'IA, par le biais de techniques telles que l'apprentissage automatique (machine learning) et le traitement du langage naturel (NLP), est capable d'établir des corrélations et d'identifier des motifs récurrents pour détecter l'émergence de nouvelles dynamiques de marché.

Les entreprises qui intègrent ces technologies peuvent ainsi répondre à plusieurs questions cruciales :
- Quels seront les produits ou services les plus demandés dans les mois à venir ?
- Comment évoluent les préférences des consommateurs ?
- Quelles stratégies adopter face à des changements rapides de l'environnement économique ?

L'IA excelle particulièrement dans la capacité à produire des modèles prédictifs basés sur des données historiques et en temps réel, permettant ainsi aux entreprises de se positionner en amont des tendances et d'ajuster leurs offres avant leurs concurrents.

2. Collecte et exploitation des données de marché

L'efficacité d'un système de prédiction des tendances repose sur la qualité et la diversité des données analysées. Plusieurs types de sources d'information peuvent être intégrées dans les modèles d'IA :

- Données internes : ventes, feedbacks clients, interactions sur les plateformes numériques.
- Données externes : études de marché, rapports financiers, indicateurs macroéconomiques.
- Données issues des réseaux sociaux et du web : sentiment des consommateurs, avis en ligne, discussions sur les forums spécialisés.

L'intelligence artificielle permet de croiser ces informations et d'extraire des insights pertinents à partir de volumes considérables de données. Les entreprises dotées d'un système d'intelligence de marché performant peuvent ainsi identifier les tendances émergentes bien avant qu'elles n'atteignent leur pic de popularité.

3. Techniques et outils utilisés pour la prédiction des tendances

Différentes approches technologiques sont utilisées pour exploiter les données et anticiper les évolutions du marché :

- Analyse prédictive : basée sur l'historique des données, elle permet d'évaluer la probabilité qu'un événement spécifique se produise dans le futur.
- Apprentissage machine supervisé et non supervisé : des modèles entraînés sur des ensembles de données pertinents permettent de reconnaître des modèles et d'effectuer des prévisions plus précises.
- Traitement du langage naturel (NLP) : cette technologie permet d'analyser les sentiments, d'identifier des signaux faibles et d'interpréter les tendances émergentes à partir de sources textuelles variées.
- Vision par ordinateur : utile notamment dans le secteur de la mode, du retail ou encore de la publicité, l'IA peut analyser des images et détecter l'évolution des préférences visuelles des consommateurs.

Des outils spécifiques ont été développés pour faciliter l'adoption de ces techniques, parmi lesquels Google Trends, IBM Watson, ou encore des solutions personnalisées basées sur des bibliothèques comme TensorFlow et Scikit-learn.

4. Avantages compétitifs et impact stratégique

L'implémentation de l'IA dans la prédiction des tendances offre aux entreprises un avantage concurrentiel majeur. Elle leur permet de :

- Anticiper la demande et optimiser la chaîne d'approvisionnement : en prévoyant les fluctuations des besoins clients, les entreprises peuvent ajuster leur production et réduire les coûts liés aux stocks excédentaires.
- Affiner le développement produit : capitaliser sur des tendances émergentes permet aux entreprises d'innover avec des produits alignés sur les attentes du marché.
- Améliorer les stratégies marketing : grâce à une meilleure compréhension

des comportements clients, les campagnes peuvent être adaptées en temps réel pour maximiser leur efficacité.

- Minimiser les risques financiers : les décisions reposent sur des données concrètes et des analyses précises, réduisant ainsi l'incertitude et l'exposition aux aléas économiques.

5. Étapes pour implémenter un système de prévision des tendances

L'intégration d'un modèle de prédiction basé sur l'IA au sein d'une entreprise suit plusieurs étapes clés :

1. Définir les objectifs stratégiques : identifier les besoins spécifiques et les indicateurs à surveiller.
2. Collecter et structurer les données : mettre en place une infrastructure permettant de centraliser et nettoyer les données nécessaires.
3. Choisir les outils et les algorithmes adaptés : sélectionner les technologies d'IA et les modèles statistiques les plus pertinents.
4. Entraîner les modèles et valider les prévisions : tester différentes méthodes et mesurer leur efficacité en condition réelle.
5. Intégrer les résultats dans les processus décisionnels : exploiter les prédictions pour guider la stratégie de l'entreprise.
6. Surveiller et améliorer continuellement le modèle : affiner les algorithmes en fonction des évolutions du marché et des retours d'expérience.

6. Étude de cas : succès de l'IA dans la prédiction des tendances

Un exemple concret de l'impact de l'IA sur la prédiction des tendances est celui d'une grande enseigne de retail ayant adopté l'apprentissage automatique pour anticiper les préférences des consommateurs. Grâce à l'analyse de milliards de points de données issus des réseaux sociaux et des historiques de vente, l'entreprise a pu ajuster en temps réel son offre produit et personnaliser ses recommandations clients. Résultat : une augmentation de 15 % du chiffre d'affaires en un an et une réduction significative des invendus.

L'IA révolutionne la manière dont les entreprises appréhendent l'intelligence de marché et la prédiction des tendances. En exploitant des données massives et en appliquant des modèles avancés d'apprentissage, les organisations peuvent transformer l'incertitude en opportunité et devancer la concurrence. Implémenter une stratégie basée sur l'IA pour la veille stratégique et l'anticipation des évolutions du marché n'est plus un luxe, mais une nécessité pour toute entreprise souhaitant assurer sa pérennité et maximiser son succès.

5.2.3 IA pour la gestion des risques et la conformité

Dans un environnement économique de plus en plus réglementé et incertain, la gestion des risques et la conformité sont devenues des enjeux majeurs pour les entreprises. L'intelligence artificielle (IA) joue un rôle capital pour anticiper les risques, assurer une conformité réglementaire stricte et optimiser les processus de contrôle. Grâce à l'IA, les organisations peuvent analyser d'énormes volumes de données en temps réel, détecter les anomalies et automatiser les processus de reporting, réduisant ainsi les coûts, les erreurs humaines et les sanctions potentielles.

1. Automatisation de la gestion des risques

L'IA transforme la gestion des risques en permettant une approche préventive plutôt que réactive. Les modèles d'apprentissage automatique peuvent analyser les données historiques pour identifier des scénarios à risque et prédire des événements indésirables avant qu'ils ne surviennent.

- Analyse prédictive des risques : Grâce aux algorithmes d'apprentissage supervisé et non supervisé, l'IA peut évaluer des très grands volumes de données pour identifier des récurrences ou des schémas inhabituels. Cela s'applique aux domaines financiers, à la cybersécurité, ou encore à la gestion des fournisseurs en identifiant les acteurs à risque.
- Prévention des fraudes : Dans les secteurs de la finance et du e-commerce, l'IA permet de repérer les transactions suspectes en temps réel en détectant des comportements atypiques par rapport aux habitudes d'un client ou aux pratiques du marché.
- Optimisation des assurances et de la gestion des sinistres : Les compagnies d'assurance utilisent l'IA pour évaluer la probabilité de survenance d'événements catastrophiques, ajuster les primes, et traiter les

déclarations de sinistres avec plus d'efficacité.

2. Renforcement de la conformité réglementaire

Le respect des réglementations est un enjeu majeur pour les entreprises, sous peine de lourdes sanctions financières et d'atteintes à leur réputation. L'IA permet d'automatiser et d'améliorer la conformité en détectant les non-conformités et en facilitant la documentation des processus.

- Surveillance réglementaire en temps réel : L'IA scrute en permanence les nouvelles réglementations et législations applicables à l'entreprise, identifiant leur impact potentiel et suggérant des adaptations nécessaires aux processus internes.
- Automatisation des audits et du reporting : Les solutions IA permettent d'automatiser la collecte et l'analyse de données requises pour les audits internes et externes. Cela réduit le temps et les coûts associés aux contrôles réglementaires, tout en améliorant leur efficacité.
- Détection des erreurs et des écarts : Les algorithmes de traitement du langage naturel (NLP) et d'analyse de données peuvent passer en revue les contrats, les documents légaux et les bases de données réglementaires pour s'assurer que les politiques internes respectent les normes en vigueur.

3. Mise en œuvre d'une IA efficace pour la gestion des risques et la conformité

Pour tirer pleinement parti de l'IA dans ces domaines, il est essentiel de suivre une méthodologie rigoureuse et d'intégrer l'IA aux processus existants de manière fluide.

A. Choisir les bons outils et technologies
Il existe de nombreuses solutions d'IA spécialisées dans la gestion des risques et la conformité. Le choix doit être fait en fonction des besoins spécifiques de l'entreprise. Les outils de machine learning permettent des analyses avancées, tandis que les solutions de traitement du langage peuvent automatiser l'analyse de documents réglementaires et les procédures de mise en conformité.

B. Assurer la qualité des données
L'efficacité des modèles IA dépend de la qualité et de la diversité des

données utilisées. Une mauvaise qualité des données peut engendrer des biais dans l'analyse et fausser les prédictions. Il est essentiel de mettre en place des contrôles rigoureux de la collecte, du nettoyage et de la structuration des données.

C. Former les collaborateurs à l'IA et aux enjeux de la conformité

L'intelligence artificielle ne remplace pas totalement l'intervention humaine. Il est crucial de former les employés à comprendre les recommandations fournies par l'IA, à interpréter les résultats et à superviser les processus automatisés pour éviter les erreurs. Une collaboration étroite entre les équipes IT, juridiques et de gestion des risques est indispensable.

4. Étude de cas : Implémentation réussie d'une IA de gestion des risques

Une grande banque internationale a mis en place une solution basée sur l'IA pour renforcer son dispositif de conformité et de gestion des risques financiers. Leur système d'IA a permis d'automatiser l'analyse des transactions et la détection des fraudes en s'appuyant sur des algorithmes de machine learning. Résultat : une réduction de 35 % des fausses alertes, une accélération du traitement des dossiers de conformité et une diminution des coûts de contrôle interne de 20 %.

Grâce à cette approche, la banque a pu non seulement mieux respecter les réglementations en vigueur, mais aussi améliorer l'expérience client en fluidifiant les processus. Cela démontre l'impact direct de l'intelligence artificielle sur la gestion et l'optimisation des risques, un facteur clé pour assurer la pérennité des entreprises à l'ère du numérique.

L'intégration de l'IA dans la gestion des risques et la conformité offre des bénéfices considérables : anticipation des menaces, optimisation des audits, réduction des coûts et amélioration des processus de conformité. Toutefois, sa mise en œuvre nécessite une stratégie bien définie et une supervision humaine essentielle pour garantir la pertinence et la fiabilité des décisions. En exploitant le potentiel de l'IA, les entreprises ne se contentent pas de répondre aux exigences réglementaires, elles renforcent leur résilience et leur compétitivité sur le long terme.

5.3 Optimiser les interactions avec les clients

L'intelligence artificielle transforme en profondeur la manière dont les entreprises interagissent avec leurs clients. Une interaction efficace ne se limite plus à répondre aux demandes ; il s'agit d'anticiper les besoins, d'améliorer l'expérience utilisateur et d'accroître la satisfaction tout en optimisant les coûts opérationnels. Dans cette section, nous découvrirons comment l'IA permet d'améliorer la gestion des interactions client à travers l'automatisation intelligente, l'analyse des données et une personnalisation accrue.

1. Automatiser les interactions tout en préservant l'humain

L'automatisation des interactions client repose en grande partie sur des technologies telles que les chatbots et les assistants virtuels. Ces outils permettent de gérer un grand volume de requêtes tout en assurant une disponibilité 24/7.

Les chatbots modernes ne se contentent plus de réponses préprogrammées ; grâce au traitement automatique du langage naturel (NLP), ils comprennent le contexte des demandes et proposent des réponses adaptées. Par exemple, un chatbot basé sur l'IA peut guider un client dans le choix d'un produit en fonction de ses préférences et de son historique d'achats.

Toutefois, l'automatisation doit être intelligemment encadrée. Si un client exprime une frustration, l'IA peut détecter les signaux émotionnels et proposer un transfert vers un conseiller humain. L'objectif est d'améliorer l'efficacité sans sacrifier la qualité du service ni l'aspect relationnel.

2. Utiliser les données pour anticiper les besoins des clients

L'un des principaux avantages de l'IA réside dans sa capacité à traiter d'énormes volumes de données en temps réel. Chaque interaction client génère des informations précieuses qui, une fois analysées, permettent d'améliorer les services et de personnaliser l'expérience.

Les entreprises peuvent exploiter l'IA pour :

- Identifier des tendances de comportement d'achat en analysant les historiques et les préférences.
- Prédire les besoins avant même que le client n'exprime une demande.
- Adapter les offres en fonction des habitudes de consommation.

À titre d'exemple, une plateforme e-commerce utilisant l'intelligence artificielle peut recommander des produits pertinents sur la base des recherches et des précédents achats du client. Cette personnalisation renforce l'engagement et favorise la fidélisation.

3. Améliorer la gestion des retours et des avis clients

Les avis et retours clients sont des sources d'amélioration cruciales. L'IA permet d'analyser cette masse d'informations avec précision grâce au traitement du langage naturel et à l'analyse des sentiments.

- Détection des tendances et des problèmes récurrents : En exploitant l'apprentissage machine, les entreprises peuvent identifier rapidement les motifs récurrents de plaintes ou d'insatisfaction et ainsi réagir de manière proactive.
- Priorisation des tickets : Une IA intelligente peut classer les demandes en fonction de leur urgence et attribuer automatiquement certains cas aux services compétents.
- Réponses automatiques adaptées : Des modèles avancés de langage, comme ceux utilisés dans l'IA générative, sont capables de rédiger des réponses personnalisées aux avis clients tout en conservant un ton professionnel et approprié.

En intégrant ces outils, les entreprises optimisent leur réactivité et améliorent leur image auprès des consommateurs.

4. Créer une expérience omnicanale fluide et cohérente

À l'ère du numérique, les clients interagissent avec les marques via plusieurs canaux : sites web, applications, réseaux sociaux, e-mails, et même assistants vocaux. Une approche omnicanale cohérente est essentielle pour offrir une expérience homogène et sans friction.

L'intelligence artificielle joue un rôle clé pour synchroniser ces interactions. Grâce à elle, un client qui débute une conversation sur un chatbot peut ensuite reprendre cette même interaction avec un conseiller humain sans perdre le contexte. L'IA centralise les informations et assure une continuité dans le parcours client, améliorant ainsi l'expérience utilisateur.

Les solutions basées sur l'IA permettent aussi d'adapter le ton et le style de communication en fonction du canal utilisé. Un message adressé via un chatbot sur un site e-commerce pourra avoir un ton direct et explicatif, tandis qu'un échange sur les réseaux sociaux adoptant une approche plus conversationnelle favorisera l'engagement.

5. Réduire les coûts tout en augmentant la satisfaction

L'optimisation des interactions client grâce à l'IA ne se traduit pas seulement par une amélioration de l'expérience utilisateur, mais aussi par une réduction significative des coûts opérationnels.

- Diminution du nombre d'appels et d'e-mails traités manuellement : En automatisant les interactions courantes, les agents humains peuvent se concentrer sur les dossiers plus complexes, améliorant ainsi leur productivité.
- Réduction du temps de traitement : Les IA conversationnelles accélèrent la résolution des requêtes en fournissant rapidement des informations pertinentes.
- Diminution du taux de résolutions tardives : Grâce à l'analyse prédictive, l'IA peut adresser certains problèmes avant qu'ils ne deviennent des sources d'insatisfaction.

En optimisant la gestion des interactions client, les entreprises diminuent ainsi leurs coûts tout en renforçant la fidélité et la satisfaction des consommateurs.

L'intelligence artificielle bouleverse la manière dont les entreprises interagissent avec leurs clients en rendant ces interactions plus fluides, personnalisées et réactives. Grâce à l'automatisation intelligente, à l'analyse des données et à l'intégration omnicanale, les organisations peuvent non seulement améliorer leur relation clientèle, mais aussi réduire leurs coûts et maximiser leur rentabilité.

Cependant, la clé du succès réside dans un équilibre subtil entre l'automatisation et l'intervention humaine. Une entreprise qui tire pleinement parti de l'IA, tout en conservant une approche centrée sur le client, bâtira une stratégie efficace et durable. L'optimisation des interactions client par l'IA ne doit pas être perçue comme un simple levier technologique, mais comme un outil stratégique essentiel pour assurer la croissance et la pérennité de l'entreprise.

5.3.1 Personnalisation de l'expérience client

L'intelligence artificielle (IA) révolutionne la personnalisation de l'expérience client en permettant aux entreprises de proposer des interactions sur mesure, adaptées aux attentes et aux préférences individuelles de chaque client. Grâce à l'analyse des données, aux algorithmes d'apprentissage machine et à l'automatisation intelligente, il est désormais possible d'anticiper les besoins des consommateurs, de leur offrir des recommandations pertinentes et d'améliorer leur satisfaction globale.

Comprendre les attentes des clients grâce aux données

L'un des atouts majeurs de l'IA est sa capacité à analyser des volumes massifs de données en temps réel. Les entreprises collectent des informations issues de multiples canaux : historique d'achats, navigation sur les sites web, interactions avec le service client, retours sur les réseaux sociaux, etc. Grâce aux algorithmes d'analyse prédictive, ces données permettent d'identifier des schémas de comportement et d'anticiper les préférences individuelles.

Par exemple, une plateforme de commerce en ligne peut recommander des produits en fonction de l'historique d'achat d'un client et des tendances similaires observées sur des profils comparables. De même, une entreprise de streaming peut ajuster ses suggestions de contenu en fonction des habitudes de visionnage et des notes attribuées.

Automatiser et adapter les communications

L'IA permet d'automatiser et de personnaliser les interactions avec les clients de manière précise et efficace. Les chatbots intelligents et les assistants virtuels, par exemple, offrent un service client instantané et adapté aux préférences de chaque utilisateur. Contrairement aux solutions classiques où chaque client reçoit le même message générique, les systèmes basés sur l'IA peuvent ajuster le ton, le canal et le moment de l'interaction en fonction des habitudes et des inclinations de l'individu.

Ainsi, un chatbot peut reconnaître un client fidèle et lui proposer immédiatement une offre promotionnelle correspondant à ses achats passés. Un assistant virtuel dans le secteur bancaire peut, quant à lui, suggérer des offres de prêts adaptées au profil financier de l'utilisateur, sans nécessiter d'intervention humaine.

Prédiction des besoins et recommandations intelligentes

L'un des principaux avantages de la personnalisation par l'IA réside dans sa capacité à prédire les besoins avant même que le client n'exprime une demande. En analysant l'évolution des comportements d'achat et des interactions, les entreprises peuvent mettre en place des recommandations proactives.

Prenons l'exemple d'une compagnie aérienne utilisant l'IA pour anticiper les voyages de ses passagers fréquents. Plutôt que d'attendre que ces clients effectuent une nouvelle réservation, l'entreprise peut leur envoyer des propositions de vol adaptées à leurs préférences passées, accompagnées d'offres exclusives. Cette approche proactive améliore non seulement l'expérience du client, mais augmente également le taux de conversion et la fidélisation.

Personnalisation du parcours client en temps réel

L'IA permet également d'adapter l'expérience client en temps réel. Les systèmes avancés d'apprentissage machine ajustent dynamiquement les interactions en fonction du comportement actuel du client.

Dans le secteur du e-commerce, cela se traduit par une mise à jour instantanée des recommandations sur une page web en fonction des articles consultés. Un client qui explore une catégorie spécifique de produits peut ainsi voir sa page d'accueil modifiée immédiatement pour mettre en avant des articles complémentaires ou des promotions pertinentes.

Dans le cadre du service client, un centre d'appel équipé d'une IA peut analyser en direct le ton de la voix du client et ajuster l'attitude de l'agent ou du chatbot pour mieux répondre à son état émotionnel. Un client irrité pourrait ainsi être dirigé vers un conseiller expérimenté ou bénéficier d'un geste commercial pertinent pour apaiser la situation.

Défis et bonnes pratiques de la personnalisation par l'IA

Bien que l'IA offre des opportunités considérables en matière de personnalisation, son déploiement doit s'accompagner de bonnes pratiques pour garantir une expérience client optimale et respectueuse :

- Transparence et respect de la vie privée : Il est crucial d'informer les clients sur l'utilisation de leurs données et de leur offrir un contrôle sur leurs préférences de personnalisation. Une approche opaque pourrait générer de la méfiance et nuire à la relation client.
- Équilibre entre automatisation et interaction humaine : Si l'IA optimise de nombreux processus, il est essentiel de ne pas déshumaniser l'expérience client. Un service hybride, combinant intelligence artificielle et assistance humaine, garantit un accompagnement efficace tout en maintenant une touche humaine appréciée.
- Éviter les recommandations inappropriées : Une personnalisation excessive ou mal ciblée peut susciter un sentiment d'intrusion. Il est donc important d'ajuster finement les algorithmes pour éviter de proposer des suggestions inadéquates ou trop répétitives.
- Amélioration continue : Les modèles d'IA doivent être régulièrement entraînés et mis à jour pour s'adapter à l'évolution des comportements et aux tendances du marché. Une personnalisation statique risque de devenir obsolète et inefficace.

L'intégration de l'IA dans la personnalisation de l'expérience client représente une avancée majeure pour les entreprises. En permettant une compréhension approfondie des attentes des consommateurs, une automatisation intelligente des interactions et une réactivité en temps réel, elle favorise une relation client plus fluide, engageante et efficace. Cependant, sa mise en œuvre doit respecter un cadre éthique et stratégique visant à garantir une expérience utile et non intrusive.

Les entreprises qui sauront exploiter judicieusement l'IA pour personnaliser l'expérience client en tireront un avantage compétitif considérable, en renforçant la fidélisation, en augmentant leurs ventes et en optimisant leurs coûts opérationnels.

5.3.2 Amélioration du service après-vente

L'implémentation de l'intelligence artificielle (IA) dans le service après-vente représente une opportunité stratégique majeure pour les entreprises désireuses d'optimiser l'expérience client tout en réduisant leurs coûts opérationnels. Grâce aux avancées technologiques, il est désormais possible d'automatiser une grande partie des interactions, d'améliorer la gestion des demandes et d'anticiper les besoins des clients avec une précision accrue.

Automatisation et personnalisation du support client

L'une des premières améliorations que l'IA apporte au service après-vente réside dans l'automatisation des réponses aux demandes récurrentes. Les chatbots et assistants virtuels, alimentés par le traitement du langage naturel (NLP), permettent de répondre instantanément aux questions fréquentes, réduisant ainsi les délais d'attente et la charge de travail des agents humains. Ces outils ne se contentent pas de fournir des réponses pré-enregistrées : grâce à l'apprentissage automatique, ils s'adaptent aux requêtes spécifiques de chaque client et affinent leurs recommandations au fil du temps.

Par ailleurs, l'IA permet une personnalisation avancée du service après-vente. À l'aide de l'analyse des données clients, elle identifie les habitudes d'utilisation des produits ou services et prédit les problèmes potentiels avant même qu'ils ne soient signalés. Cette approche proactive améliore la satisfaction client en réduisant les frustrations liées aux dysfonctionnements imprévus ou aux difficultés d'utilisation.

Optimisation de la gestion des tickets

Le tri et la redistribution des demandes clients peuvent être extrêmement chronophages lorsqu'ils s'effectuent manuellement. L'IA facilite cette gestion en analysant le contenu des requêtes et en les classant automatiquement selon leur niveau d'urgence et leur complexité. Les algorithmes d'apprentissage supervisé permettent d'orienter chaque demande vers l'agent ou le service le plus qualifié pour y répondre, réduisant ainsi le temps de résolution et la frustration des clients.

De plus, grâce au traitement intelligent des tickets, l'IA peut suggérer des solutions pertinentes avant même qu'un agent n'intervienne. En exploitant une base de connaissances enrichie en continu, elle propose des recommandations basées sur des cas similaires résolus par le passé. Cette capacité réduit significativement la durée moyenne de traitement des incidents.

Assistance prédictive et maintenance proactive

Une autre avancée majeure permise par l'IA est l'anticipation des pannes et des besoins de maintenance. En exploitant les données issues des équipements ou des interactions clients, les modèles d'IA identifient des schémas révélateurs de dysfonctionnements imminents. Cette approche proactive permet à l'entreprise d'intervenir avant que le problème ne survienne, assurant ainsi une continuité optimale du service.

Par exemple, dans l'industrie manufacturière, l'IA analyse les signaux émis par les machines pour détecter des anomalies, évitant ainsi des pannes coûteuses. De même, dans le secteur des logiciels, un service après-vente basé sur l'IA peut avertir un utilisateur avant qu'un bug critique n'affecte son expérience, en lui suggérant une mise à jour corrective.

Amélioration continue grâce aux retours clients

L'intégration de l'IA permet également une analyse approfondie des retours clients, favorisant une amélioration constante du service après-vente. En traitant automatiquement les enquêtes de satisfaction et les commentaires sur divers canaux (emails, réseaux sociaux, forums, etc.), les algorithmes identifient les tendances et les points de friction récurrents.

L'analyse des sentiments, en particulier, offre une compréhension fine des émotions exprimées par les clients. Cela permet aux entreprises d'adapter leur communication et d'optimiser leurs processus pour mieux répondre aux attentes du marché. En mettant en place des boucles d'amélioration basées sur ces insights, les entreprises peuvent ajuster en continu leur stratégie de service après-vente.

Réduction des coûts et augmentation de l'efficacité opérationnelle

En automatisant une grande partie des interactions et en rationalisant le traitement des demandes, l'IA contribue à une réduction significative des coûts opérationnels. Moins de ressources humaines sont mobilisées pour des tâches répétitives, permettant aux équipes de se concentrer sur la gestion des cas complexes et les interactions à forte valeur ajoutée.

De plus, les outils basés sur l'IA optimisent la formation des agents en leur fournissant des recommandations en temps réel et en adaptant les supports de formation en fonction des lacunes identifiées. Cette approche améliore la productivité et la qualité du service, garantissant une meilleure rétention des clients et une augmentation du taux de fidélisation.

L'intégration de l'IA dans le service après-vente transforme radicalement la manière dont les entreprises interagissent avec leurs clients. En combinant automatisation, personnalisation et analyse prédictive, elle permet d'offrir un support plus réactif, plus efficace et mieux adapté aux attentes. En parallèle, la réduction des coûts opérationnels et l'amélioration continue du service contribuent à faire du service après-vente un véritable levier stratégique de croissance.

Les entreprises qui adoptent ces technologies dès aujourd'hui se dotent d'un avantage concurrentiel majeur, en renforçant la satisfaction client tout en optimisant leurs performances internes. En tirant pleinement parti des capacités de l'IA, elles transforment le service après-vente en une expérience fluide, proactive et hautement efficace.

5.3.3 Analyse des sentiments et des feedbacks clients

L'analyse des sentiments et des feedbacks clients est une application clé de l'intelligence artificielle en entreprise. En exploitant les techniques de traitement du langage naturel (NLP) et d'apprentissage automatique, les organisations peuvent transformer des données textuelles en insights exploitables. Cette capacité permet d'améliorer l'expérience client, d'optimiser les produits et services et, in fine, d'accroître la compétitivité sur le marché.

1. L'importance de l'analyse des sentiments

Les clients expriment quotidiennement leurs opinions sur les réseaux sociaux, les forums, les avis en ligne et les enquêtes de satisfaction. Cependant, traiter manuellement cet immense volume de données est une tâche ardue, coûteuse et souvent inefficace. L'IA offre une solution en automatisant l'extraction et l'interprétation des sentiments à grande échelle.

Cette analyse permet aux entreprises de :
- Mesurer la satisfaction client en évaluant les émotions véhiculées dans les commentaires.
- Anticiper d'éventuelles crises en identifiant rapidement des tendances négatives.
- Ajuster les produits et services en fonction des attentes réelles du marché.
- Optimiser la communication en adaptant les messages en fonction des ressentis des clients.

Grâce aux algorithmes de NLP, il est possible de classifier automatiquement les sentiments en catégories telles que positif, neutre ou négatif, mais aussi d'analyser des subtilités comme l'ironie ou la frustration, ce qui améliore la pertinence des décisions stratégiques.

2. Collecte et prétraitement des données

Avant toute analyse, il est essentiel de collecter et de structurer les données. Les sources peuvent inclure :

- Les avis clients sur les plateformes comme Trustpilot, Google Reviews ou Amazon.
- Les interactions sur les réseaux sociaux (Twitter, Facebook, Instagram, LinkedIn, etc.).
- Les tickets et e-mails de support client.
- Les forums et communautés en ligne.

Une fois les données collectées, une phase de nettoyage est nécessaire. Cela inclut l'élimination des doublons, la correction des fautes, la suppression des éléments non pertinents (publicités, spam) et la standardisation du texte pour garantir une analyse précise.

3. Techniques et algorithmes utilisés

L'analyse des sentiments repose sur plusieurs approches :

- Méthodes basées sur des lexiques : utilisation de dictionnaires de mots associés à des scores de polarité (positif/négatif). Cette approche est efficace mais limitée face aux expressions nuancées.
- Modèles de machine learning supervisé : utilisation d'algorithmes comme la régression logistique, les SVM ou les réseaux neuronaux entraînés sur des corpus annotés pour détecter automatiquement les sentiments.
- Deep Learning et transformers : modèles avancés comme BERT ou GPT permettent de capturer le contexte et les subtilités du langage, améliorant considérablement la précision des analyses.

Certaines entreprises intègrent ces modèles dans leurs chatbots ou assistants virtuels pour adapter leur réponse en fonction du ton employé par l'utilisateur.

4. Cas d'usage et bénéfices concrets

L'analyse des feedbacks permet aux entreprises de prendre des décisions éclairées. Voici quelques exemples d'application :

- Amélioration des services clients : une entreprise de télécommunications peut identifier les frustrations récurrentes liées à une panne de réseau en analysant les plaintes sur Twitter.
- Optimisation des produits : un fabricant automobile peut ajuster la

conception d'un modèle en fonction des remarques négatives laissées par les premiers acheteurs.
- Surveillance de l'image de marque : une marque de cosmétiques peut détecter une polémique émergente et y répondre rapidement avant qu'elle n'impacte sa réputation.

Les entreprises qui exploitent efficacement ces données constatent une augmentation de la fidélisation client, une réduction du taux de churn et une meilleure gestion des risques liés à l'image de marque.

5. Défis et meilleures pratiques

Si l'analyse des sentiments offre de nombreux avantages, elle pose également plusieurs défis :

- Compréhension des subtilités linguistiques : l'ironie, le sarcasme ou les doubles sens sont parfois mal interprétés par les algorithmes.
- Biais des données : si l'IA est entraînée sur un corpus non représentatif, elle peut produire des résultats biaisés (par exemple, surreprésenter une opinion négative).
- Problèmes de confidentialité : l'analyse des feedbacks en ligne implique la collecte de données publiques, ce qui soulève des enjeux de respect de la vie privée.

Pour maximiser l'efficacité de l'analyse des sentiments, il est recommandé de :

- Combiner plusieurs approches (lexiques et deep learning) pour affiner les résultats.
- Effectuer un contrôle humain afin de valider les insights obtenus par l'IA et éviter des conclusions erronées.
- Mettre à jour régulièrement les modèles pour qu'ils restent pertinents face aux évolutions du langage et des tendances.

L'analyse des sentiments et des feedbacks clients représente un atout stratégique pour les entreprises souhaitant optimiser leur prise de décision. Grâce à l'intelligence artificielle, il est désormais possible d'extraire en temps réel des insights précieux à partir d'un volume massif de données textuelles. Une application bien maîtrisée de ces technologies permet non seulement d'améliorer l'expérience client, mais aussi de renforcer l'image de marque et la compétitivité globale.

6 Mesurer l'impact et ajuster l'implémentation

L'implantation de l'intelligence artificielle dans une entreprise ne se limite pas à son déploiement initial. Une phase critique suit immédiatement cette mise en place : l'évaluation des performances et l'ajustement des stratégies. Sans une méthodologie rigoureuse pour mesurer les impacts de l'IA, il devient impossible de s'assurer que les objectifs fixés – qu'il s'agisse d'une augmentation des profits, d'une réduction des coûts ou d'une optimisation des opérations – sont réellement atteints.

1. Définir des indicateurs de performance pertinents

Pour mesurer l'impact de l'IA, il est essentiel de s'appuyer sur des KPI (Key Performance Indicators) adaptés à l'entreprise et à l'usage spécifique de l'intelligence artificielle. Ces indicateurs doivent être définis dès la phase de conception et ajustés en fonction des retours d'expérience.

Les KPIs les plus utilisés dans le suivi de l'IA incluent :

- Efficacité opérationnelle : la réduction du temps nécessaire pour effectuer une tâche.
- Précision des prédictions : pour les systèmes prédictifs, le taux de fiabilité des recommandations ou analyses.
- Réduction des coûts : économies réalisées grâce à l'automatisation ou à l'optimisation des processus.
- Engagement des clients : impact sur la satisfaction client si l'IA est utilisée dans des interactions avec la clientèle.
- Retour sur investissement (ROI) : comparaison entre les coûts d'implémentation et les gains financiers générés.

Chaque entreprise doit adapter ces indicateurs à son secteur d'activité et à ses objectifs stratégiques.

2. Collecter et analyser les données

Une fois les KPIs définis, l'entreprise doit mettre en place un système de suivi structuré. L'intelligence artificielle elle-même peut être un atout dans cette tâche, en traitant un grand volume de données en temps réel.

Les étapes de cette collecte sont :

1. Automatisation du reporting : Intégrer une solution qui génère des rapports réguliers sur les indicateurs de performances associés à l'IA.
2. Comparaison avec les attentes : Mesurer l'écart entre les objectifs définis en amont et les résultats obtenus.
3. Identification des anomalies : Détecter les points bloquants ou les cas où l'IA fonctionne en deçà des attentes.

Une évaluation ne doit pas se faire uniquement sur une période courte. Il est préférable de suivre ces indicateurs sur plusieurs semaines ou mois afin d'observer des tendances et éviter des conclusions hâtives.

3. Ajuster l'implémentation pour maximiser les résultats

Si l'impact mesuré ne correspond pas aux attentes, l'entreprise doit adapter son usage de l'IA. Trois axes d'amélioration peuvent être envisagés :

1. Affiner les algorithmes

L'apprentissage automatique repose sur des modèles qui doivent être ajustés régulièrement. Certaines solutions nécessitent un affinement des paramètres ou l'enrichissement des données utilisées pour améliorer la précision des résultats.

2. Modifier l'intégration dans les processus métier

Une IA peut sous-performer si elle est mal intégrée aux workflows existants. Dans ce cas, il faut revoir les points d'insertion de l'outil dans le cycle de production ou d'exploitation. Par exemple, une IA d'assistance client peut être plus efficace si elle intervient avant qu'un agent humain ne prenne le relais plutôt qu'après plusieurs tentatives infructueuses.

3. Former les collaborateurs

Une mauvaise performance d'un outil d'IA peut aussi provenir d'un manque de compréhension de son fonctionnement par les équipes. Un programme de formation ciblé peut améliorer l'adoption et l'efficacité de l'intelligence artificielle.

4. Assurer une amélioration continue

Adopter l'IA n'est pas un projet à durée déterminée, mais un processus continu. L'entreprise doit mettre en place un cycle d'amélioration qui repose sur :

- Une veille technologique constante : les avancées en IA évoluent rapidement, et il est crucial d'adapter les outils en conséquence.
- Des mises à jour régulières : les modèles d'IA doivent être mis à jour pour éviter qu'ils ne deviennent obsolètes.
- Une réévaluation des objectifs : un indicateur pertinent aujourd'hui peut ne plus l'être dans un an. L'entreprise doit rester agile dans sa manière de mesurer l'impact de son IA.

L'IA ne délivre tout son potentiel que lorsque son impact est soigneusement mesuré et ajusté en fonction des résultats obtenus. La mise en place d'indicateurs pertinents, l'analyse rigoureuse des données collectées et une adaptation régulière garantissent que l'IA génère réellement une valeur ajoutée. Au fil du temps, cette approche permet non seulement d'optimiser les bénéfices de l'IA, mais aussi d'assurer une adoption pérenne et rentable pour l'entreprise.

L'intelligence artificielle (IA) est aujourd'hui un levier stratégique incontournable pour les entreprises cherchant à accroître leur compétitivité, optimiser leurs processus et maximiser leurs profits. Pourtant, son intégration peut sembler intimidante, notamment pour les structures ne disposant pas de compétences technologiques avancées. Ce chapitre présente une approche pragmatique et accessible pour mettre en œuvre l'IA au sein d'une organisation sans complexité excessive, tout en garantissant des résultats tangibles.

Identifier les opportunités d'optimisation

Avant toute implémentation, il est essentiel d'évaluer comment l'IA peut répondre aux défis spécifiques de l'entreprise. Cette étape commence par un audit des processus existants afin d'identifier les tâches répétitives, les goulets d'étranglement ou les domaines nécessitant des analyses complexes.

Les principales opportunités d'application de l'IA en entreprise incluent :

- Automatisation des tâches administratives : réduction du temps consacré aux processus répétitifs tels que la saisie de données, la gestion des e-mails ou le traitement des factures.
- Optimisation de la relation client : amélioration du support grâce aux chatbots et aux systèmes de recommandations personnalisées.
- Prise de décision améliorée : exploitation de l'analyse prédictive pour anticiper les tendances du marché et affiner les stratégies commerciales.
- Réduction des coûts opérationnels : utilisation d'algorithmes d'optimisation pour gérer les stocks, la logistique ou encore la maintenance prédictive.

Un processus efficace consiste à classer ces opportunités en fonction de leur impact potentiel et de leur faisabilité, afin d'identifier les domaines prioritaires.

Choisir les bonnes solutions d'IA

De nombreuses solutions fondées sur l'IA sont aujourd'hui accessibles sans nécessiter de développement interne complexe. Les entreprises peuvent opter pour :

- Des outils « prêts à l'emploi » : CRM intelligents, plateformes de traitement automatique du langage, logiciels d'analyse prédictive, etc.
- Des solutions personnalisées : développées en interne ou avec l'aide de prestataires spécialisés pour répondre à des besoins spécifiques.
- Des services cloud : accessibles via des API fournies par des géants technologiques comme Google, Microsoft ou Amazon, permettant une intégration rapide et évolutive.

Le choix dépend de critères tels que le budget, le niveau de maturité numérique de l'entreprise et les exigences spécifiques du secteur d'activité.

Élaborer une stratégie d'intégration efficace

1. Définir les objectifs clairs

Toute implémentation d'IA doit être guidée par des objectifs précis, mesurables et alignés avec la stratégie globale de l'entreprise. Il est essentiel de fixer des indicateurs de performance clés (KPIs) pour évaluer l'impact des solutions mises en place.

2. Impliquer les équipes

L'adoption de l'IA ne se limite pas à un simple changement technologique : elle impacte aussi les processus et la culture d'entreprise. La formation et l'accompagnement des collaborateurs sont cruciaux pour assurer une transition fluide et éviter les résistances au changement.

3. Débuter par des projets pilotes

Plutôt que de transformer l'intégralité des opérations en une seule étape, il est recommandé de tester les solutions sur des projets pilotes à faible risque. Cela permet d'optimiser les processus, d'évaluer les performances et d'ajuster les paramètres avant un déploiement à grande échelle.

4. Garantir la qualité des données

L'IA repose sur l'analyse et l'exploitation des données. Assurer la fiabilité, la structuration et la sécurité des données est une condition essentielle pour obtenir des résultats pertinents. Un nettoyage et une mise à jour régulière des bases de données sont indispensables.

5. Suivre et ajuster en continu

L'IA n'est pas une solution figée : elle nécessite une surveillance constante pour s'adapter aux évolutions du marché et aux retours d'expérience. Une analyse régulière des performances permet d'apporter les ajustements nécessaires et d'optimiser les bénéfices.

Anticiper les défis et les risques

L'intégration de l'IA peut soulever certains défis qu'il convient d'anticiper :

- Coût initial et retour sur investissement : bien que l'IA puisse générer des économies à long terme, l'investissement initial doit être raisonnablement calibré en fonction des bénéfices attendus.
- Gestion du changement : accompagner les collaborateurs pour éviter une perception négative de l'IA comme un remplaçant de l'humain.

- Compliance et éthique : s'assurer du respect des réglementations en matière de protection des données et éviter les biais algorithmiques pouvant générer des décisions discriminatoires.
- Cyber-sécurité : renforcer la protection des systèmes et des données afin de limiter les risques d'intrusions ou d'altérations malveillantes.

 Cas pratiques et retour d'expérience

De nombreuses entreprises, qu'elles soient start-ups ou grandes corporations, ont réussi à transformer leur fonctionnement grâce à l'IA :

- Exemple 1 - Industrie : Une entreprise de fabrication a mis en place une solution de maintenance prédictive basée sur l'IA, réduisant les pannes de 30 % et optimisant la gestion des stocks de pièces détachées.
- Exemple 2 - Commerce : Un site e-commerce a intégré des algorithmes de recommandation personnalisée, augmentant son taux de conversion de 20 %.
- Exemple 3 - Finance : Une institution bancaire a automatisé l'analyse des dossiers de crédit, réduisant le temps de traitement des demandes de 40 %.

Ces success stories démontrent qu'une approche bien planifiée et méthodique peut aboutir à des résultats significatifs, même sans expertise technologique avancée.

L'adoption de l'IA en entreprise est un atout considérable pour augmenter la rentabilité et réduire les coûts. Plutôt que de se focaliser sur la complexité technologique, l'enjeu réside dans l'identification des bonnes opportunités, le choix d'outils adaptés et une intégration progressive, accompagnée d'une solide stratégie de gestion du changement. En abordant l'IA avec pragmatisme, il est possible d'en faire un véritable moteur de croissance et d'innovation.

6.1 Définir des indicateurs de performance

Lorsqu'une entreprise intègre l'intelligence artificielle (IA) dans ses processus, elle doit être en mesure d'évaluer l'efficacité de cette transformation. Définir des indicateurs de performance pertinents permet de mesurer l'impact de l'IA sur les opérations, d'optimiser les décisions stratégiques et d'assurer un retour sur investissement tangible.

Comprendre l'importance des indicateurs de performance

Les indicateurs de performance, ou Key Performance Indicators (KPI), sont des mesures quantitatives utilisées pour évaluer le succès d'une initiative. Dans le cadre de l'IA, ces indicateurs doivent être alignés avec les objectifs stratégiques de l'entreprise, qu'il s'agisse d'améliorer l'efficacité opérationnelle, d'augmenter les revenus ou de réduire les coûts.

Une définition claire des KPI permet non seulement d'analyser les résultats, mais aussi d'identifier rapidement les axes d'amélioration. Sans indicateurs précis, une entreprise risque de dépenser des ressources considérables dans l'IA sans en tirer une véritable valeur ajoutée.

Identifier les bons indicateurs pour l'IA

Les KPI doivent être adaptés aux spécificités de l'IA et aux objectifs poursuivis. Voici plusieurs catégories d'indicateurs pertinents :

- Indicateurs de performance opérationnelle : Ils mesurent l'amélioration de l'efficacité des processus internes. Exemples :
  - Réduction du temps de traitement des tâches automatisées
  - Augmentation du taux d'automatisation des processus métier
  - Diminution du nombre d'erreurs grâce aux modèles IA

- Indicateurs de performance financière : Ils permettent d'évaluer le retour sur investissement de l'IA. Exemples :
  - Réduction des coûts opérationnels grâce à l'automatisation
  - Augmentation du chiffre d'affaires généré par les recommandations IA
  - Amélioration du taux de conversion par l'optimisation des stratégies IA

- Indicateurs liés à l'expérience utilisateur : L'IA doit contribuer à l'amélioration de l'expérience client ou utilisateur. Exemples :
 - Taux de satisfaction client après l'utilisation d'un chatbot IA
 - Temps de réponse moyen d'un système de support automatisé
 - Précision des recommandations personnalisées basées sur des algorithmes

- Indicateurs de performance des modèles IA : Ces KPI techniques mesurent la fiabilité et la pertinence des algorithmes déployés. Exemples :
 - Taux de précision des modèles de classification ou prédictifs
 - Temps de traitement moyen pour l'analyse de données
 - Taux d'erreur ou de biais détecté dans les modèles

Définir des objectifs SMART pour les KPI

Afin de garantir leur efficacité, les indicateurs de performance doivent être définis selon l'approche SMART (Spécifique, Mesurable, Atteignable, Réaliste et Temporellement défini).

- Spécifique : Chaque indicateur doit être directement lié à l'objectif de l'IA. Exemple : mesurer la réduction du temps de traitement des factures par un algorithme de reconnaissance.
- Mesurable : L'indicateur doit être quantifiable avec des données précises (exemple : réduction de 30 % du temps de traitement).
- Atteignable : L'objectif fixé ne doit pas être irréaliste. Un gain de 90 % en efficacité dès la première implémentation est souvent utopique.
- Réaliste : Les KPI doivent tenir compte des capacités technologiques et des ressources de l'entreprise.
- Temporellement défini : Il est essentiel de fixer une période d'évaluation (par exemple, analyser les performances six mois après le déploiement).

Suivi et ajustement des indicateurs

La définition des KPI n'est que la première étape. Une fois les indicateurs en place, il est crucial d'instaurer un suivi continu. Une mauvaise interprétation des résultats peut conduire à des décisions inadéquates. Il est recommandé d'utiliser des tableaux de bord analytiques pour visualiser la progression des KPI et détecter rapidement toute anomalie.

Si un indicateur ne progresse pas comme prévu, il est essentiel d'identifier la cause :
- L'algorithme est-il confronté à une qualité de données insuffisante ?
- L'IA a-t-elle été correctement intégrée aux processus métier ?
- Les employés utilisent-ils effectivement les outils IA mis à disposition ?

Les KPI doivent être considérés comme des éléments dynamiques. Ils doivent évoluer en fonction des avancées technologiques, des objectifs de l'entreprise et des enseignements tirés de l'exploitation de l'IA.

Définir les bons indicateurs de performance est essentiel pour garantir le succès de l'implémentation de l'IA dans une entreprise. En sélectionnant des KPI pertinents, en les mesurant avec rigueur et en les ajustant régulièrement, une entreprise peut maximiser les bénéfices de l'intelligence artificielle tout en réduisant ses risques. L'adoption de cette méthodologie permet de transformer l'IA en un levier stratégique puissant, favorisant une croissance durable et équilibrée.

6.1.1 KPI spécifiques à l'IA

La réussite de l'implémentation de l'intelligence artificielle dans une entreprise repose sur sa capacité à générer un impact mesurable. Pour cela, il est essentiel de définir des indicateurs de performance clés (KPI) spécifiques à l'IA, permettant d'évaluer son efficacité, son retour sur investissement et son alignement avec les objectifs stratégiques de l'entreprise.

Ces KPI doivent être adaptés à la nature des projets d'IA, qu'ils concernent l'automatisation des tâches, l'optimisation des processus, l'amélioration de l'expérience client ou la prise de décision basée sur l'analyse des données.

1. KPI liés à la performance technique de l'IA

La première catégorie de KPI permet d'évaluer la qualité et l'efficacité des algorithmes d'intelligence artificielle déployés.

- Précision et taux d'erreur : Ces indicateurs mesurent la capacité d'un modèle d'IA à produire des résultats fiables. Plus la précision est élevée, plus l'algorithme est performant. Un faible taux d'erreur est essentiel, notamment dans les applications critiques comme la détection des fraudes ou les diagnostics médicaux.

- Rappel et précision (Recall & Precision) : Ces métriques sont particulièrement importantes pour les modèles de classification. Le rappel mesure la capacité de l'IA à identifier correctement les cas positifs, tandis que la précision indique le pourcentage de prédictions correctes parmi les cas identifiés comme positifs.

- Temps de réponse : Dans certains contextes, comme le service client automatisé ou la prise de décision en temps réel, la rapidité d'exécution d'un modèle est un facteur clé de performance.

- Robustesse et capacité de généralisation : Un bon modèle d'IA doit être capable de s'adapter à de nouvelles données sans perte significative de performance. Cet indicateur mesure la viabilité de déploiement d'un algorithme dans des environnements variés.

2. KPI liés à l'impact opérationnel de l'IA

Au-delà de la performance technique, il est impératif d'évaluer l'incidence de l'IA sur les opérations et les processus internes de l'entreprise.

- Gain de productivité : Mesurer la réduction du temps nécessaire à l'exécution d'une tâche grâce à l'intelligence artificielle permet d'obtenir une vision concrète de son impact sur l'efficacité globale.

- Réduction des coûts opérationnels : L'IA permet d'automatiser certaines tâches et d'optimiser les ressources. Calculer les économies réalisées après son implémentation permet de démontrer le retour sur investissement.

- Taux d'automatisation : Cet indicateur mesure la proportion des processus qui sont exécutés de manière autonome par l'IA. Plus ce taux est élevé, plus l'IA contribue à l'efficience globale.

- Taux d'erreurs et corrections manuelles : L'objectif de l'IA est de minimiser les interventions humaines. Un KPI suivi ici est la fréquence à laquelle des corrections ou ajustements doivent être effectués manuellement après une décision prise par un modèle IA.

3. KPI liés à l'expérience utilisateur et client

L'adoption de l'IA doit également être évaluée en fonction de son impact sur l'expérience des utilisateurs, qu'ils soient clients ou employés.

- Indice de satisfaction client : Le Net Promoter Score (NPS) ou d'autres enquêtes de satisfaction permettent d'évaluer si l'intelligence artificielle améliore ou dégrade l'expérience utilisateur.
- Taux d'adoption et engagement : Un système alimenté par l'IA utilisé par les clients ou employés doit être intuitif et efficace. Si le taux d'utilisation est faible, cela peut indiquer un manque d'ergonomie ou de valeur ajoutée perçue.
- Taux de rétention et fidélisation : Une IA bien optimisée doit inciter à une plus grande fidélité des utilisateurs, notamment dans des cas comme la personnalisation des interactions ou l'assistance automatisée.

4. KPI liés aux résultats financiers et stratégiques

Enfin, les KPI doivent établir un lien direct entre l'IA et la performance financière de l'entreprise.

- Retour sur investissement (ROI) : Comparer les coûts d'implémentation et d'exploitation de l'IA aux gains financiers générés est un indicateur clé pour mesurer son impact global.
- Augmentation du chiffre d'affaires : L'IA peut être un levier de croissance en améliorant la recommandation de produits, l'optimisation des prix ou la capture de nouvelles opportunités de marché.
- Réduction du churn (attrition client) : En exploitant l'IA pour anticiper et prévenir la perte de clients, il est possible d'optimiser les stratégies de fidélisation et de minimiser les pertes de revenus.
- Conformité aux réglementations et réduction des risques : L'intelligence artificielle mise en place doit respecter les normes et réglementations en vigueur, notamment en matière de protection des données et d'éthique. Ce KPI mesure la capacité de l'entreprise à éviter les sanctions ou les litiges liés à l'utilisation de l'IA.

L'utilisation de KPI bien définis permet d'assurer que l'intelligence artificielle apporte une réelle valeur ajoutée à l'entreprise. Ces indicateurs doivent être suivis régulièrement et adaptés en fonction des objectifs stratégiques et des évolutions technologiques. En combinant des mesures techniques, opérationnelles, financières et d'expérience utilisateur, les entreprises peuvent maximiser leur retour sur investissement et optimiser l'impact de l'IA sur leur performance globale.

6.1.2 Suivi des économies réalisées

L'implémentation de l'intelligence artificielle au sein d'une entreprise a un objectif clair : améliorer la performance globale en augmentant les profits et en réduisant les coûts. Cependant, pour s'assurer que l'IA génère les bénéfices attendus, il est essentiel de mesurer et de suivre rigoureusement les économies réalisées. Cette évaluation ne peut se limiter à une analyse approximative ; elle doit être méthodique, structurée et alignée sur les objectifs stratégiques de l'entreprise.

Définition des indicateurs de performance

Avant d'évaluer les économies générées par l'IA, il est impératif d'identifier avec précision les indicateurs de performance clés (KPI). Ces indicateurs doivent être quantifiables et directement liés à l'optimisation des coûts. Parmi les KPI les plus couramment utilisés dans le suivi des économies réalisées grâce à l'IA, on retrouve :

- Réduction des coûts opérationnels : comparaison des coûts avant et après l'intégration de l'IA (ex. : diminution de la consommation énergétique, optimisation des stocks, automatisation des tâches répétitives).
- Amélioration de la productivité : augmentation du rendement en fonction de la charge de travail et du temps consacré.
- Diminution des erreurs et des pertes : réduction des erreurs humaines et des coûts liés aux défauts de production, au gaspillage ou aux inefficacités.
- Optimisation des délais de traitement : accélération des processus grâce à l'automatisation et à l'analyse prédictive.
- Retour sur investissement (ROI) de l'IA : comparaison des économies générées avec les coûts d'implémentation et de maintenance des solutions IA.

L'identification de ces indicateurs permet de structurer un suivi précis et de démontrer de manière chiffrée l'impact réel des technologies déployées.

Méthodologie du suivi et outils de mesure

Une fois les indicateurs définis, il convient de mettre en place des processus robustes pour collecter et analyser les données. L'automatisation du suivi est une approche efficace pour garantir une évaluation continue des performances. Plusieurs solutions technologiques peuvent être mobilisées :

- Tableaux de bord analytiques : l'utilisation d'outils comme Power BI, Tableau ou Google Data Studio permet de visualiser en temps réel les impacts financiers des optimisations apportées par l'IA.
- Systèmes ERP et CRM : ces plateformes intègrent souvent des fonctionnalités avancées pour suivre les gains de productivité, la réduction des coûts et l'efficacité des processus.
- Audit et reporting interne : la mise en place de revues périodiques (mensuelles, trimestrielles) aide à ajuster les paramètres des solutions IA pour maximiser leur efficacité.
- Comparaison avec des benchmarks sectoriels : analyser les performances par rapport à d'autres entreprises du même secteur permet de contextualiser les économies réalisées et d'identifier les marges d'amélioration.

La mise en place d'un suivi intelligent garantit une réactivité accrue face aux évolutions et aux ajustements nécessaires.

Ajustement et optimisation continue

L'un des principaux avantages de l'intelligence artificielle réside dans sa capacité à apprendre et à s'adapter. Il est donc essentiel d'intégrer un processus d'amélioration continue basé sur les résultats du suivi des économies réalisées.

- Analyse des écarts : identifier les différences entre les économies projetées et celles réellement obtenues permet d'ajuster les paramètres des algorithmes d'IA.
- Mise à jour des modèles IA : les systèmes doivent être recalibrés en fonction des nouvelles données pour rester efficaces et pertinents.
- Retour d'expérience des utilisateurs : les collaborateurs qui interagissent avec l'IA au quotidien doivent être impliqués dans le processus d'évaluation

afin d'identifier des pistes d'amélioration.

- Réallocation budgétaire : en fonction des résultats obtenus, certains investissements peuvent être réorientés pour maximiser la rentabilité des solutions IA déployées.

Cette approche proactive garantit que les gains économiques issus de l'IA ne sont pas uniquement ponctuels, mais s'inscrivent dans une dynamique d'optimisation durable.

Communication des résultats et valorisation des impacts

Le suivi des économies réalisées ne doit pas rester un simple exercice interne. Il est important de communiquer les résultats aux parties prenantes de l'entreprise (dirigeants, investisseurs, collaborateurs) afin de démontrer l'efficacité des solutions mises en place.

- Rapports financiers : intégration des gains générés par l'IA dans les bilans annuels pour mettre en lumière les bénéfices chiffrés.
- Prise de décision stratégique : les résultats obtenus peuvent guider l'expansion des programmes IA vers d'autres départements ou processus.
- Engagement des équipes : montrer les impacts positifs de l'IA sur le travail quotidien des employés favorise leur adhésion et leur implication dans le projet.

Une communication efficace autour des économies réalisées contribue à renforcer la confiance en l'intelligence artificielle et à inscrire son usage dans une vision long terme.

Suivre les économies générées par l'IA n'est pas une simple formalité ; il s'agit d'un levier stratégique pour maximiser la rentabilité des investissements et assurer la compétitivité de l'entreprise. Une évaluation rigoureuse, associée à des ajustements continus et une communication transparente, permet de transformer l'intelligence artificielle en un véritable moteur de croissance et de rentabilité.

6.1.3 Impact sur l'expérience utilisateur

L'implémentation de l'intelligence artificielle (IA) au sein d'une entreprise ne se limite pas à des gains d'efficacité et des réductions de coûts. Elle transforme profondément l'expérience utilisateur, redéfinissant la manière dont les clients et les collaborateurs interagissent avec les produits, les services et les plateformes de l'entreprise. Cette transformation, lorsqu'elle est bien pensée et maîtrisée, devient un puissant levier de différenciation et de satisfaction client.

Personnalisation et hyper-réactivité

L'un des principaux bénéfices de l'IA est sa capacité à analyser en temps réel les comportements et préférences des utilisateurs. Grâce aux algorithmes de machine learning, il est désormais possible d'offrir des recommandations et des expériences sur-mesure à chaque client.

Les assistants virtuels et chatbots basés sur l'IA permettent par exemple une interaction instantanée avec les consommateurs, répondant à leurs demandes avec une précision accrue. Amazon, Netflix et Spotify ont bâti leur succès sur ces systèmes intelligents de recommandation, qui anticipent les désirs des utilisateurs et optimisent leur engagement.

Dans un contexte e-commerce, l'IA analyse l'historique d'achats, les interactions précédentes et même les comportements de navigation, permettant de proposer les produits les plus pertinents en un instant. Cette hyper-personnalisation augmente non seulement les taux de conversion, mais renforce aussi la fidélité des clients, qui se sentent compris et valorisés.

Fluidité et simplification des parcours utilisateurs

L'IA améliore également l'accessibilité et l'ergonomie des plateformes en automatisant et en simplifiant les parcours utilisateurs. Elle facilite la navigation en anticipant les besoins et en présentant l'information de manière intuitive.

Dans le secteur bancaire, par exemple, les algorithmes intelligents permettent aux clients d'effectuer des transactions complexes en quelques secondes via des interfaces épurées et des interactions conversationnelles. Des assistants comme ceux intégrés aux applications de gestion financière offrent des conseils sur la base des habitudes de dépenses et alertent en cas de comportements inhabituels.

De même, dans l'industrie du voyage et du transport, des compagnies aériennes et des plateformes de réservation utilisent l'IA pour adapter les recherches aux préférences de l'utilisateur, proposer des offres personnalisées et faciliter la gestion des itinéraires. La suppression des frictions et l'optimisation des flux d'utilisation se traduisent par une expérience plus fluide et agréable pour les consommateurs.

Amélioration du service client et réduction des irritants

L'IA joue un rôle clé dans l'amélioration du support client, en réduisant les temps d'attente et en apportant des réponses précises et contextuelles. Les centres de relation client intégrant des chatbots évolués sont capables d'interpréter les demandes complexes, de résoudre les problèmes courants et d'orienter efficacement les requêtes vers des conseillers humains en cas de nécessité.

Au-delà du simple gain de temps, l'IA permet une meilleure compréhension des besoins des clients en identifiant les motifs récurrents d'insatisfaction. Cette capacité d'analyse prédictive aide les entreprises à anticiper les problèmes avant qu'ils n'entraînent une frustration du consommateur.

Dans le domaine de la gestion du feedback client, des outils analytiques exploitant le traitement automatique du langage naturel (NLP) permettent d'extraire des tendances et des insights précieux à partir des commentaires et avis laissés par les utilisateurs. Ces informations permettent d'améliorer en continu les produits et services, garantissant une expérience toujours plus optimisée.

Éthique et transparence : un impact sur la confiance utilisateur

Si l'IA renforce l'expérience utilisateur à bien des égards, elle peut aussi susciter des interrogations, notamment sur la collecte et l'utilisation des données personnelles. La perception de la surveillance excessive ou d'un manque de transparence dans les décisions algorithmiques peut altérer la confiance des consommateurs.

L'intégration de principes éthiques dans l'usage de l'IA est donc essentielle. Une communication claire sur le fonctionnement des algorithmes, associée à des mécanismes de contrôle et de consentement explicites, favorise l'adhésion des utilisateurs. Des initiatives telles que l'explicabilité des algorithmes ou la possibilité de modification des préférences de personnalisation offrent aux clients un sentiment de maîtrise, limitant ainsi les réticences face à ces technologies avancées.

Un avantage concurrentiel incontournable

Les entreprises qui intègrent l'IA dans l'expérience utilisateur ne se contentent pas d'augmenter leur efficacité interne ; elles redéfinissent leur relation avec leurs clients. L'intelligence artificielle leur permet de proposer des interactions plus intuitives, plus personnalisées et plus fluides, répondant aux attentes croissantes des consommateurs modernes.

Toutefois, la simple adoption de l'IA ne suffit pas. Son déploiement doit s'accompagner d'une réflexion stratégique visant à maximiser l'impact positif sur l'expérience utilisateur, tout en évitant les écueils liés à la complexité excessive ou au manque de transparence.

En mettant au centre de leur démarche l'amélioration continue et la satisfaction client, les entreprises peuvent transformer l'IA en un atout différenciant, renforçant non seulement leur attractivité, mais aussi leur rentabilité sur le long terme.

6.2 Évaluer les résultats et améliorer les processus

Une fois l'intelligence artificielle (IA) intégrée dans une entreprise, il est essentiel de mesurer son impact afin d'optimiser en permanence son utilisation. Cette évaluation repose sur des indicateurs précis et une analyse approfondie des résultats obtenus, permettant ainsi d'identifier les axes d'amélioration et d'affiner les processus. Une approche itérative est nécessaire pour maximiser les bénéfices de l'IA tout en réduisant ses coûts d'exploitation.

Définir des indicateurs de performance pertinents

L'évaluation de l'IA commence par la définition d'indicateurs clés de performance (KPI – Key Performance Indicators). Ceux-ci doivent être alignés avec les objectifs stratégiques de l'entreprise et refléter l'efficacité des modèles d'IA. Parmi les KPI les plus courants, on trouve :

- Précision des modèles d'IA : dans le cadre d'une IA prédictive, il est crucial de mesurer le taux de succès des prévisions ou des classifications effectuées.
- Réduction des coûts : comparer les coûts opérationnels avant et après l'implémentation de l'IA permet de vérifier si les économies prévues sont bien réalisées.
- Amélioration de la productivité : mesurer le gain de temps obtenu grâce à l'automatisation des tâches répétitives.
- Expérience client et satisfaction : une analyse des retours clients et des indicateurs comme le Net Promoter Score (NPS) permet d'évaluer si l'IA améliore leur expérience.
- Taux d'adoption interne : l'IA ne sera efficace que si les équipes l'utilisent pleinement ; évaluer son acceptation par les employés est donc crucial.

Ces KPI doivent être suivis régulièrement pour garantir une exploitation optimale des solutions basées sur l'IA.

Collecter et analyser les données

Une fois les indicateurs définis, il est fondamental d'organiser la collecte de données pour mesurer les performances. Cela inclut :

1. Mettre en place des outils de suivi : utiliser des tableaux de bord analytiques et des logiciels de monitoring permet d'automatiser le suivi des KPI et de détecter rapidement les écarts de performance.
2. Comparer les résultats aux objectifs initiaux : une approche comparative permet d'identifier si les gains escomptés sont atteints et, dans le cas

contraire, de repérer les causes possibles des écarts.

3. Recueillir les retours des utilisateurs : l'avis des employés et des clients peut révéler des points d'amélioration qui ne sont pas toujours visibles à travers les données chiffrées.

L'analyse des tendances et l'examen régulier des performances garantissent une prise de décision éclairée pour améliorer en continu l'IA.

Identifier les points d'amélioration

L'objectif de cette phase est d'optimiser les modèles d'IA existants en tenant compte des performances observées. Les principaux leviers d'amélioration sont :

- Ajustement des algorithmes : modifier les paramètres des modèles, affiner les données d'entraînement ou utiliser des techniques avancées comme l'auto-apprentissage pour améliorer leur précision.
- Optimisation des processus métiers : si l'IA ne donne pas les résultats escomptés, il se peut que le problème provienne du processus métier plutôt que de l'IA elle-même. Une réévaluation des workflows peut être nécessaire.
- Correction des biais : si l'IA présente des résultats biaisés, il est indispensable de revoir les jeux de données et d'appliquer des techniques d'équité algorithmique.
- Amélioration de l'expérience utilisateur : simplifier l'interface des outils basés sur l'IA et faciliter leur intégration dans le quotidien des employés augmentent leur taux d'adoption et optimisent leur efficacité.
- Automatisation et industrialisation des tâches : à mesure que l'IA atteint sa maturité, il est possible d'étendre son utilisation à d'autres domaines ou d'intégrer des solutions plus sophistiquées.

Ces ajustements permettent de maximiser l'impact de l'IA sur l'entreprise tout en garantissant une adaptation continue aux évolutions du marché.

Adapter les stratégies en fonction des résultats

Une amélioration efficace ne repose pas uniquement sur des ajustements techniques. Il est essentiel de mettre en place une vision stratégique de la transformation opérée par l'IA.

- Évaluation continue : adopter une démarche d'itération où chaque cycle d'analyse conduit à de nouvelles décisions et actions.
- Formation et accompagnement : pour surmonter la résistance au changement et optimiser l'utilisation des outils IA, investir dans la formation du personnel est indispensable.
- Mise à jour des objectifs : si l'IA dépasse ou ne répond pas aux attentes, il peut être nécessaire de revoir les objectifs initiaux pour s'aligner sur la réalité des performances observées.
- Évolutivité et innovation : la technologie évolue constamment. Il est conseillé de surveiller les nouvelles tendances et d'intégrer des innovations pertinentes pour maintenir un avantage concurrentiel.

Cette approche permet à l'entreprise d'exploiter pleinement le potentiel de l'IA tout en restant agile face aux défis à venir.

L'implémentation de l'IA ne se limite pas à son déploiement ; elle exige un suivi rigoureux et une amélioration continue des processus pour garantir un retour sur investissement optimal. Grâce à une analyse approfondie des résultats et à des ajustements réfléchis, l'IA peut devenir un véritable levier de croissance, apportant des bénéfices durables à l'entreprise.

6.2.1 Analyse des retours des utilisateurs

Dans toute démarche d'implémentation de l'intelligence artificielle (IA) en entreprise, l'écoute attentive des retours des utilisateurs constitue une étape clé pour garantir l'efficacité et l'adoption des solutions mises en place. Cette analyse permet non seulement d'identifier les points d'amélioration, mais aussi de maximiser l'impact de l'IA sur la productivité et la satisfaction des collaborateurs et clients.

Collecte des retours : méthodes et outils

Afin d'obtenir une vision complète et objective des expériences des utilisateurs, il est essentiel de déployer des mécanismes de collecte de feedback variés.

1. Entretiens individuels et groupes de discussion
Les rencontres en face à face ou en groupe permettent d'explorer en profondeur les ressentis des utilisateurs. Ces sessions offrent un espace d'échange sincère où les employés et clients peuvent exprimer librement leurs opinions sur l'IA mise en place. Il est recommandé d'adopter une approche semi-structurée, en posant des questions ouvertes pour stimuler la réflexion tout en gardant un cadre méthodique.

2. Enquêtes et questionnaires
Les sondages en ligne constituent un moyen rapide et efficace de recueillir un grand nombre de réponses. Ils permettent d'identifier des tendances globales grâce à des questions fermées et d'enrichir l'analyse avec des commentaires libres. L'utilisation d'échelles de satisfaction (Net Promoter Score, échelles de Likert) facilite la quantification des perceptions des utilisateurs.

3. Analyse des données d'utilisation
L'IA elle-même peut être mise à contribution pour analyser l'usage des outils numériques par les utilisateurs. L'examen des journaux de connexion, du temps passé sur certaines fonctionnalités et des erreurs fréquentes permet d'identifier des axes d'amélioration sans nécessiter d'intervention directe des utilisateurs.

4. Feedback en temps réel
L'intégration de mécanismes de retour intégrés aux interfaces (bouton de feedback rapide, pop-ups sollicitant un avis) offre l'opportunité de capter des impressions spontanées après chaque interaction avec l'IA. Cette approche permet de recueillir des observations précises et immédiates, qui complètent les analyses globales des usages.

Traitement et analyse des retours : de la donnée à l'action

Une fois collectés, les retours des utilisateurs doivent être traités de manière rigoureuse afin d'en extraire des insights pertinents. Cette démarche suit plusieurs étapes essentielles.

1. Catégorisation et priorisation des retours
Les commentaires obtenus doivent être classés selon plusieurs dimensions : performance technique, facilité d'utilisation, impact sur le travail

quotidien, satisfaction client, etc. Il convient d'identifier les tendances dominantes et de hiérarchiser les priorités en fonction de leur importance stratégique et de leur impact potentiel.

2. Détection des points de friction
Les difficultés récurrentes signalées par les utilisateurs doivent faire l'objet d'une attention accrue. Erreurs fréquentes, lenteurs, difficultés de compréhension des résultats fournis par l'IA... Chaque obstacle identifié doit déboucher sur une analyse approfondie pour en comprendre les causes et élaborer des solutions adaptées.

3. Identification des succès et bonnes pratiques
Au-delà des points négatifs, il est tout aussi crucial de repérer les aspects les plus appréciés de l'IA. Ces éléments positifs offrent des leviers d'amélioration et permettent d'orienter les développements futurs vers des caractéristiques particulièrement bénéfiques pour les utilisateurs.

4. Exploitation des retours pour l'optimisation continue
L'IA étant un domaine en constante évolution, l'intégration des retours doit s'inscrire dans une démarche d'amélioration continue. Mettre en place un cycle itératif basé sur la réception et le traitement systématique des feedbacks permet d'ajuster régulièrement l'outil pour mieux répondre aux besoins des utilisateurs.

Communication et accompagnement du changement

Un aspect souvent sous-estimé dans l'analyse des retours est la nécessité de communiquer efficacement entre les concepteurs de l'IA et ses utilisateurs finaux.

1. Transparence des améliorations apportées
Il est essentiel d'informer les utilisateurs des évolutions mises en place grâce à leurs retours. Cette transparence favorise l'engagement et renforce la confiance envers le système. Une mise à jour régulière des utilisateurs via des newsletters, des formations ou des notifications internes améliore leur perception de l'outil.

2. Formation et accompagnement
Certains retours négatifs ne sont pas liés aux performances de l'IA, mais à

un manque de compréhension de son fonctionnement. Un accompagnement adapté, passant par des tutoriels interactifs, des sessions de formation ou des guides détaillés, permet d'améliorer la prise en main et de dissiper les résistances initiales.

3. Création d'une culture du feedback
Encourager une boucle continue de retours et d'améliorations favorise l'émergence d'une culture du feedback constructive. La mise en place de canaux de communication spécifiques, tels qu'un forum interne ou des comités de suivi, contribue à renforcer cette dynamique et à faire de chaque utilisateur un acteur de l'évolution de l'IA.

L'analyse des retours des utilisateurs ne doit pas être perçue comme une simple formalité, mais comme un pilier central garantissant l'adoption et l'efficacité de l'intelligence artificielle en entreprise. Intégrée dans un processus structuré et itératif, elle devient un levier puissant d'optimisation, accroissant à la fois la satisfaction des utilisateurs et la performance globale des outils mis en œuvre.

6.2.2 Déploiement d'améliorations successives

L'implémentation efficace d'une intelligence artificielle dans l'entreprise ne se limite pas à un déploiement unique et figé. Au contraire, le succès repose sur un processus d'amélioration continue, où chaque itération affine les performances du système et maximise la création de valeur. Cette démarche permet d'adapter l'IA aux évolutions des besoins métiers, aux remontées des utilisateurs et aux progrès technologiques.

Adopter une approche incrémentale

Mettre en place une IA dans une entreprise ne signifie pas bouleverser immédiatement tous les processus existants. Une approche graduelle, basée sur des améliorations successives, favorise une intégration harmonieuse et réduit les risques. L'entreprise doit initialiser le déploiement sur des cas d'utilisation ciblés, puis étendre progressivement la portée de l'IA à d'autres domaines en fonction des enseignements tirés.

Cette méthode permet d'obtenir des premiers résultats rapidement, sans attendre une mise en place totale et définitive. Grâce à une stratégie incrémentale, les équipes peuvent mesurer l'impact de l'IA à chaque étape et ajuster son fonctionnement en conséquence.

L'importance de la collecte et de l'analyse des retours

Les retours des utilisateurs constituent une source précieuse d'informations pour identifier les axes d'amélioration. Une IA, aussi avancée soit-elle, repose sur des modèles qui nécessitent d'être affinés en fonction des données réelles et des interactions humaines. Il est donc crucial de mettre en place des canaux de feedback efficaces :

- Des questionnaires et des enquêtes internes destinés aux collaborateurs utilisant l'IA
- Des indicateurs de performance analysant la précision et l'efficacité du système
- Une analyse des erreurs et des écarts entre les prédictions et les résultats attendus
- Un suivi du taux d'adoption et des éventuelles résistances au changement

Grâce à ces retours, il devient possible d'identifier rapidement les dysfonctionnements, les ajustements nécessaires et les améliorations potentielles.

Optimisation continue des algorithmes

Les performances d'une IA reposent sur la qualité de ses algorithmes et des données sur lesquelles elle est entraînée. Pour assurer une amélioration continue, il est essentiel de réentraîner régulièrement les modèles en intégrant de nouvelles données pertinentes. Cette mise à jour peut être réalisée selon plusieurs méthodes :

- Réentraînement périodique : planifié selon une fréquence définie (hebdomadaire, mensuelle, trimestrielle) en fonction du volume de nouvelles données disponibles.
- Apprentissage en ligne (online learning) : l'IA s'adapte en temps réel et ajuste ses prédictions en fonction des nouvelles informations reçues.
- Corrections manuelles supervisées : lorsqu'un expert identifie une

anomalie, il peut intervenir pour ajuster directement les paramètres du modèle.

L'optimisation continue passe également par l'intégration de nouvelles techniques et de modèles plus performants, en suivant les avancées technologiques du domaine de l'IA.

Automatisation des mises à jour et gestion du cycle de vie du modèle

Une fois le principe d'amélioration continue adopté, l'entreprise doit structurer la gestion du cycle de vie de l'IA pour éviter les dérives et maintenir une performance optimale sur le long terme. Il est important de mettre en œuvre :

- Un suivi des versions des modèles afin de garder une traçabilité et d'analyser l'historique des modifications.
- Des tests automatisés pour valider les mises à jour avant leur mise en production et éviter toute régression.
- Un système de monitoring en temps réel qui détecte les dérives et alerte en cas de baisse de performance.
- Des procédures de rollback permettant de revenir à une version précédente en cas de problème.

Cette structuration assure une stabilité et une fiabilité accrues du système d'IA, tout en garantissant une évolution maîtrisée.

Impliquer les équipes dans l'amélioration continue

Les collaborateurs de l'entreprise jouent un rôle central dans l'optimisation du déploiement de l'IA. Leur implication est essentielle pour assurer une adoption réussie et éviter les résistances au changement. Plusieurs actions permettent d'ancrer une culture d'amélioration continue autour de l'IA :

- Former régulièrement les équipes sur l'évolution du système et ses nouvelles capacités.
- Encourager une démarche d'innovation en incitant les collaborateurs à proposer des pistes d'amélioration.
- Mettre en place des comités interdisciplinaires alliant experts en IA, opérationnels et décideurs pour piloter l'évolution du projet.

Un dialogue constant entre les équipes techniques et les utilisateurs finaux permet d'optimiser l'IA en fonction des attentes réelles du terrain.

Mesurer l'impact des améliorations successives

L'efficacité d'une stratégie d'amélioration continue repose sur des indicateurs quantifiables. L'entreprise doit définir des métriques clés pour suivre l'impact des itérations successives :

- Gains de productivité : réduction du temps de traitement des tâches automatisées.
- Amélioration de la précision des prédictions : diminution des erreurs et optimisation des résultats.
- Retour sur investissement (ROI) : comparaison des coûts d'implémentation et des bénéfices générés par l'IA.
- Satisfaction des utilisateurs : évaluation du ressenti des employés et des clients par rapport à l'IA.

Ces indicateurs permettent de piloter le projet avec une vision claire et d'arbitrer les décisions d'évolution en fonction des résultats obtenus.

L'amélioration continue est la clé du succès dans l'implémentation d'une IA en entreprise. Loin d'être un projet statique, l'IA doit évoluer en permanence pour s'adapter aux besoins changeants du marché et aux retours des utilisateurs. En adoptant une approche incrémentale, en collectant des retours constructifs, en optimisant les algorithmes et en structurant les mises à jour, l'entreprise assure une exploitation efficace et durable de son intelligence artificielle.

6.2.3 Évolution des solutions IA en fonction des besoins

L'intégration de l'intelligence artificielle au sein d'une entreprise ne se limite pas à une simple mise en place initiale. Pour garantir une efficacité durable, il est crucial d'adapter en permanence les solutions IA aux besoins évolutifs de l'organisation. Cette évolution repose sur plusieurs facteurs, notamment les avancées technologiques, les changements dans la structure de l'entreprise, les fluctuations du marché et l'évolution des attentes clients.

L'adaptabilité comme facteur clé de succès

Une solution IA rigide risque rapidement de devenir obsolète. Contrairement aux logiciels traditionnels, l'intelligence artificielle peut et doit évoluer avec les données et les besoins métier. Cela implique d'intégrer des algorithmes capables d'apprentissage continu (machine learning), mais aussi des frameworks flexibles permettant des mises à jour et des ajustements sans perturber le fonctionnement global de l'entreprise.

L'adaptabilité passe également par l'implication des équipes métier. Une IA n'est efficace que si elle est alignée sur les objectifs stratégiques de l'entreprise. Il est donc essentiel de collecter régulièrement les retours des utilisateurs, d'évaluer les performances et d'effectuer des ajustements lorsque nécessaire.

Les phases d'évolution des solutions IA

L'évolution d'une solution d'intelligence artificielle suit généralement plusieurs étapes :

1. Mise en œuvre initiale et phase d'expérimentation
   Lors de cette phase, l'IA est généralement testée sur un périmètre restreint. Il s'agit de valider son efficacité, d'identifier ses éventuelles limites et d'ajuster les paramètres en fonction des retours terrain.

2. Optimisation et montée en puissance
   Une fois que l'utilisation de l'IA a prouvé son utilité, l'entreprise peut élargir son champs d'application. Cela peut impliquer le traitement de volumes de données plus importants, l'ajout de nouvelles fonctionnalités ou l'automatisation de processus annexes.

3. Intégration et synergie avec d'autres systèmes
   À mesure que l'IA se perfectionne, elle peut être intégrée à d'autres outils existants (ERP, CRM, solutions analytiques, etc.). Cette interconnexion permet d'améliorer la fluidité des processus et de maximiser la valeur des

informations collectées.

4. Évolution continue et adaptation aux tendances

Le suivi constant des performances est un élément clé permettant d'améliorer la solution IA. Les avancées en intelligence artificielle sont rapides, et il est primordial d'ajuster régulièrement l'algorithme pour bénéficier des nouvelles opportunités technologiques (traitement du langage naturel amélioré, algorithmes plus performants, meilleure gestion des données en temps réel, etc.).

L'importance des données dans l'évolution d'une IA

L'intelligence artificielle repose sur l'analyse et l'interprétation des données. Ainsi, une IA ne peut évoluer correctement sans un accès continu à des informations pertinentes et mises à jour. Une gestion efficace des données est donc indispensable pour garantir un apprentissage optimal de l'algorithme.

Il est recommandé de mettre en place des systèmes de collecte et de stockage de données évolutifs, capables de s'adapter aux nouveaux besoins. L'utilisation d'architectures de données flexibles, comme les data lakes, permet de centraliser des informations hétérogènes et d'offrir une meilleure réactivité face aux changements du marché.

Par ailleurs, la qualité des données doit être surveillée en permanence. Une IA alimentée par des données inexactes ou obsolètes risque de produire des résultats inefficaces, voire contre-productifs. Des outils de nettoyage et de mise à jour des bases de données doivent être mis en place pour garantir la fiabilité des analyses.

L'impact des besoins métiers sur l'évolution des solutions IA

Les solutions IA doivent avant tout répondre aux exigences spécifiques de l'entreprise. À mesure que ces exigences évoluent, l'IA doit suivre. Par exemple :

- Une entreprise de logistique qui implémente une IA pour optimiser ses itinéraires peut décider d'intégrer progressivement des facteurs externes comme la météo ou la circulation pour affiner ses prévisions.

- Un service client automatisé basé sur un chatbot peut être amené à évoluer en intégrant des modèles de langage plus performants pour une interaction plus naturelle avec les clients.
- Dans l'industrie, un système de maintenance prédictive peut élargir son champ d'action en intégrant de nouveaux types de capteurs ou des méthodologies d'analyse plus avancées.

Chaque évolution ne doit pas être perçue comme une contrainte, mais comme une opportunité d'améliorer la rentabilité, de gagner en réactivité et de renforcer la compétitivité de l'entreprise.

Les défis de l'évolution des solutions IA

L'adaptation des solutions IA aux besoins évolutifs de l'entreprise ne se fait pas sans défis. Parmi les principaux obstacles rencontrés figurent :

- La résistance au changement : certaines équipes peuvent voir d'un mauvais œil l'introduction de nouvelles fonctionnalités, craignant une complexification des processus ou une perte de contrôle sur leurs tâches. Une communication efficace et des formations adaptées sont essentielles pour favoriser l'adhésion.
- L'investissement financier : bien que l'IA puisse générer un retour sur investissement significatif, son évolution continue nécessite des ressources financières. Une planification budgétaire adéquate est donc indispensable.
- La conformité réglementaire : les exigences légales en matière de données et d'intelligence artificielle évoluent constamment. Il est impératif de s'assurer que les mises à jour des solutions IA respectent les normes en vigueur.
- La scalabilité : certaines IA conçues à l'origine pour un périmètre restreint peuvent rencontrer des limites lors d'une montée en charge. Il est donc crucial de prévoir l'évolutivité dès la phase de conception.

Stratégies pour assurer une évolution efficace

Pour garantir que les solutions IA restent adaptées aux besoins de l'entreprise, plusieurs bonnes pratiques peuvent être mises en place :

- Mettre en place une gouvernance IA pour suivre l'évolution des performances et ajuster les stratégies en conséquence.

- Favoriser une approche modulaire afin de pouvoir ajouter ou retirer facilement des fonctionnalités sans perturber l'ensemble du système.
- Utiliser des outils d'analyse prédictive pour anticiper les évolutions nécessaires en fonction des tendances du marché.
- Former continuellement les équipes afin qu'elles puissent exploiter pleinement les nouvelles capacités offertes par l'IA.

L'intelligence artificielle est un levier puissant pour améliorer l'efficacité et la rentabilité des entreprises, mais son déploiement ne doit jamais être figé. Les solutions IA doivent être conçues pour évoluer en permanence en fonction des besoins métier, des avancées technologiques et des contraintes externes. Une gestion proactive de ces évolutions permet aux entreprises de tirer le meilleur parti de l'IA et de garantir sa pertinence sur le long terme.

6.3 Adapter l'IA à l'évolution de l'entreprise

L'intégration de l'intelligence artificielle au sein d'une entreprise ne se résume pas à une simple mise en place technologique. Pour que l'IA demeure un atout stratégique et continue à générer des gains en efficacité et en rentabilité, elle doit évoluer en parallèle avec l'entreprise. Cela implique des ajustements réguliers, une veille continue et une adaptation aux nouvelles réalités du marché.

Comprendre l'évolution des besoins de l'entreprise

Les objectifs d'une entreprise ne restent jamais figés. Une croissance rapide, une diversification des produits ou services, une expansion sur de nouveaux marchés ou un changement dans la stratégie commerciale peuvent modifier en profondeur ses attentes vis-à-vis de l'IA. Une solution qui fonctionnait parfaitement à un instant donné peut devenir obsolète si elle n'est pas mise à jour pour suivre ces évolutions.

Pour garantir la pertinence de l'IA, il est essentiel d'établir une veille permanente sur les performances du système et les évolutions de l'entreprise :

- Analyse des besoins métier : L'IA doit être alignée sur les priorités stratégiques de l'entreprise. Par exemple, si une organisation décide de se concentrer davantage sur l'expérience client, les algorithmes doivent être réajustés pour optimiser la personnalisation des interactions et des recommandations.
- Prise en compte des retours utilisateurs : L'IA est souvent utilisée par les collaborateurs ou les clients. Leurs retours sont précieux pour identifier les possibles améliorations et s'assurer que les outils déployés restent pertinents face à leurs attentes.
- Évaluation régulière des performances : L'efficacité de l'IA doit être mesurée en continu. Si les indicateurs clés de performance (KPIs) ne s'améliorent plus ou stagnent, c'est souvent un signe que l'IA a besoin d'être recalibrée, voire réentraînée avec de nouvelles données.

Adapter l'IA à la croissance et à l'expansion

Lorsqu'une entreprise grandit, que ce soit en termes de volume de production, de diversification des offres ou d'expansion géographique, l'IA doit accompagner cette transformation. L'adaptation passe par plusieurs axes :

1. Scalabilité des infrastructures
   Une IA qui fonctionne correctement à un stade initial peut rencontrer des limites dès lors que les volumes de données augmentent massivement. Les architectures cloud et les solutions IA modulaires permettent d'ajuster la capacité de traitement de manière flexible.

2. Révision des algorithmes et des modèles
   Une expansion sur de nouveaux marchés peut exiger des ajustements dans les modèles prédictifs. Par exemple, un algorithme de recommandation efficace sur un marché local peut ne pas être performant sur un marché étranger où les habitudes et préférences des consommateurs diffèrent. La mise à jour des modèles avec de nouvelles données locales est alors indispensable.

3. Automatisation progressive
   À mesure que l'entreprise grandit, le degré d'automatisation peut évoluer.

Une première version de l'IA peut se contenter de fournir des recommandations aux décideurs, tandis qu'une version plus avancée pourra exécuter automatiquement des tâches stratégiques en fonction des consignes définies.

L'IA face aux évolutions technologiques et réglementaires

L'intelligence artificielle est un domaine en constante évolution. De nouvelles techniques émergent régulièrement, rendant certains modèles plus rapides, plus précis et plus économes en ressources. Pour éviter que l'IA déployée ne devienne dépassée, il est essentiel de surveiller les innovations techniques et d'intégrer progressivement celles qui apportent une valeur ajoutée.

Par ailleurs, la réglementation autour de l'IA évolue constamment, notamment concernant la protection des données et l'éthique. Une IA utilisée aujourd'hui en toute conformité peut devenir non conforme quelques années plus tard en raison d'un changement réglementaire. Il est donc primordial d'effectuer une veille juridique et d'adapter les processus en conséquence.

Mise en place d'un cadre d'évolution continue

Pour assurer une adaptation efficace de l'IA, il est recommandé d'adopter une approche itérative et évolutive, en mettant en place :

- Une gouvernance dédiée à l'IA : L'entreprise doit organiser un suivi régulier des performances de l'IA avec un comité responsable des mises à jour et de l'adaptation continue des modèles.
- Une stratégie de mise à jour progressive : Plutôt que de déployer des refontes massives, il est préférable d'introduire des améliorations par étapes successives, permettant des ajustements rapides en cas de besoin.
- Une culture d'innovation : Pour que l'IA demeure un levier de compétitivité, l'entreprise doit encourager une mentalité de test et d'expérimentation, en identifiant régulièrement de nouvelles pistes d'amélioration et d'automatisation.

L'intelligence artificielle n'est pas une solution figée. Elle doit évoluer pour accompagner l'entreprise dans ses transformations et saisir de nouvelles opportunités. En adoptant une démarche proactive et évolutive, les entreprises peuvent maximiser les bénéfices de l'IA sur le long terme tout en restant compétitives face aux changements du marché.

6.3.1 Intégration de nouvelles technologies

L'intégration de nouvelles technologies, en particulier celles basées sur l'intelligence artificielle, représente une étape cruciale pour les entreprises souhaitant optimiser leurs opérations, réduire leurs coûts et améliorer leur compétitivité. Cependant, cette transition ne peut être improvisée. Elle nécessite une méthodologie rigoureuse, une compréhension approfondie des besoins de l'entreprise et une adoption progressive afin de minimiser les résistances au changement.

Évaluation des besoins et identification des opportunités

Avant de procéder à l'implémentation d'une technologie basée sur l'IA, il est essentiel d'identifier les domaines où elle apportera une réelle valeur ajoutée. Cette analyse débute par un audit interne des processus critiques :

- Quels sont les goulots d'étranglement dans la production ou les services ?
- Où les inefficacités sont-elles les plus marquées ?
- Quels processus répétitifs génèrent des coûts inutiles et pourraient être automatisés ?
- En quoi l'IA pourrait-elle améliorer la prise de décision ou l'expérience client ?

Une fois ces éléments identifiés, il convient de quantifier l'impact potentiel des technologies envisagées, en tenant compte des gains possibles en matière de productivité, de réduction des erreurs et d'optimisation des ressources.

Introduction progressive et expérimentation

L'intégration de nouvelles technologies ne signifie pas un remplacement brutal des méthodes actuelles. Une entreprise doit adopter une approche progressive, en commençant par des projets pilotes. Ceux-ci permettent d'évaluer la pertinence d'une application avant un déploiement à grande échelle.

Les étapes fondamentales d'une introduction méthodique incluent :

1. Test en environnement restreint : Avant de déployer une IA dans toute l'entreprise, il est préférable de la tester dans un service ou un processus spécifique.
2. Mesure des performances : Évaluer les bénéfices et identifier d'éventuelles limitations.
3. Ajustements et corrections : Adapter la technologie aux spécificités de l'entreprise avant une implémentation généralisée.
4. Formation des équipes : Sensibiliser les collaborateurs aux changements induits par l'IA pour faciliter son adoption.

Les entreprises réussissant leur transition technologique sont celles qui savent combiner expérimentation et ajustements stratégiques en fonction des retours du terrain.

Gestion des résistances et adoption culturelle

L'un des obstacles majeurs à l'intégration des nouvelles technologies reste la résistance au changement. Cette résistance peut être culturelle, organisationnelle ou psychologique. Certains employés peuvent craindre que l'IA remplace leur travail, tandis que d'autres redoutent la complexité des nouveaux outils.

Il est donc impératif de mettre en place un plan de conduite du changement impliquant plusieurs actions :

- Communication transparente : Expliquer clairement aux collaborateurs pourquoi ces technologies sont intégrées et quels bénéfices elles apporteront, tant à l'entreprise qu'à eux-mêmes.
- Formation et accompagnement : Offrir des sessions de formation pratiques pour s'approprier les nouveaux outils.
- Valorisation des compétences humaines : Montrer que l'IA ne remplace pas les individus, mais accroît leur efficacité en supprimant des tâches répétitives.

Un changement bien accompagné réduit significativement les résistances et accélère l'adoption des nouvelles pratiques.

Choix des technologies et partenaires

L'adoption des technologies d'IA requiert un choix méticuleux des solutions et des fournisseurs. Il est conseillé de privilégier des technologies évolutives, capables de s'adapter aux besoins futurs, tout en respectant les contraintes budgétaires de l'entreprise.

Pour sélectionner les outils les plus appropriés, il convient d'examiner :

- La compatibilité avec l'infrastructure existante.
- La facilité d'intégration avec les logiciels déjà utilisés.
- Le support technique et les mises à jour disponibles.
- La sécurité des données et la conformité aux réglementations en vigueur.

Les entreprises ont souvent intérêt à collaborer avec des experts externes, des consultants ou des startups spécialisées afin de bénéficier d'un accompagnement technique de qualité.

Mesure de la performance et amélioration continue

Après l'implémentation, il est essentiel de suivre l'impact des nouvelles technologies sur les performances de l'entreprise. Des indicateurs clés de performance (KPI) doivent être définis en amont pour mesurer :

- Le gain de productivité
- La réduction des erreurs ou des coûts
- L'amélioration de la satisfaction client
- L'efficacité accrue dans la prise de décision

Une approche data-driven permet d'optimiser l'IA au fil du temps, en ajustant les algorithmes et en affinant les processus.
L'intégration de nouvelles technologies, notamment celles fondées sur l'IA, ne doit pas être perçue comme une contrainte, mais comme une opportunité stratégique pour l'entreprise. Une approche réfléchie, progressive et alignée avec les besoins réels garantit un déploiement réussi, tout en maximisant l'adhésion des équipes et la rentabilité des

investissements.

En combinant méthodologie rigoureuse, gestion du changement et suivi de performance, les entreprises peuvent transformer l'IA en un levier puissant, capable d'accroître leur compétitivité tout en optimisant leurs ressources.

6.3.2 Expansion à d'autres départements et processus

Après avoir démontré la valeur de l'intelligence artificielle (IA) dans un département clé de l'entreprise, vient le moment stratégique de son expansion à d'autres secteurs et processus. Cette phase nécessite une approche méthodique afin d'assurer une intégration harmonieuse tout en maximisant les bénéfices attendus.

1. Identifier les opportunités d'expansion

L'extension de l'IA ne peut pas se faire de manière aléatoire. Un audit interne doit être mené afin d'identifier les activités où l'IA pourrait générer un retour sur investissement significatif. Certains départements naturellement propices à l'automatisation et à l'optimisation incluent :

- Les ressources humaines, pour l'analyse des candidatures, l'optimisation des plannings ou l'amélioration de la gestion des talents.
- Le service client, avec des chatbots avancés capables de traiter un nombre croissant de requêtes, améliorant ainsi à la fois la satisfaction client et la productivité des équipes.
- La gestion de la chaîne d'approvisionnement, où l'IA peut anticiper les variations de la demande, optimiser les stocks et réduire les coûts logistiques.
- La production et la maintenance, en mettant en place des systèmes de maintenance prédictive et en optimisant les processus de fabrication.
- Le marketing et la vente, grâce à des algorithmes d'analyse prédictive qui améliorent la personnalisation des offres et maximisent les taux de conversion.

Ces départements ont souvent des défis cruciaux que l'IA peut adresser immédiatement, offrant ainsi un avantage concurrentiel.

2. Prioriser les mises en œuvre selon la maturité et l'impact

Tous les départements ne sont pas prêts à accueillir une transformation pilotée par l'IA avec le même niveau de rapidité et d'efficacité. Pour assurer une expansion réussie, il est essentiel d'évaluer :

- La disponibilité des données : un département fonctionnant avec des données fragmentées et peu exploitées nécessitera un travail en amont pour garantir une implémentation efficace.
- La maturité technologique : si les équipes sont déjà sensibilisées à l'IA ou utilisent des outils numériques avancés, l'adoption sera plus fluide.
- L'impact potentiel : choisir les projets pouvant générer des gains immédiats, soit en réduisant les coûts significativement, soit en améliorant sensiblement l'efficacité des processus.

Un plan d'expansion structuré doit être conçu, en définissant des objectifs clairs pour chaque nouvelle implémentation et en établissant des indicateurs de performance mesurables.

3. Adapter les technologies d'IA aux spécificités des départements

Chaque département possède ses spécificités et contraintes. L'IA doit être adaptée à ces réalités pour être efficace. Par exemple :

- Dans les ressources humaines, l'IA peut être utilisée pour créer des modèles prédictifs basés sur les expériences passées des employés afin d'anticiper les départs et recommander des formations personnalisées.
- Pour les départements financiers, l'IA peut automatiser la détection des fraudes, optimiser la gestion de trésorerie et améliorer les prévisions budgétaires avec une grande précision.
- Dans la logistique, les algorithmes de machine learning peuvent affiner les prévisions de demande et ajuster les itinéraires en temps réel pour minimiser les coûts.

Ces adaptations nécessitent, dans de nombreux cas, une personnalisation des modèles et une période de test pour garantir qu'ils répondent aux besoins sans perturber les opérations existantes.

4. Assurer une adoption fluide et l'engagement des équipes

L'un des principaux défis d'une expansion multi-départementale est l'acceptation par les équipes concernées. Une résistance au changement peut ralentir l'implémentation et limiter l'impact des technologies mises en place. Pour éviter cela :

- Impliquer les collaborateurs dès le début en expliquant clairement les bénéfices de l'IA et en recueillant leurs préoccupations.
- Proposer des formations adaptées afin que chaque employé comprenne comment l'IA fonctionne et en quoi elle peut l'aider au quotidien.
- Mettre en place des champions de l'IA dans chaque département : ces référents internes faciliteront la transition et encourageront l'adoption en répondant aux questions précises des équipes concernées.

Plus l'adhésion des collaborateurs est forte, plus l'IA pourra être perçue comme un levier d'amélioration et non comme une contrainte imposée.

5. Standardiser les meilleures pratiques pour assurer l'évolutivité

Une expansion réussie repose sur la mise en place de bonnes pratiques dès les premières phases d'intégration. Il est donc pertinent de documenter les implémentations réussies dans un référentiel interne regroupant :

- Les modèles d'IA utilisés et les enseignements tirés de leur mise en œuvre.
- Les erreurs à éviter pour garantir une intégration fluide.
- Les ajustements méthodologiques les plus efficaces selon chaque département.

L'objectif est de faciliter la prochaine phase d'expansion en capitalisant sur l'expérience acquise lors des premiers déploiements.

L'expansion de l'IA à d'autres départements et processus représente une étape clé de la transformation numérique de l'entreprise. En identifiant les opportunités stratégiques, en priorisant les démarches en fonction de la maturité des départements, en adaptant les technologies aux réalités métier, en accompagnant les employés et en capitalisant sur les meilleures pratiques, une entreprise peut réussir cette transition avec efficacité. Cette approche méthodique assure non seulement un retour sur investissement optimal, mais permet également de bâtir une culture d'innovation durable et résiliente.

6.3.3 Veille et anticipation des tendances IA

L'intelligence artificielle évolue à un rythme effréné, redéfinissant sans cesse les paradigmes économiques et technologiques. Dans ce contexte, les entreprises ne peuvent se contenter d'une approche réactive. Elles doivent adopter une stratégie proactive de veille et d'anticipation des tendances pour maximiser les opportunités et éviter d'être dépassées par leurs concurrents. Cette démarche méthodique repose sur plusieurs axes : l'identification des signaux faibles, l'analyse des tendances émergentes, la mise en place d'outils de surveillance et l'adoption d'une culture d'innovation continue.

L'importance stratégique de la veille IA

L'IA impacte aujourd'hui tous les secteurs d'activité, de l'industrie à la santé, en passant par la finance et le commerce. Ignorer les évolutions en cours revient à courir le risque de voir son modèle économique obsolète en un temps record. Une veille efficace permet d'identifier les avancées technologiques significatives, d'analyser leur pertinence pour l'entreprise et d'évaluer leur potentiel disruptif.

Au-delà de la simple collecte d'informations, la veille IA doit permettre d'anticiper les prochaines vagues technologiques et d'ajuster continuellement la stratégie d'innovation. Une entreprise capable de détecter en amont une tendance émergente – comme l'essor des modèles génératifs, l'intelligence artificielle explicable (XAI) ou les algorithmes énergétiquement efficients – peut adapter son positionnement, investir dans les bonnes recherches et établir des partenariats stratégiques.

Les méthodes de veille technologique en IA

La veille technologique ne se limite pas à la lecture d'articles spécialisés. Elle repose sur une démarche structurée combinant plusieurs outils et approches :

1. Surveillance des publications académiques et brevets

Les innovations en IA proviennent souvent des laboratoires de recherche. L'analyse des publications scientifiques (arXiv, IEEE, Nature AI, etc.) permet d'identifier les nouvelles avancées avant leur adoption industrielle. De même, étudier les brevets déposés par les géants technologiques (Google, Microsoft, OpenAI) ou par des startups innovantes donne une indication sur les axes de développement à venir.

2. Suivi des investissements et acquisitions

Les levées de fonds et acquisitions d'entreprises spécialisées en IA sont des signaux clés. Elles reflètent les orientations stratégiques des grands acteurs et permettent d'anticiper les technologies susceptibles de s'imposer sur le marché.

3. Participation aux conférences et forums spécialisés

Les événements comme NeurIPS, ICML, CVPR ou le CES sont des plateformes privilégiées pour capter les tendances, rencontrer des experts et échanger avec la communauté scientifique. La veille ne doit pas se limiter à l'analyse des articles publiés, mais inclure des interactions avec les chercheurs et les professionnels du domaine.

4. Utilisation d'outils d'intelligence économique et de monitoring

Des plateformes comme Gartner, CB Insights, Crunchbase ou encore Google Trends offrent des analyses approfondies sur les tendances émergentes. Des outils de surveillance automatisée, tels que Feedly pour la curation d'articles ou LinkedIn et Twitter pour suivre les leaders d'opinion, permettent aussi d'accéder rapidement aux évolutions du domaine.

L'anticipation : de la veille à l'action

Une veille efficace ne prend toute sa valeur que si elle est accompagnée d'une démarche d'anticipation et d'action. Cela nécessite une approche structurée selon trois étapes :

1. Interprétation des tendances

Toutes les innovations ne sont pas immédiatement exploitables. Il est essentiel de distinguer les tendances à court terme (optimisations incrémentales de modèles existants) des tendances disruptives (nouvelles architectures, nouvelles approches algorithmiques). Une entreprise doit se doter d'un comité d'experts capable d'évaluer l'impact réel des découvertes.

2. Expérimentation et prototypage

Dès qu'une tendance est jugée pertinente, des tests et preuves de concept (PoC) doivent être menés rapidement dans un environnement maîtrisé. L'adoption d'une approche agile, avec des cycles courts d'expérimentation, permet d'évaluer la viabilité concrète d'une technologie avant son déploiement à grande échelle.

3. Flexibilité et adaptation organisationnelle

L'IA n'est pas une technologie figée ; elle évolue en permanence. Les entreprises doivent cultiver une agilité organisationnelle qui leur permet de réorienter leurs investissements et leur stratégie au gré des transformations du marché. Cela passe par la montée en compétences des équipes, une veille continue et une capacité à ajuster les projets en fonction des nouvelles opportunités et risques identifiés.

Intégrer la veille dans la culture d'entreprise

Pour maximiser ses bénéfices, la veille IA ne doit pas être un processus isolé confié à une équipe restreinte. Elle doit être intégrée à la culture d'entreprise et encouragée à tous les niveaux. Mettre en place des sessions de partage régulières, internaliser des formations sur les tendances de l'IA et favoriser la collaboration entre les départements R&D, marketing et opérationnels sont autant de leviers efficaces pour ancrer cette dynamique.

Certaines entreprises innovantes vont jusqu'à organiser des hackathons ou des laboratoires internes de prospection technologique, où leurs employés explorent librement les nouvelles applications possibles de l'IA. Ces initiatives permettent non seulement de mieux appréhender l'avenir, mais aussi d'impliquer les talents internes dans une dynamique d'innovation continue.

L'IA représente à la fois un défi et une opportunité pour les entreprises. Une veille proactive et structurée permet d'anticiper les transformations du marché, de déceler les opportunités avant la concurrence et de réagir avec agilité aux évolutions technologiques. L'entreprise qui adopte une approche d'anticipation et d'expérimentation continue se donne les moyens d'exploiter pleinement le potentiel de l'intelligence artificielle, optimisant ainsi ses profits et réduisant ses coûts de manière durable.

Comprendre et Définir les Objectifs de l'IA en Entreprise

L'intelligence artificielle (IA) représente aujourd'hui un levier stratégique majeur pour les entreprises souhaitant optimiser leurs opérations, réduire leurs coûts et maximiser leurs profits. Cependant, son implémentation ne doit pas être perçue comme une fin en soi, mais comme un moyen d'atteindre des objectifs précis et mesurables. Avant même d'envisager des solutions technologiques, il est essentiel de clarifier les attentes et de structurer une approche adaptée aux besoins spécifiques de l'organisation.

1. Identifier les Opportunités de l'IA au Sein de l'Entreprise

Avant d'intégrer une solution d'IA, il est impératif de réaliser un diagnostic approfondi des processus internes. Cette analyse permet de détecter les points de friction, les inefficacités et les tâches répétitives qui peuvent être améliorées grâce à l'automatisation ou à l'analyse de données avancée.

Pour ce faire, plusieurs axes doivent être explorés :

- Automatisation des tâches répétitives : Réduction du temps passé sur des activités à faible valeur ajoutée, comme la saisie de données ou la gestion des emails.
- Optimisation des processus décisionnels : Amélioration de la prise de décision grâce à des analyses prédictives basées sur des ensembles de données volumineux.
- Personnalisation de l'offre : Affinement des recommandations et du ciblage client à l'aide d'algorithmes de machine learning.
- Amélioration du service client : Utilisation des chatbots et des assistants

virtuels pour fluidifier les interactions et répondre plus efficacement aux demandes des clients.

Une fois ces opportunités identifiées, il est crucial d'établir des objectifs clairs et mesurables afin d'aligner les initiatives d'IA avec la stratégie globale de l'entreprise.

2. Définir des Objectifs Précis et Alignés avec la Stratégie

Chaque projet d'IA doit être en adéquation avec les ambitions de l'entreprise. Il est recommandé d'utiliser une approche SMART (Spécifique, Mesurable, Atteignable, Réaliste, Temporellement défini) pour structurer les objectifs dès le départ.

Exemples d'objectifs concrets :
- Réduire le temps de traitement des commandes de 30 % en automatisant le suivi logistique sous six mois.
- Diminuer les coûts liés au support client de 25 % en intégrant un chatbot capable de gérer 60 % des requêtes récurrentes en moins d'un an.
- Augmenter de 15 % le taux de conversion des campagnes marketing grâce à des algorithmes de recommandation personnalisée dans un délai de neuf mois.

Une fois ces objectifs définis, il convient d'établir une feuille de route détaillée précisant les étapes de mise en œuvre et les ressources nécessaires.

3. Choisir la Bonne Technologie et les Bons Partenaires

L'IA repose sur diverses technologies, chacune adaptée à des cas d'utilisation spécifiques. Machine learning, traitement du langage naturel (NLP), vision par ordinateur, analyse prédictive... Il est important de sélectionner la technologie la plus pertinente en fonction des objectifs fixés.

Plusieurs options s'offrent aux entreprises :
- Solutions prêtes à l'emploi : Idéales pour les besoins standards (exemple : chatbots, outils de reconnaissance d'image, assistants vocaux).
- Développement sur-mesure : Approprié pour des cas spécifiques nécessitant une personnalisation avancée et une intégration aux systèmes

existants.

Le choix du bon prestataire ou de l'équipe en interne est également déterminant. Faut-il recruter des data scientists ? Faire appel à un prestataire externe ? Ces décisions doivent être prises en tenant compte des compétences disponibles et des ressources financières engagées.

4. Assurer la Gestion du Changement et l'Adoption en Interne

Un projet d'IA ne se résume pas à une question de technologie ; il implique également les collaborateurs. La résistance au changement est un défi fréquent, et il est indispensable d'accompagner cette transition.

Actions clés pour une adoption réussie :
- Former les équipes : Sensibiliser les employés à l'usage et aux bénéfices de l'IA pour réduire les craintes liées à l'automatisation.
- Communiquer de manière transparente : Expliquer clairement les impacts sur les rôles et responsabilités.
- Impliquer les utilisateurs finaux : Associer les équipes dès la phase de conception pour garantir une adoption naturelle et éviter les frictions.

L'acceptation et l'intégration de l'IA dépendent largement de ces efforts d'accompagnement. Une IA bien intégrée ne remplace pas les talents humains, mais les assiste dans leurs tâches afin d'améliorer leur efficacité et leur productivité.

5. Mesurer l'Impact et Ajuster la Stratégie

L'implémentation de l'IA nécessite un suivi rigoureux afin de s'assurer que les objectifs fixés sont atteints. Il est recommandé de mettre en place des indicateurs de performance (KPIs) adaptés à chaque cas d'usage.

Exemples de KPIs pertinents :
- Taux d'automatisation réalisé par rapport aux prévisions.
- Économies générées en termes de coûts opérationnels.
- Amélioration de la satisfaction client mesurée via des enquêtes.
- Gain de productivité des employés et réduction du temps consacré aux tâches à faible valeur ajoutée.

Si les résultats ne sont pas en adéquation avec les attentes, il est important d'analyser les écarts et d'ajuster la stratégie en fonction des enseignements tirés. L'optimisation continue est une composante clé d'une implémentation réussie.

L'implémentation de l'IA au sein d'une entreprise est un processus structuré qui nécessite une approche méthodique. Identifier les opportunités, fixer des objectifs précis, choisir les bonnes technologies, accompagner le changement et mesurer l'impact sont autant d'étapes indispensables pour garantir une intégration efficace et durable. Lorsque ces principes sont respectés, l'IA devient un véritable levier de croissance permettant d'améliorer la rentabilité tout en optimisant les ressources.

7 Conclusion et perspectives

L'implémentation de l'intelligence artificielle au sein d'une entreprise ne relève plus du futur ; elle est aujourd'hui une nécessité stratégique pour toute organisation cherchant à améliorer sa compétitivité, à optimiser ses processus et à maximiser ses profits. Tout au long de cet ouvrage, nous avons exploré les différentes étapes nécessaires pour adopter efficacement l'IA, en évitant les obstacles les plus fréquents et en exploitant pleinement les opportunités qu'elle offre.

L'un des enseignements majeurs de cette démarche réside dans la nécessité d'une approche structurée. L'IA ne se limite pas à l'intégration d'une technologie ; elle implique une transformation organisationnelle profonde qui requiert une vision claire, un leadership engagé et une gestion rigoureuse du changement. Une adoption réussie repose avant tout sur la compréhension des besoins métiers et la mise en place de solutions adaptées, mesurables et évolutives.

En termes de rentabilité et d'optimisation des coûts, l'IA a déjà prouvé son efficacité dans de nombreux domaines, qu'il s'agisse de l'automatisation des tâches répétitives, de l'amélioration de l'expérience client ou de l'optimisation des chaînes logistiques. Les entreprises qui ont su tirer parti de l'IA observent non seulement une réduction significative de leurs coûts opérationnels, mais également une augmentation de leur chiffre d'affaires grâce à des prises de décision plus éclairées et à une meilleure personnalisation de leurs services.

Toutefois, les perspectives offertes par l'IA ne se bornent pas aux gains immédiats. Dans un monde en perpétuelle évolution, où la donnée devient un levier de performance incontournable, l'IA constitue un avantage concurrentiel sur le long terme. Les entreprises les plus innovantes ne se contentent pas d'automatiser l'existant, mais repensent leurs modèles d'affaires en exploitant le potentiel prédictif et prescriptif des algorithmes. Cette transition invite les dirigeants à revoir leur approche de la stratégie et de l'innovation, en plaçant l'IA au cœur de leur processus de décision.

Par ailleurs, l'essor fulgurant des technologies d'intelligence artificielle pose également des défis éthiques et réglementaires qu'il est crucial de prendre en considération. La transparence des algorithmes, la protection des données et le respect des régulations en vigueur sont des impératifs qui, s'ils ne sont pas anticipés, peuvent nuire à la confiance des parties prenantes et freiner l'adoption de l'IA au sein d'une organisation. Une réflexion proactive sur ces enjeux est donc indispensable pour assurer une transformation responsable et pérenne.

L'avenir de l'IA en entreprise s'annonce prometteur. Les progrès en matière d'apprentissage automatique, de traitement du langage naturel ou encore d'automatisation intelligente ouvrent de nouvelles perspectives qui dépassent largement ce qui était envisageable il y a encore quelques années. Les organisations capables de s'adapter rapidement, d'expérimenter avec agilité et d'exploiter ces avancées se positionneront comme les leaders de demain.

En définitive, l'adoption de l'IA ne doit pas être perçue comme une contrainte technique, mais comme une opportunité stratégique. L'entreprise qui sait l'intégrer avec justesse et pertinence bénéficiera d'un avantage décisif dans un environnement concurrentiel. Ce livre vous a fourni un cadre méthodologique et des outils concrets pour franchir cette étape avec succès. Il ne tient désormais qu'à vous de passer à l'action et de tirer pleinement profit de cette révolution technologique.

7.1 Résumé des bénéfices et apprentissages clés

L'adoption de l'intelligence artificielle au sein d'une entreprise n'est plus une option, mais une nécessité stratégique pour rester compétitif. À travers cet ouvrage, nous avons exploré les étapes essentielles permettant d'implémenter l'IA de manière efficace, en mettant en évidence les bénéfices tangibles et les apprentissages clés qui garantissent une transition réussie.

Tout d'abord, il a été démontré que l'IA joue un rôle déterminant dans l'optimisation des processus internes. En automatisant les tâches répétitives et en améliorant la gestion des données, les entreprises réduisent considérablement les coûts opérationnels. Par exemple, les outils de traitement automatique des documents et les assistants virtuels permettent non seulement d'accroître la productivité des collaborateurs, mais aussi d'éliminer les erreurs humaines, assurant ainsi une meilleure qualité des services et des produits.

L'un des points fondamentaux abordés est la capacité de l'IA à améliorer la prise de décision. Grâce à l'analyse prédictive et aux algorithmes de machine learning, les dirigeants peuvent anticiper l'évolution des marchés, ajuster leurs stratégies en fonction des tendances et personnaliser l'expérience client. En exploitant pleinement les données disponibles, une entreprise devient plus agile et mieux préparée face aux défis concurrentiels.

L'impact de l'IA sur l'expérience client constitue un autre enseignement majeur. Les chatbots et les systèmes de recommandation basés sur l'intelligence artificielle permettent une interaction personnalisée et instantanée avec les consommateurs. Cela se traduit par une satisfaction accrue, une fidélisation optimisée et, in fine, une augmentation des revenus. L'automatisation du service clientèle libère également du temps pour les équipes, qui peuvent se concentrer sur des activités à plus forte valeur ajoutée.

La mise en œuvre de l'IA ne se fait toutefois pas sans défis. Parmi eux, la résistance au changement apparaît comme un obstacle récurrent. Nous avons mis en avant l'importance d'une approche progressive et inclusive, où la formation et l'accompagnement des employés sont essentiels pour garantir une adoption fluide. De plus, la nécessité d'une gouvernance efficace des données a été soulignée : la qualité des informations exploitées par les algorithmes conditionne la pertinence des résultats obtenus.

Enfin, l'intégration réussie de l'intelligence artificielle repose sur une vision stratégique claire et alignée avec les objectifs de l'entreprise. Une implémentation précipitée, sans cadre défini ni évaluation des enjeux éthiques, peut engendrer des inefficacités et des risques juridiques. La transparence, la conformité aux réglementations et la sécurisation des données doivent figurer parmi les priorités.

En conclusion, ce livre a démontré que l'IA est un levier puissant pour accroître la rentabilité et réduire les coûts, à condition de l'adopter avec méthode et discernement. Les entreprises qui parviennent à conjuguer innovation technologique et implication humaine se positionnent avantageusement sur leur marché, prêtes à relever les défis de demain.

7.2 Perspectives d'évolution de l'IA pour les entreprises

L'intelligence artificielle connaît une évolution fulgurante qui transforme profondément le paysage entrepreneurial. Ce progrès continu entraîne des opportunités considérables pour les entreprises, tout en posant des défis d'adaptation et d'anticipation. Dans les années à venir, l'IA deviendra encore plus omniprésente, influençant non seulement l'automatisation des tâches, mais aussi la prise de décision stratégique et l'innovation.

Une intégration de plus en plus poussée dans la gestion des entreprises

L'IA ne se contentera plus d'automatiser des tâches répétitives ; elle s'intégrera davantage dans la gestion et la prise de décision. Grâce aux avancées du traitement du langage naturel, de la vision par ordinateur et de l'apprentissage automatique, elle pourra analyser des volumes massifs de données en temps réel et proposer des recommandations ultra-précises aux dirigeants.

Les systèmes d'IA évoluent vers des agents conversationnels plus sophistiqués, capables de dialoguer et d'expliquer leurs décisions. Les dirigeants et cadres bénéficieront ainsi d'assistants virtuels qui les aideront à piloter leur activité avec une précision accrue. De nouvelles interfaces basées sur l'IA permettront une interaction plus naturelle et intuitive avec les plateformes de gestion, réduisant le besoin de formation sur des outils complexes.

L'IA prédictive et la personnalisation à grande échelle

L'un des axes majeurs de développement résidera dans l'IA prédictive. Capable d'anticiper la demande, d'optimiser la gestion des stocks ou d'identifier les tendances du marché avant qu'elles ne se concrétisent, cette approche changera les règles du jeu. Dans des domaines comme le marketing, la production ou même la finance, les entreprises s'appuieront sur des modèles de plus en plus précis pour maximiser leurs profits et minimiser les risques.

Parallèlement, la personnalisation atteindra un niveau inédit. L'IA analysera encore plus finement les comportements des consommateurs, permettant de générer des offres hyper-adaptées. Que ce soit dans l'e-commerce, les services financiers ou l'industrie, les entreprises pourront proposer des expériences individualisées en temps réel, renforçant ainsi la fidélisation et l'engagement des clients.

L'automatisation avancée et l'émergence des "entreprises autonomes"

Si l'automatisation est déjà une réalité, la prochaine évolution marquante concerne l'avènement des entreprises dites « autonomes ». Ces structures fonctionneront avec une intervention humaine minimale, capables de gérer des flux complexes de manière autonome.

Dans certains secteurs, comme la logistique, les entrepôts sans intervention humaine deviendront la norme grâce aux robots intelligents et aux systèmes d'optimisation pilotés par l'IA. Dans les services, des plateformes de support client basées sur des modèles avancés comprendront et traiteront une majorité des demandes sans interaction humaine, offrant instantanéité et efficacité.

Les algorithmes plus sophistiqués permettront également une automatisation complète de certaines fonctions administratives, réduisant davantage les coûts opérationnels. La comptabilité, la gestion des ressources humaines et les approvisionnements seront opérés en grande partie par des systèmes d'IA adaptatifs.

L'IA et l'augmentation des capacités humaines

Plutôt que de remplacer l'humain, l'IA agira de plus en plus comme un moteur d'augmentation des capacités humaines. Grâce à la réalité augmentée et aux interfaces homme-machine intelligentes, les employés bénéficieront d'une assistance contextuelle immédiate.

Dans l'industrie, par exemple, des casques à réalité augmentée intégrant l'IA guideront les techniciens en temps réel lors des réparations ou des assemblages complexes. Dans le domaine médical, les diagnostics assistés par l'IA atteindront des niveaux de précision inégalés, permettant aux praticiens de se concentrer davantage sur l'humain et la prise en charge personnalisée des patients.

L'enjeu sera d'adopter une collaboration homme-machine judicieusement équilibrée, où l'IA prendra en charge les aspects analytiques et répétitifs, laissant l'humain se concentrer sur la créativité, la stratégie et la relation client.

Les défis et enjeux éthiques

Si les perspectives sont enthousiasmantes, elles s'accompagnent de défis majeurs. L'un des enjeux primordiaux réside dans la transparence et l'éthique des modèles d'IA. À mesure que les algorithmes prendront une place centrale dans la gouvernance des entreprises, il deviendra impératif de garantir des prises de décision équitables et explicables.

La question de l'emploi sera également un sujet crucial. L'IA modifiera profondément le marché du travail, obligeant les entreprises à revoir leur gestion des compétences. L'évolution ne signifiera pas nécessairement un remplacement massif des postes, mais plutôt une transformation des rôles, nécessitant une politique de formation dynamique et proactive.

Enfin, la protection des données deviendra plus critique que jamais. L'adoption de solutions d'IA exige un cadre rigoureux pour garantir la fiabilité des systèmes et la confidentialité des informations traitées. Un strict respect des réglementations, comme le RGPD en Europe, sera indispensable pour éviter les dérives et protéger la confiance des clients et des partenaires commerciaux.

Conclusion : vers une transformation irréversible

L'IA continuera de remodeler profondément le fonctionnement des entreprises, les rendant plus agiles, proactives et résilientes. Son évolution s'inscrira dans une logique d'amélioration continue, apportant des gains exponentiels en matière de productivité et d'efficacité.

Toutefois, son intégration ne pourra être efficace sans une stratégie claire et réfléchie. Les entreprises qui sauront anticiper ces mutations et s'adapter rapidement prendront une longueur d'avance décisive sur leurs concurrents. Loin d'être une simple tendance, l'IA est en passe de devenir le moteur fondamental de la compétitivité du XXIe siècle.

7.3 Conseils pour assurer un développement IA durable

L'adoption de l'intelligence artificielle dans une entreprise ne doit pas uniquement viser la maximisation des profits ou la réduction des coûts à court terme. Pour garantir un développement IA durable, il est impératif d'intégrer des pratiques responsables et efficaces qui assurent une croissance continue et éthique. Ce chapitre expose les principes fondamentaux et les stratégies à adopter pour tirer pleinement parti de l'IA sur le long terme, tout en minimisant les risques.

1. Adopter une approche éthique et responsable

L'IA doit être mise en œuvre dans le respect des principes éthiques afin d'éviter tout biais discriminatoire, toute exploitation abusive des données ou toute prise de décision opaque. Il convient d'établir une charte éthique interne définissant les limites acceptables de l'usage des algorithmes. Cette charte doit couvrir la transparence des modèles, l'explicabilité des décisions et l'impact social des solutions IA déployées.

De plus, il est essentiel de sensibiliser les équipes aux enjeux éthiques. Organiser des formations régulières sur ces sujets permettra d'assurer une compréhension approfondie et de prévenir les dérives potentielles.

2. Garantir la protection et la gouvernance des données

Les systèmes d'IA reposent sur des volumes massifs de données. Une gestion rigoureuse est donc nécessaire pour assurer leur qualité et leur conformité aux réglementations en vigueur (RGPD en Europe, HIPAA pour les données de santé, etc.).

Il est recommandé de mettre en place une gouvernance des données efficace, avec des politiques claires sur leur collecte, leur stockage et leur utilisation. Les bonnes pratiques incluent :

- L'anonymisation et la pseudonymisation des données sensibles,
- La mise en place de mécanismes de contrôle d'accès rigoureux,
- La sécurisation du stockage et des transferts d'informations,
- Une traçabilité claire des modifications et de l'utilisation des données.

Une entreprise qui maîtrise sa gouvernance des données garantit non seulement sa conformité légale, mais elle renforce aussi la confiance de ses clients et partenaires.

3. Concevoir des solutions IA évolutives et modulaires

Un développement IA durable passe par une architecture technologique flexible permettant des mises à niveau progressives sans nécessiter des refontes complètes.

Il est préférable d'adopter des modèles IA construits sur des architectures modulaires, permettant :

- Une scalabilité simplifiée en fonction des besoins grandissants,
- Une interopérabilité avec d'autres solutions internes ou externes,
- Une maintenance plus aisée et moins coûteuse sur le long terme.

L'évolution rapide des technologies impose également une veille constante sur les innovations, afin d'adapter rapidement les systèmes et d'éviter leur obsolescence prématurée.

4. Former en continu les équipes internes

Une IA performante repose autant sur la technologie que sur les compétences humaines qui la supervisent et l'exploitent. Pour garantir un développement pérenne, il est nécessaire d'investir dans la montée en compétences des collaborateurs.

Les équipes techniques doivent être formées aux évolutions des algorithmes, aux nouvelles approches d'apprentissage machine et aux bonnes pratiques en matière de développement IA. Par ailleurs, les collaborateurs non techniques doivent également comprendre les fondamentaux de l'intelligence artificielle afin d'en tirer pleinement parti dans leurs missions quotidiennes.

Les meilleures pratiques en matière de formation incluent :

- Des sessions régulières de mise à jour sur les technologies émergentes,
- L'accès à des plateformes d'e-learning et des certifications spécialisées,
- L'organisation de workshops internes pour favoriser le partage de connaissances.

Une équipe bien formée garantit une meilleure adoption des solutions IA et une optimisation continue de leur usage.

5. Évaluer et mesurer en continu les performances des modèles IA

Déployer une solution IA ne signifie pas qu'elle restera efficace indéfiniment. Un suivi rigoureux est nécessaire pour garantir la pertinence et l'amélioration des performances des modèles dans le temps.

Il est recommandé de mettre en place des indicateurs de performance clairs dès la phase de conception, en définissant par exemple des métriques comme :

- La précision et le taux d'erreur des modèles,
- Les performances en conditions réelles (et non uniquement en phase de test),
- Les délais de réponse et la consommation des ressources,
- L'impact sur l'efficacité opérationnelle et les gains réels obtenus.

Un dispositif de monitoring continu permet d'ajuster rapidement les modèles en cas de baisse de performance ou de dérive des prédictions.

6. Privilégier des technologies écoresponsables

L'IA consomme des ressources considérables, notamment en matière de calcul et de stockage. Une approche durable implique d'optimiser cette consommation afin de limiter l'empreinte écologique des solutions mises en place.

Il est recommandé de privilégier :

- Des modèles IA optimisés nécessitant moins de puissance de calcul,
- L'utilisation de cloud providers engagés dans la réduction de leur impact énergétique,
- Le recyclage et la revalorisation des infrastructures matérielles,
- L'optimisation des algorithmes pour réduire le volume de données superflues traitées.

En adoptant ces principes, une entreprise améliore son efficacité tout en réduisant son empreinte environnementale, ce qui peut constituer un avantage concurrentiel sur un marché de plus en plus soucieux des enjeux écologiques.

7. Instaurer un cadre réglementaire et anticiper les évolutions légales

Les règlementations autour de l'IA évoluent constamment. Il est donc primordial d'adopter une approche proactive en matière de conformité juridique.

L'entreprise doit :

- Se tenir informée des nouvelles régulations affectant l'IA et les données,
- Anticiper l'adoption de lois pouvant impacter ses algorithmes et processus,
- Collaborer avec des experts juridiques spécialisés en intelligence artificielle,
- Mettre en place des audits réguliers pour s'assurer du respect des normes en vigueur.

Des pratiques conformes aux réglementations actuelles et à venir garantissent une implémentation durable et évitent les risques juridiques pouvant freiner l'exploitation des solutions IA.

Un développement IA durable repose sur une combinaison de facteurs techniques, éthiques, organisationnels et environnementaux. Il ne s'agit pas seulement de concevoir des modèles performants, mais de leur assurer une viabilité à long terme en tenant compte des impératifs sociaux, économiques et écologiques.

Les entreprises qui adoptent dès aujourd'hui ces principes auront une longueur d'avance, en bénéficiant d'une intelligence artificielle fiable, responsable et adaptée aux mutations futures du marché.

Quentin Chandelon

www.ingramcontent.com/pod-product-compliance
Lightning Source LLC
LaVergne TN
LVHW022304060326
832902LV00020B/3269